Psychoanalyse im 21. Jahrhundert
Klinische Erfahrung, Theorie, Forschung, Anwendungen

Herausgegeben von Cord Benecke, Lilli Gast, Marianne Leuzinger-Bohleber und Wolfgang Mertens

Berater der Herausgeber
Ulrich Moser
Henri Parens
Christa Rohde-Dachser
Anne-Marie Sandler
Daniel Widlöcher

Cord Benecke
Felix Brauner

Motivation und Emotion

Psychologische und
psychoanalytische Perspektiven

Verlag W. Kohlhammer

Dieses Werk einschließlich aller seiner Teile ist urheberrechtlich geschützt. Jede Verwendung außerhalb der engen Grenzen des Urheberrechts ist ohne Zustimmung des Verlags unzulässig und strafbar. Das gilt insbesondere für Vervielfältigungen, Übersetzungen, Mikroverfilmungen und für die Einspeicherung und Verarbeitung in elektronischen Systemen.

Die Wiedergabe von Warenbezeichnungen, Handelsnamen und sonstigen Kennzeichen in diesem Buch berechtigt nicht zu der Annahme, dass diese von jedermann frei benutzt werden dürfen. Vielmehr kann es sich auch dann um eingetragene Warenzeichen oder sonstige geschützte Kennzeichen handeln, wenn sie nicht eigens als solche gekennzeichnet sind.

Es konnten nicht alle Rechtsinhaber von Abbildungen ermittelt werden. Sollte dem Verlag gegenüber der Nachweis der Rechtsinhaberschaft geführt werden, wird das branchenübliche Honorar nachträglich gezahlt.

1. Auflage 2017

Alle Rechte vorbehalten
© W. Kohlhammer GmbH, Stuttgart
Gesamtherstellung: W. Kohlhammer GmbH, Stuttgart

Print:
ISBN 978-3-17-022278-6

E-Book-Formate:
pdf: ISBN 978-3-17-029893-4
epub: ISBN 978-3-17-029894-1
mobi: ISBN 978-3-17-029895-8

Für den Inhalt abgedruckter oder verlinkter Websites ist ausschließlich der jeweilige Betreiber verantwortlich. Die W. Kohlhammer GmbH hat keinen Einfluss auf die verknüpften Seiten und übernimmt hierfür keinerlei Haftung.

Geleitwort zur Reihe

Die Psychoanalyse hat auch im 21. Jahrhundert nichts von ihrer Bedeutung und Faszination verloren. Sie hat sich im Laufe ihres nun mehr als einhundertjährigen Bestehens zu einer vielfältigen und durchaus auch heterogenen Wissenschaft entwickelt, mit einem reichhaltigen theoretischen Fundus sowie einer breiten Ausrichtung ihrer Anwendungen.

In dieser Buchreihe werden die grundlegenden Konzepte, Methoden und Anwendungen der modernen Psychoanalyse allgemeinverständlich dargestellt. Worin besteht die genuin psychoanalytische Sichtweise auf Forschungsgegenstände wie z. B. unbewusste Prozesse, Wahrnehmen, Denken, Affekt, Trieb/Motiv/Instinkt, Kindheit, Entwicklung, Persönlichkeit, Konflikt, Trauma, Behandlung, Interaktion, Gruppe, Kultur, Gesellschaft u. a. m.? Anders als bei psychologischen Theorien und deren Überprüfung mittels empirischer Methoden ist der Ausgangspunkt der psychoanalytischen Theoriebildung und Konzeptforschung in der Regel zunächst die analytische Situation, in der dichte Erkenntnisse gewonnen werden. In weiteren Schritten können diese methodisch trianguliert werden: durch Konzeptforschung, Grundlagenforschung, experimentelle Überprüfung, Heranziehung von Befunden aus den Nachbarwissenschaften sowie Psychotherapieforschung.

Seit ihren Anfängen hat sich die Psychoanalyse nicht nur als eine psychologische Betrachtungsweise verstanden, sondern auch kulturwissenschaftliche, sozialwissenschaftliche sowie geisteswissenschaftliche Perspektiven hinzugezogen. Bereits Freud machte ja nicht nur Anleihen bei den Metaphern der Naturwissenschaft des 19. Jahrhunderts, sondern entwickelte die Psychoanalyse im engen Austausch mit geistes- und kulturwissenschaftlichen Erkenntnissen. In den letzten Jahren sind vor allem neurowissenschaftliche und kognitionspsychologische Konzepte und Befunde hinzugekommen. Dennoch war und ist die klinische

Geleitwort zur Reihe

Situation mit ihren spezifischen Methoden der Ursprung psychoanalytischer Erkenntnisse. Der Blick auf die Nachbarwissenschaften kann je nach Fragestellung und Untersuchungsgegenstand bereichernd sein, ohne dabei allerdings das psychoanalytische Anliegen, mit spezifischer Methodik Aufschlüsse über unbewusste Prozesse zu gewinnen, aus den Augen zu verlieren.

Auch wenn psychoanalytische Erkenntnisse zunächst einmal in der genuin psychoanalytischen Diskursebene verbleiben, bilden implizite Konstrukte aus einschlägigen Nachbarwissenschaften einen stillschweigenden Hintergrund wie z.B. die derzeitige Unterscheidung von zwei grundlegenden Gedächtnissystemen. Eine Betrachtung über die unterschiedlichen Perspektiven kann den spezifisch psychoanalytischen Zugang jedoch noch einmal verdeutlichen.

Der interdisziplinäre Austausch wird auf verschiedene Weise erfolgen: Zum einen bei der Fragestellung, inwieweit z.B. Klinische Psychologie, Entwicklungspsychologie, Entwicklungs-psychopathologie, Neurobiologie, Medizinische Anthropologie zur teilweisen Klärung von psychoanalytischen Kontroversen beitragen können, zum anderen inwieweit die psychoanalytische Perspektive bei der Beschäftigung mit den obigen Fächern, aber auch z.B. bei politischen, sozial-, kultur-, sprach-, literatur- und kunstwissenschaftlichen Themen eine wesentliche Bereicherung bringen kann.

In der Psychoanalyse fehlen derzeit gut verständliche Einführungen in die verschiedenen Themenbereiche, die den gegenwärtigen Kenntnisstand nicht nur klassisch freudianisch oder auf eine bestimmte Richtung bezogen, sondern nach Möglichkeit auch richtungsübergreifend und Gemeinsamkeiten aufzeigend darstellen. Deshalb wird in dieser Reihe auch auf einen allgemein verständlichen Stil besonderer Wert gelegt.

Wir haben die Hoffnung, dass die einzelnen Bände für den psychotherapeutischen Praktiker in gleichem Maße gewinnbringend sein können wie auch für sozial- und kulturwissenschaftlich interessierte Leser, die sich einen Überblick über Konzepte, Methoden und Anwendungen der modernen Psychoanalyse verschaffen wollen.

Die Herausgeberinnen und Herausgeber
Cord Benecke, Lilli Gast,
Marianne Leuzinger-Bohleber und Wolfgang Mertens

Inhalt

Geleitwort zur Reihe... 5

Vorwort 11

1 Motivation 13
   1.1 Psychologische Motivationstheorien 15
       1.1.1 Allgemeine Motivationstheorien........... 16
       1.1.2 Das »Zürcher Modell sozialer
             Motivation« 26
   1.2 Exkurs: Motivationstheorie der Affektiven
       Neurowissenschaft................................ 34
   1.3 Psychoanalytische Motivationstheorien 41
       1.3.1 Triebe, Sexualität und Libido bei Freud ... 43
       1.3.2 Neue psychoanalytische
             Motivationstheorien 51
       1.3.3 Motive und pathogene Konflikte.......... 66
   1.4 Empirische Ergebnisse zu Motiven im klinischen
       Kontext... 77
       1.4.1 Operationalisierung durch Annäherungs-
             und Vermeidungsziele.................... 79
       1.4.2 Operationalisierung durch unbewusste
             Konflikte 86
       1.4.3 Ausblick: Psychodynamisches Denken in
             der empirischen Forschung................ 91
   1.5 Zwischenfazit zur Motivation..................... 95

2 Emotionen.. 97
   2.1 Psychologische Emotionstheorien 99
       2.1.1 Evolutionsbiologische Tradition........... 100

Inhalt

		2.1.2 Physiologische Tradition	103
		2.1.3 Appraisal Tradition	105
		2.1.4 Sozialkonstruktivistische Tradition	107
	2.2	Psychoanalytische Emotionstheorien	108
		2.2.1 Freud und die Affekte	110
		2.2.2 Emotionen in der modernen Psychoanalyse	113
		2.2.3 Unbewusste Emotionen?	118
		2.2.4 Identität im Zeitalter der Interdisziplinarität	126
	2.3	Emotionsregulation	133
		2.3.1 Ebenen der Emotionsregulation	135
		2.3.2 Affektregulierung – psychoanalytisch betrachtet	146
		2.3.3 Mentalisierte Affektivität und ihre Entwicklung	150
		2.3.4 Affekte und psychische Struktur	155
	2.4	Emotionen und Emotionsregulation bei psychischen Störungen	160
		2.4.1 Emotionales Erleben	160
		2.4.2 Nonverbale, emotionale Kommunikation	163
		2.4.3 Nonverbale, interaktive Emotionsregulation	166
		2.4.4 Adaptive/maladaptive Emotionsregulation und psychische Störungen	168
		2.4.5 Emotionen im therapeutischen Prozess	172
	2.5	Zwischenfazit zu Emotionen	174
3	Psychodynamisches Integrationsmodell der Motivation und Emotion		176
	3.1	Phylogenetisches Unbewusstes	180
	3.2	Das Vergangenheitsunbewusste	185
		3.2.1 Prozedural-dynamische Regulierungsprozesse	186
		3.2.2 Selbst-Objekt-Affekt-Repräsentanzen und Triebe	188
	3.3	Das Gegenwartsunbewusste	190

3.3.1 Selbst-Objekt-Vorstellungen,
 Motivkonflikte und sekundäre
 Bebilderung............................... 191
3.3.2 Zweite Zensur............................ 192
3.4 Ebene des Bewusstseins........................... 193
3.4.1 Mentaler Puffer........................... 193
3.4.2 Handlungen vs. Verhalten................ 195
3.5 Intersubjektive Teufelskreise...................... 197

4 **Ein Triebverständnis für die moderne Psychoanalyse?**.... 201
4.1 Triebtheorien von Laplanche und Kernberg....... 202
4.2 »Trieb« aus Sicht der Mentalisierungstheorie..... 207
4.3 Beispiele für »Triebe« im neuformulierten Sinne... 211

Literatur... 216

Stichwortverzeichnis.. 243

Vorwort

In diesem Band werden aktuelle Theorien zu Motivation und Emotion vorgestellt, welche eine zentrale und vielleicht die grundlegendste Untersuchungsebene psychischer Prozesse insgesamt darstellen. Für die Wissenschaft der Psychoanalyse insgesamt lässt sich in der jüngeren Vergangenheit die Entwicklung ausmachen, für das Aufstellen eigener Konzeptualisierungen den interdisziplinären Dialog zu suchen und eine empirische Fundierung eigener Theorien anzustreben. In diesem Band werden deshalb nicht nur die Theorien der aktuellen Psychoanalyse vorgestellt – einschließlich einer knappen Darstellung ihrer Wurzeln in der klassischen Psychoanalyse –, sondern es wird ausführlich auf die psychologische Forschung zu dieser Untersuchungsebene Bezug genommen. Ein Fokus des Buches besteht darin herauszuarbeiten, hinsichtlich welcher Ansichten und Herangehensweisen die Psychoanalyse klassische und möglicherweise liebgewonnene Auffassungen aufgrund empirischer Ergebnisse aufgeben sollte, ohne jedoch die ihr eigene Identität im Zeitalter der Interdisziplinarität zu verlieren. Ein weiterer roter Faden des Buches besteht darin zu untersuchen, welche Auffassungen aktuelle Ansätze der anderen klinischen »Schulen« zu den beiden Themenbereichen vertreten, und dabei besonders zu berücksichtigen, inwiefern sie sich inzwischen an die genuin psychodynamischen Auffassungen annähern bzw. wo sie nach wie vor von diesen zu unterscheiden sind.

Der Band gliedert sich in drei größere Kapitel und eine »Zugabe«: Im ersten Kapitel werden die allgemeinpsychologischen Motivationstheorien den psychoanalytischen gegenübergestellt. Dabei wird besonders auf die starken Wandlungen der Motivation in der psychoanalytischen Theoriebildung eingegangen. Am Beispiel der unterschiedlichen Operationalisierungen der Motivation in psychoanalytischen gegenüber psychologisch-klinischen Theorien versuchen wir aufzuzeigen, in welcher

Hinsicht trotz zarter Annäherungsversuche nach wie vor starke Differenzen zwischen beiden Wissenschaftsbereichen bestehen.

Im zweiten Kapitel werden die Emotionstheorien dargestellt. Dabei werden anfangs die Traditionen und Ansätze in der psychologischen Emotionsforschung beschrieben, um dann die psychoanalytische Sichtweise der Emotionen/Affekte darzustellen, wobei sich dieser Teil insbesondere mit der Frage der Existenz unbewusster Emotionen auseinandersetzt. In allen hier dargestellten Wissenschaftsbereichen lässt sich in der jüngeren Vergangenheit ein Fokus auf die Untersuchung der Fähigkeit zur Emotionsregulation erkennen. Wir widmen diesem Themenbereich deshalb eine ausführliche Behandlung und gehen besonders auf die Ansichten, Forschungsergebnisse und Konzeptualisierungen der Mentalisierungstheorie ein, welche innerhalb der aktuellen Psychoanalyse (und darüber hinaus) ein inzwischen viel beachteter Ansatz ist.

Im dritten Kapitel wird der Versuch unternommen, die in verschiedenen (wissenschaftlichen und klinischen) Feldern erarbeiteten Bausteine in einem Modell der Emotionsdynamik zu integrieren. Wir füllen die in der Psychoanalyse vielbeachtete Konzeptualisierung des Unbewussten von Sandler und Sandler mit Konzepten, die innerhalb der aktuellen Psychoanalyse entwickelt worden sind, und ergänzen das Modell um Auffassungen und Konstrukte aus den anderen Wissenschaftsbereichen, sofern sie zu einem besseren Verständnis im psychodynamischen Sinne beitragen können. Das Ziel des Modells besteht darin, zu einem besseren Verständnis der Psycho-Logik motivational-emotionaler Prozesse beizutragen und zu einem kritischen Denken über die jeweils eigenen Fachgrenzen hinaus anzuregen.

Abschließend, gewissermaßen als Zugabe, skizzieren wir in Kapitel 4, wie das originär psychoanalytische Konzept vom *Trieb* heute neu gedacht werden könnte. Stand für Freud und die klassische Psychoanalyse dieses Konzept lange Zeit im Mittelpunkt der Theoriebildung, hat die Psychoanalyse es in ihrer Weiterentwicklung zunehmend aus den Augen verloren. Angesichts des sich in verschiedenen Wissenschaften abzeichnenden Paradigmas unter dem Stichwort des *Embodiment*, unter welchem die Abhängigkeit psychischer Zustände von physischen Prozessen untersucht wird, ist es für eine »Psychoanalyse im 21. Jahrhundert« interessant zu diskutieren, inwiefern das ihr eigene Konzept des Triebes, von Freud als Schnittstelle zwischen Psyche und Soma konzeptualisiert, heute gedacht werden könnte. Wir verstehen unsere dort angestellten Überlegungen in diesem Sinne nicht als abgeschlossene, ausgearbeitete Theorie, sondern vielmehr als einen Debattenanstoß.

1 Motivation

Was treibt den Menschen an? Eine Wissenschaft, die die menschliche Psyche zu erklären versucht, muss mit Hilfe ihrer Theorien sicherlich auch Antworten auf diese Frage liefern, um ein umfassendes Verständnis vom Menschen geben zu können. In den Wissenschaften der Psychologie und der Psychoanalyse wird diese Frage in ihren Motivationstheorien berücksichtigt. In diesem Kapitel stellen wir die Antwortversuche der aktuellen psychologischen und psychoanalytischen Theorien bezüglich dieser vermeintlich einfachen Frage vor und ordnen sie in ihren jeweiligen wissenschaftsspezifischen historischen Kontext ein.

Wir beginnen mit einer Darstellung der Herangehensweise der Psychologie an diese Frage und stellen knapp die historische Entwicklung der psychologischen Motivationstheorien dar. Dabei zeigt sich, dass die Psychologie zunächst einen Fokus auf angeborene, körperlich verankerte Systeme hatte, die sie als »Instinkte« oder »Triebe« bezeichnete. Noch im *Behaviorismus*, also Mitte des 20. Jahrhunderts, war innerhalb der Psychologie die Auffassung populär, dass sich der Antrieb mit Hilfe einer einzigen Kraft, einem »general drive«, erklären ließe, die dem Organismus seine Energie liefere. Mit der *kognitiven Wende* änderten sich jedoch die psychologischen Theorien, sodass nun die Frage nach dem Antrieb eines Menschen durch seine »zukünftigen Ziele« und »persönlichen Motive« beantwortet wurde, die durch einen bestimmten »Anreiz« in der Umwelt aktiviert würden. Diese Herangehensweise dominiert bis heute die Motivationstheorien der Psychologie (▶ Kap. 1.1.1). Demgegenüber hat das deutsche Forscherehepaar, Doris Bischof-Köhler und Norbert Bischof, eine ausführliche Motivationstheorie ausgearbeitet, die nicht in der kognitivistischen Tradition steht. Da ihr »Zürcher Modell sozialer Motivation« innerhalb der modernen Psychoanalyse ausführlich diskutiert worden ist, behandeln wir es gesondert von den anderen Motivationstheorien der Psychologie (▶ Kap. 1.1.2).

1 Motivation

In einem kurzen Exkurs wird anschließend das Modell der affektiven Instinkte von Jaak Pankepp, dem Begründer der Affektiven Neurowissenschaften, vorgestellt. Ähnlich wie das »Zürcher Modell« kritisiert auch Panksepp den kognitiven »Mainstream«, der den Menschen – verkürzt gesprochen – vom Kopf her denkt. Er konzentriert sich stattdessen auf die Erforschung von evolutionär geprägten Instinktsystemen, die wir aus dem Tierreich geerbt haben.

In der Psychoanalyse war Motivationstheorie lange Zeit gleichbedeutend mit Triebtheorie. Sigmund Freud konzeptualisierte Triebe als aus dem Körper in die Psyche drängende Kräfte und machte die um dieses Verständnis herum aufgebaute Triebtheorie zum Kernelement der Psychoanalyse (▶ Kap. 1.3.1). Nach ihm wurde die psychoanalytische Motivationstheorie jedoch zunehmend um weitere Elemente erweitert. Ausgehend von der Frage, wie »Triebe« in Abgrenzung zu »Instinkten« zu denken seien wurden weitere Motive in die psychoanalytische Konzeptualisierung integriert: In der aktuellen Psychoanalyse wird beispielsweise von einem primären angeborenen Bindungssystem ausgegangen und werden Grundmotive zur Selbstwertregulierung bzw. Identitätsbildung angenommen (▶ Kap. 1.3.2). Für die klinische Praxis nutzbar gemacht wurden diese neueren psychoanalytischen Motivationstheorien besonders vom *Arbeitskreis OPD*, der mit der »Operationalisierten Psychodynamischen Diagnostik« ein Instrument entwickelte, mit der sich die jeweiligen Grundmotive und ihre Bewältigung durch den Patienten diagnostizieren lassen (▶ Kap. 1.3.3).

Aus aktuellen Ansätzen der KVT sticht hinsichtlich einer motivationspsychologischen Fundierung die *Konsistenztheorie* hervor, die von Klaus Grawe und seinem Forschungsteam entwickelt worden ist. Auf der Grundlage ihrer Theorie wurden motivationale Aspekte, operationalisiert als per Selbstauskunft berichtete Ziele, im klinischen Kontext untersucht (▶ Kap. 1.1). Demgegenüber wird in der Psychoanalyse Motivation als Ausdruck unbewusster Motivkonflikte verstanden, und es wurden mit Hilfe der OPD-Konfliktachse Zusammenhänge mit psychopathologischen Syndromen aufgezeigt. Wir stellen diese psychoanalytischen Forschungsergebnisse bezüglich motivationaler Prozesse dar (▶ Kap. 1.4.2) und diskutieren Unterschiede und Gemeinsamkeiten mit der psychologischen Forschungsmethodik (▶ Kap. 1.3).

1.1 Psychologische Motivationstheorien

Einführung

Ausgehend von den frühen Instinkt- und Triebtheorien der Psychologie, die Motivation durch das »Drängen« innerer Kräfte beschreiben, legen wir den Schwerpunkt auf die aktuellen Theorien, in denen Verhalten mit Hilfe von Zielzuständen und äußeren Anreizen erklärt wird. Weil es sich hier um ein Buch mit psychoanalytischem Schwerpunkt handelt, kann an dieser Stelle nicht ausführlicher auf die Geschichte der Motivationspsychologie eingegangen werden (siehe dazu besonders Rheinberg & Vollmeyer 2012). Es werden die Theorien zu verschiedenen *Anreiztypen* dargestellt und mit der Unterscheidung zwischen extrinsischer und intrinsischer Motivation verglichen. Mit dem *Zürcher Modell* stellen wir einen Ansatz der aktuellen Psychologie vor, der ein starkes Gewicht auf den Einbezug ethologischer Erkenntnisse legt und damit die phylogenetische Abstammung des Menschen auf der grundlegendsten Ebene der Psyche berücksichtigt.

Lernziele

- Einen Eindruck bekommen, wie sich die psychologischen Motivationstheorien seit ihren Anfängen bis heute weiterentwickelt haben
- Das Erbe der *kognitiven Wende* in den Theorien zu Zielen und Anreizen erkennen, die in der aktuellen Psychologie vorherrschen
- Demgegenüber mit dem »Zürcher Modell« eine Motivationstheorie kennenlernen, die einen grundsätzlich anderen Ansatz zur Grundlage hat
- Kritisches Hinterfragen, ob Motivationstheorien nur den Menschen erklären oder das Erbe des Menschen aus dem Tierreich berücksichtigen sollten
- Reflexion darüber ermöglichen, inwiefern psychologische Motivationstheorien für die aktuelle Psychoanalyse interessant sein können

1 Motivation

1.1.1 Allgemeine Motivationstheorien

Die Motivationspsychologie beschäftigt sich damit,»Richtung, Ausdauer und Intensität von Verhalten zu erklären«. Insbesondere wird versucht, »angestrebte Zielzustände und das, was sie attraktiv macht«, zu erklären (Rheinberg & Vollmeyer 2012, S. 13). DeCharmes (1979) bezeichnet Motivation als »so etwas wie eine milde Form der Besessenheit« (zitiert nach Rheinberg 2006), da sich Motivation im Erleben häufig in Form von »Angezogensein«, Wollen, »Gedrängtsein«, Verlangen, Spannung etc. abbildet.

> **Definition Motivation**
>
> Motivation ist »die aktivierende Ausrichtung des momentanen Lebensvollzugs auf einen positiv bewerteten Zustand« (Rheinberg & Vollmeyer 2012, S. 16).

Motivation kann niemals direkt beobachtet, sondern immer nur erschlossen werden: *Motivation* ist somit ein *hypothetisches Konstrukt*, eine Abstraktion. Schneider und Schmalt (2000) konstatieren: »Motive, die wir als überdauernde Verhaltens- und Bewertungsdispositionen auffassen, können wir beim derzeitigen Stand der Forschung nur als hypothetische Konstrukte verstehen – gedachte Wirkgrößen also, deren Erfindung notwendig erschien, um die beobachteten Stabilitäten, aber auch die vorhandenen interindividuellen Unterschiede zu erklären« (ebd. S. 23). Dementsprechend herrscht (nicht nur innerhalb der klinischen Theorien) ein relatives *Begriffswirrwarr* bezüglich der Termini Triebe, Motive, Bedürfnisse, Wünsche, Ziele etc. vor. Somit ist die Begriffsverwendung häufig sehr unscharf, und so unterschiedliche Phänomene wie die »des Hungers und Durstes, der Ängstlichkeit, der Neugier und der Sexualmotivation, aber auch des Leistungs-, Anschluss- und Machtstrebens« werden als »Motivsysteme« bezeichnet (ebd., S. 14).

Grundsätzlich können Motivationsmodelle grob danach unterschieden werden, ob sie motiviertes Verhalten als eher von innen *angetrieben* oder eher als von etwas *angezogen* betrachten. Instinkt- und Triebtheorien werden der ersten Kategorie zugeordnet: Es wird meist, zumal bei Trieben, davon ausgegangen, dass sich über die Zeit Spannungen

1.1 Psychologische Motivationstheorien

aufbauen, die nach befriedigender Entladung verlangen bzw. – im Falle von Mangelzuständen wie Hunger oder Durst, die mit unlustvollen Empfindungen einhergehen – zu appetitiven Handlungen drängen, um den unlustvollen Spannungszustand zu beseitigen. All diese Theorien verbindet die Herangehensweise, in der Motivation die grundlegende Ebene der Psyche zu sehen und sie aus körperlichen Prozessen herzuleiten.

Bischof (2009) nennt für diese Kategorie psychologischer Motivationstheorien Beispiele aus dem *Behaviorismus* (Hull) und der Psychoanalyse (Freud): In beiden Theorien wurde in ihren klassischen Ausgestaltungen die menschliche Motivation auf eine psychische Energie zurückgeführt. Hull nannte diese eine, sämtlicher Motivation zugrunde liegende Triebkraft *general drive (D)*, welche sich in seinem Verständnis aus körperlichen Bedürfnissen speist. Dieser Trieb D beeinflusst gemeinsam mit erlernten Reaktionen auf bestimmte Reize, die Hull als »Gewohnheitsstärke« bezeichnet, das menschliche Verhalten. Der Trieb energetisiert das Verhalten, und die Gewohnheitsstärke gibt ihm die Richtung. Die behaviorale Triebtheorie von C. L. Hull wird beispielsweise in Rudolph (2003) sowie in Heckhausen & Heckhausen (2010a) näher erklärt.

Auch die Psychoanalyse geht in ihrer klassischen Triebtheorie von einer psychischen Energie aus, die allen motivationalen Prozessen zugrunde liegt. Freud unterschied in seinen verschiedenen Versionen der Triebtheorie jedoch immer zwischen zwei unterschiedlichen Triebkräften; in seiner letzten und bekanntesten Triebtheorie unterschied er *Eros* und *Todestrieb* voneinander. Wir werden in Kapitel 1.2.1 ausführlich auf Freuds Triebtheorien eingehen.

Eine weitere Gruppe von Theorien, die motivationale Prozesse auf eine psychische Energie zurückführt, sieht Bischof (2009) in einer neurophysiologischen Entdeckung begründet: Mit der Entdeckung der *formatio reticularis* durch Moruzzi und Magoun (1949), einer Region im Hirnstamm, sind neurophysiologische Prozesse des *aufsteigenden retikulären Aktivierungssystems* (ARAS) als »allgemeine Kraftquelle für das zentrale Nervensystem« (Bischof 2009, S. 226) in den Fokus gerückt. Solche Theorien gehen von einer unspezifischen *Erregung* oder *Aktivation* aus, die erst nachträglich aufgrund einer Bewertung in spezifische Motivationshandlungen überführt werde. Die berühmteste Theorie dieser Kategorie wurde von Schachter und Singer entwickelt (▶ Kap. 2.1). Auch aktuelle Motivationstheorien der Affektiven Neuro-

1 Motivation

wissenschaften heben die Bedeutung der Regionen des ARAS hervor. Da im Hirnstamm besonders Informationen aus inneren Körperprozessen verarbeitet werden, gilt auch für diese Theorien, dass das Psychische aus dem Körperlichen hergeleitet wird (vgl. Panksepp & Biven, 2012; Solms & Panksepp, 2012). In der aktuellen Motivationspsychologie spielen diese Trieb- und Instinkttheorien eine eher untergeordnete Rolle. Sie beschäftigt sich stattdessen fast ausschließlich mit Modellen der zweiten Kategorie: Es wird nach dem *zukünftigen Zielzustand*, den eine Person herbeiführen möchte, gefragt. *Motive* werden hier im Sinne der Ziele als *überdauernde Vorlieben* einer Person verstanden. Die Motivationspsychologie fragt dazu einerseits nach Ober-Kategorien unterschiedlicher Zielzustände (Motivlisten). Diesbezüglich sind »schon die verschiedensten Aufstellungen und Klassifikationen von Motiven vorgestellt worden. Solche Listen muten häufig willkürlich an« (Schneider & Schmalt 2000, S. 23). Andererseits wird danach gefragt, was diese Zielzustände überhaupt so anziehend macht, welchen *Anreiz* die Zielzustände für eine Person haben.

Hierfür geht die aktuelle Motivationspsychologie in wesentlichen Aspekten auf Kurt Lewin (1931; 1951) zurück. Ein Aspekt in Lewins *Feldtheorie* stellt bis heute die wesentliche Grundannahme der Motivationspsychologie dar: seine *universelle Verhaltensgleichung*. Lewin ging davon aus, dass weder Faktoren der Person (Triebe, Bedürfnisse) noch der Umwelt (situative Reize, Zwänge) jeweils allein das Verhalten hinreichend erklären können. Verhalten ist demnach immer eine Funktion aus Person- und Umweltfaktoren – eine Position, die seitdem grundlegend für die Motivationspsychologie ist (vgl. Rheinberg & Vollmeyer 2012).

$$V = f(P, U)$$

Ausgehend von Lewins universeller Verhaltensgleichung füllte die Motivationspsychologie die Personenvariable mit konkreten Motiven. Wenn es um die *Inhalte der Motive* geht, so bezieht sich die gesamte Motivationspsychologie mehr oder weniger stark auf Murray (1938). Murray postulierte neben den primären physiologischen Bedürfnissen wie Hunger und Durst weitere sekundäre Bedürfnisse (needs), die erst im Verlauf der Ontogenese erworben werden. Obwohl individuell erworben und trotz der Vielfalt der sekundären Bedürfnisse ging Murray davon aus, dass es bestimmte übergeordnete Klassen von sekundären Bedürfnissen gibt, die universell bei einer großen Anzahl von Menschen vorliegen. Murray beschrieb 20 solcher sekundären Bedürfnisse. Von diesen er-

1.1 Psychologische Motivationstheorien

langten insbesondere das Anschlussbedürfnis (*need affiliation*), das Leistungsbedürfnis (*need achievement*) sowie das Unabhängigkeitsbedürfnis (*need autonomy*) in der weiteren Erforschung der Motivation Bedeutung.

Ist ein solches Bedürfnis bei einer Person vorherrschend, so äußert sich dies darin, dass das aktuelle Denken, Wünschen, Wahrnehmen und Handeln der Person von diesem Bedürfnis beeinflusst wird, was zu einer Art themenspezifischem Person-Umweltbezug führt. Zur Messung dieser aktuell vorherrschenden Präferenz entwickelte Murray den *Thematischen Apperzeptionstest* (TAT), der eines der bekanntesten projektiven Testverfahren der Psychologie insgesamt darstellt und das in der Person aktuell vorherrschende Motiv erfasst. Dabei wird den Probanden eine Reihe von Bildern mit unbestimmten Szenen vorgelegt, zu denen eine Geschichte erzählt werden soll (▶ Abb. 1.1). Trotz häufiger Kritik am TAT sind die Testgütekriterien bei entsprechender Instruktion und Auswertung durchaus zufriedenstellend (Schultheiss & Pang 2007; Gruber & Kreuzpointner 2013; Lang 2014).

Abb. 1.1: TAT-Bildbeispiel

Seit McClelland und sein Team das Konzept von Murray in den 1950er Jahren aufgriffen, sich aber auf drei »Grundmotive« konzentrierten, beschäftigt sich die Motivationspsychologie hauptsächlich mit diesen

1 Motivation

drei Motiven: Dem *Anschlussmotiv*, dem *Leistungsmotiv* und dem *Machtmotiv* (McClelland 1985; Heckhausen & Heckhausen 2010b). Werden – bezogen auf Lewins Gleichung – in der Person also die Motive lokalisiert, so ist die »Umwelt-Seite« der Motivation durch so genannte *Anreize* gekennzeichnet.

> **Definition Anreize**
>
> »Alles was Situationen an Positivem oder Negativem einem Individuum verheißen oder andeuten, wird als ›Anreiz‹ bezeichnet, der einen ›Aufforderungscharakter‹ zu einem entsprechenden Handeln hat. Dabei können Anreize an die Handlungstätigkeit selbst, das Handlungsergebnis und verschiedene Arten von Handlungsfolgen geknüpft sein« (Heckhausen & Heckhausen 2010b, S. 5).

In der obigen Definition sind drei Anreiztypen genannt: die Handlungs*tätigkeit* selbst, das Handlungs*ergebnis* und die Handlungs*folgen* können jeweils ganz eigenständige (und mitunter konfligierende) Anreize besitzen. Heckhausen und Heckhausen (2010b) zählen die ersten beiden zu den intrinsischen, die Folgen zu den extrinsischen Anreizen. Die Unterscheidung zwischen den drei *Anreiztypen* wird an den folgenden Beispielen deutlich:

- *Tätigkeitszentrierter Anreiz*: Ein Freizeitsportler geht regelmäßig im Wald laufen, weil er das Laufen selbst genießt. Die fließenden Bewegungen im Rhythmus mit dem Atem erzeugen in ihm ein Gefühl von Leichtigkeit und »Einssein« mit sich, seinem Körper, der Bewegung und Umgebung. Er weiß weder, wie lang die Strecke ist, die er meistens läuft, noch stoppt der Zeit, die er dafür braucht.
- *Ergebniszentrierter Anreiz*: Ein Anderer geht ebenfalls regelmäßig laufen, aber das Laufen selbst ist ihm kein sonderlicher Genuss. Er hat eine Stoppuhr dabei und erfreut sich daran, wenn er einen Leistungszuwachs feststellen kann, z. B. wenn er seine Strecke in kürzerer Zeit absolviert. Er setzt sich diesbezüglich immer wieder eigene Ziele, und deren Erreichen gibt ihm ein gutes Gefühl.
- *Zweckzentrierter Anreiz*: Ein Dritter geht auch regelmäßig Laufen. Für ihn ist weder das Laufen selbst noch das Erreichen selbstgesetzter

Leistungsziele ein Quell positiver Gefühle. Seine Ärztin hat ihm dringend angeraten, Sport zu treiben, um sein Übergewicht abzubauen und seine Cholesterin-Werte positiv zu beeinflussen. Zudem hofft er, dass sich der Sport auch positiv auf seine Leistungsfähigkeit im Beruf auswirkt, er dadurch vielleicht sogar die Karriereleiter aufsteigt und mehr verdient und damit (hohe körperliche Fitness, hohe berufliche Position, hohes Gehalt) auch wieder mehr Chancen hat, eine Partnerin zu finden.

In dieser Kategorisierung liegt bereits ein weiteres Unterscheidungsmerkmal: Die Motivationspsychologie befasst sich nicht nur mit den Zielen oder Zwecken motivationalen Verhaltens, sondern die obige Definition schließt ebenfalls die Möglichkeit ein, dass die Handlung selbst den Anreiz darstellt und um ihrer selbst willen ausgeführt wird. Dies wird neuerdings als *intrinsische Motivation* bezeichnet. Unter intrinsischer Motivation wurde schon Vielerlei verstanden: Meist geht es darum, dass eine Person aus »eigenem Antrieb« handelt, im Gegensatz zu extrinsisch motiviertem Verhalten, das »von außen« gesteuert oder angetrieben wird (Rheinberg 2010). »Allerdings setzt sich in jüngster Zeit zunehmend die Tendenz durch, den Begriff intrinsische Motivation einheitlich für solche Motivationsformen anzuwenden, die allein um der Tätigkeit und nicht der Ergebnisse willen durchgeführt werden« (Rheinberg & Vollmeyer 2012, S. 153). Damit fällt die Unterscheidung *intrinsisch vs. extrinsisch* mit derjenigen zwischen *tätigkeits- vs. zweckzentrierten* Anreizen zusammen. Intrinsisch motiviert ist ein Verhalten also dann, wenn der *Vollzug der Tätigkeit selbst als positiv erlebt* wird, und die mit dem Verhalten erzielten Ergebnisse oder Folgen in den Hintergrund treten.[1]

Die intrinsische Motivation wurde in der Psychologie besonders in der *Selbstbestimmungstheorie* (SDT) erforscht, die auf Deci und Ryan (1985) zurückgeht. Sie gehen von drei grundlegenden Bedürfnissen nach Kompetenz (*effectancy*), Selbstbestimmung (*autonomy*) und sozia-

---

[1] Dies entspricht in etwa der *Funktionslust* von Bühler (1919; Bühler 1922), die er aus der Beobachtung des kindlichen Spiels ableitete und die er als »köstliche Fähigkeit anscheinend zwecklosen oder selbstzweckdienlichen, interessenfreien Tuns« beschreibt, im Gegensatz zur *Endlust*, die nach einer erfolgreich durchgeführten Handlung entsteht.

ler Eingebundenheit (*affiliation*) aus. Um die intrinsische Motivation zu fördern, müssen im Sinne der SDT diese drei Grundbedürfnisse von der äußeren Umgebung befriedigt werden. Besonders im pädagogischen Rahmen wird auf dieser theoretischen Grundlage diskutiert, wie dadurch *selbstgesteuertes Lernen* geschaffen werden kann. Hier zeigt sich auch, dass positive, belohnende Anreize nicht immer zu einer Verstärkung der Motivation führen müssen: Die intrinsische Motivation kann durch äußere Anreize auch untergraben werden, wenn die Bedürfnisse nach Selbstbestimmung und Autonomie verletzt werden (vgl. Deci et al. 1999). Die psychologische Forschung spricht in diesem Zusammenhang von einem *overjustification effect*. Kommt es hingegen nicht zu einer solchen Behinderung der intrinsischen Motivation, kann im Sinne eines tätigkeitszentrierten Anreizes ein *Flow-Erleben* entstehen. Flow bezeichnet dabei einen Zustand des gänzlichen Aufgehens in eine laufende Tätigkeit, wobei das Bewusstsein völlig vom Tätigkeitsvollzug absorbiert ist (Rheinberg 2010). Leser, die sich für dieses Thema interessieren, seien auf die Schriften und Vorträge von Mihály Csíkszentmihályi verwiesen.

Doch auf der Umwelt-Seite der Lewin'schen Gleichung spielen nicht nur Anreize eine Rolle, sondern auch *Erwartungen*. Ein Verhalten kann insgesamt von sehr unterschiedlichen *Erwartungstypen* beeinflusst sein:

- *Situation-Ergebnis-Erwartung*: Wie wahrscheinlich führt die Situation auch ohne eigene Handlungen zu einem gewünschten Ergebnis?
- *Handlungs-Ergebnis-Erwartung*: Wie wahrscheinlich führt das eigene Handeln zu einem gewünschten Ergebnis?
- *Wirksamkeitserwartung*: Wie wahrscheinlich ist es, dass ich die erforderliche Handlung auch ausführen kann?[2]
- *Ergebnis-Folgen-Erwartung*: Wie wahrscheinlich führt ein Ergebnis zu den gewünschten Folgen?

---

[2] Dieser Erwartungstyp geht auf Bandura (1977) zurück, der zwischen *self-efficacy-expectation* und *action-outcome-expectation* unterscheidet. Während die action-outcome-expectation in den motivationspsychologischen Modellen gut integriert ist, bleibt die self-efficacy-expectation oft unberücksichtigt (z. B. Heckhausen & Heckhausen 2010b), ist aber ebenfalls von hoher Bedeutung (Rheinberg & Vollmeyer 2012).

1.1 Psychologische Motivationstheorien

So führt etwa eine hohe Situations-Ergebnis-Erwartung zu einem geringen Handlungsanreiz. Eine geringe Situations-Ergebnis-Erwartung kombiniert mit einer hohen Handlungs-Ergebnis-Erwartung, hoher Selbstwirksamkeitserwartung und hoher Ergebnis-Folgen-Erwartung hingegen hat einen hohen Handlungsanreiz. Bei dem Freizeitsportler im dritten obigen Beispiel (zweckzentrierter Anreiz) dürfte zwar der Anreizwert hoch sein, die Ergebnis-Folgen-Erwartung realistischerweise aber eher niedrig, weil die Folgen-Erwartung an das Laufen völlig überfrachtet erscheinen. In der Psychotherapieforschung konnte empirisch gezeigt werden, dass bei Menschen mit psychischen Störungen besonders die Wirksamkeitserwartung eingeschränkt ist (Grawe 1995). Psychotherapien müssen deshalb auch eine »aktive Hilfe zur Problembewältigung« (ebd., S. 138) ermöglichen, um dem Patienten die Selbstwirksamkeit im Sinne Banduras zurückzugeben.

Das Zusammenspiel von Anreizen und Erwartungen wurde in so genannten *Erwartungs-x-Wert-Modellen* insbesondere in Bezug auf die Leistungsmotivation ausführlich beschrieben und untersucht. Die Erwartungs-x-Wert-Theorien »haben eine wichtige Gemeinsamkeit: Der ›Wert‹ (die Valenz) eines Ziels oder einer Handlungsalternative und die Wahrscheinlichkeit, dass dieses Ziel erreicht (oder die Handlung erfolgreich abgeschlossen) wird, determinieren gemeinsam die Wahl dieser Handlungsalternative« (Rudolph 2003, S. 118). Dabei müssen die einer Handlungsentscheidung zugrundeliegenden Erwartungen und Werte nicht notwendigerweise bewusst repräsentiert sein (Schneider & Schmalt 2000), da auch komplexe Verhaltensmuster von niederen Tieren mit Hilfe der Erwartung-x-Wert-Modelle vorhersagbar sind.

Spätestens hier wird die Unterscheidung zwischen *Verhalten* und *Handlung* wichtig. Im Unterschied zu Verhalten, das auch als reine Gewohnheit oder automatisierte Reaktion erfolgen kann, bezeichnet *Handeln* gemäß Max Weber dasjenige menschliche Verhalten, mit dem der Handelnde einen *Sinn* verbindet. »Als Handlung gelten in diesem Sinne alle Aktivitäten, denen eine ›Zielvorstellung‹ zugrunde liegt« (Achtziger & Gollwitzer 2010, S. 310). Besonders in den empirischen Studien zu der unten ausgeführten Konsistenztheorie des klinischen Psychologen Klaus Grawe finden Zielkonstrukte eine hervorgehobene Bedeutung (▶ Kap. 1.4).

Selbst bei einer die Handlungen begünstigenden Anreiz- und Erwartungskonstellation erfolgt die Handlung aber nicht von selbst. Die zu-

1 Motivation

sätzlich benötigten *volitionalen Prozesse* wurden im so genannten *Rubikon-Modell* (Heckhausen et al. 1987) beschrieben. Der Begriff der Volition bezieht sich dabei auf »Prozesse und Phänomene, die mit der konkreten Realisierung von Zielen im Handeln zu tun haben« (Achtziger & Gollwitzer 2010, S. 314). Der entscheidende Schritt zum *Überschreiten des Rubikon* besteht dabei darin, einen persönlichen Wunsch in ein konkretes Ziel umzuwandeln: »Wie einst Julius Cäsar durch Überschreiten des Rubikons den Bürgerkrieg ausgelöst hatte, und sich jetzt bemühen musste, diesen zu gewinnen, so vollzieht sich mit der Umwandlung eines Wunsches in ein Ziel die Abkehr vom Abwägen des Nutzens eines Wunsches in ein Festlegen auf seine tatsächliche Realisierung« (Achtziger & Gollwitzer 2010, S. 311 f.).

Das Rubikon-Modell benennt vier verschiedene Phasen der Umsetzung einer Motivation in eine Handlung und anschließende Bewertung.

1. In der *prädezisionalen Phase* wägt eine Person ab, welche von den vielen Wünschen, die mehr oder weniger fortlaufend von den Motiven »produziert« werden, sie überhaupt in die Tat umsetzen möchte. Hier werden die unterschiedlichen Wünsche hinsichtlich ihres Wertes bei Zielerreichung (ergebnis- oder zweckzentrierter Anreiz) und ihrer Realisierbarkeit gegeneinander abgewogen. Am Ende dieser Phase wird ein verbindliches Ziel gesetzt – es entsteht eine Zielintention (*Intentionsbildung*), womit der »Rubikon« vom Wunsch zum Ziel überschritten ist, was mit einem Gefühl der Verpflichtung einhergeht, dieses Ziel in die Tat umzusetzen (ausgedrückt als *Volitionsstärke*).
2. In der *präaktionalen Phase* »gilt es für einen Handelnden, sich Gedanken darüber zu machen, auf welche Weise er das am Ende der 1. Phase gesetzte Ziel auch wirklich realisieren will. … Am günstigsten erweist es sich in dieser Phase, Pläne zu entwickeln, die bestimmen, wann, wo und auf welche Art und Weise man eine zielförderliche Handlung durchführen möchte« (Achtziger & Gollwitzer 2010, S. 312). Diese Phase wird der Volition zugeordnet. Einerseits wird konkret geplant (z. B. um erwartete Realisierungsschwierigkeiten zu überwinden) und/oder auf günstige Gelegenheiten zur Umsetzung der Handlung gewartet: Das Zusammenwirken der Volitionsstärke und dem Grad der Günstigkeit der Gelegenheit wird *Fiattendenz* genannt. Fiattendenzen unterschiedlicher Ziele einer Person können dabei gewissermaßen in Konflikt

geraten, wobei das Ziel mit der höchsten Fiattendenz den Zugang zur Exekutive gewinnt: Es kommt zur *Intentionsinitiierung*, d. h. zur Initiierung von entsprechenden Handlungen.
3. In der aktionalen Phase, also der eigentlichen Handlungsphase, versucht ein Handelnder, die in der präaktionalen Phase gefassten Pläne zur Realisierung des am Ende der prädezisionalen Phase gefassten Ziels in die Tat umzusetzen. »Dies wird am besten durch beharrliches Verfolgen des Ziels und durch Anstrengungssteigerungen bei Auftreten von Schwierigkeiten erreicht«, wobei die Volitionsstärke gewissermaßen »einen Grenzwert für die Anstrengungsbereitschaft« darstellt und die Handlungsdurchführung »durch die mentale Repräsentation des Ziels [geleitet wird], auf welches sich ein Handelnder verpflichtet hat. Hierbei ist die Repräsentation des Ziels nicht bewusstseinspflichtig, d. h. das Ziel muss nicht im Bewusstsein gegenwärtig sein« (Achtziger & Gollwitzer 2010, S. 313).
4. Die postaktionale Phase setzt nach Abschluss der auf die Realisierung eines Ziels gerichteten Handlung ein und stellt wiederum eine motivationale Aufgabe dar: Das erreichte Handlungsergebnis wird bewertet. Fällt diese Bewertung positiv aus, so kann das Ziel deaktiviert werden (*Intentionsdeaktivierung*)[3]. Bei nicht vollständig positiver Evaluation ergeben sich meist drei Möglichkeiten: a) Das Anspruchsniveau in Bezug auf die Zielerreichung wird angepasst; b) es werden neue Handlungen in Angriff genommen, um das Ziel doch noch zu erreichen; c) das Ziel wird trotz negativer Evaluation deaktiviert, was am besten gelingt, wenn schon ein neues Ziel vor Augen ist (Achtziger & Gollwitzer 2010).

Abbildung 1.2 versucht, die in der allgemeinen Motivationspsychologie zur Erklärung von Verhalten bzw. Handlungen beschriebenen Elemente in einer Grafik zu integrieren.

---

3 Insofern scheint die Plazierung des Übergangs »Intentionsdeaktivierung« in den üblichen Abbildungen des Rubikon-Modells (z. B. Heckhausen & Heckhausen 2010b; Achtziger & Gollwitzer 2010; so auch in Abbildung 1.2) nicht ganz korrekt: dort markiert die Intentionsdeaktivierung das Ende der aktionalen Handlungsphase und den Übergang zur »Bewertung«. Ob eine Intentionsdeaktivierung stattfindet oder (noch) nicht, hängt aber stark vom Ergebnis der Bewertung ab.

1 Motivation

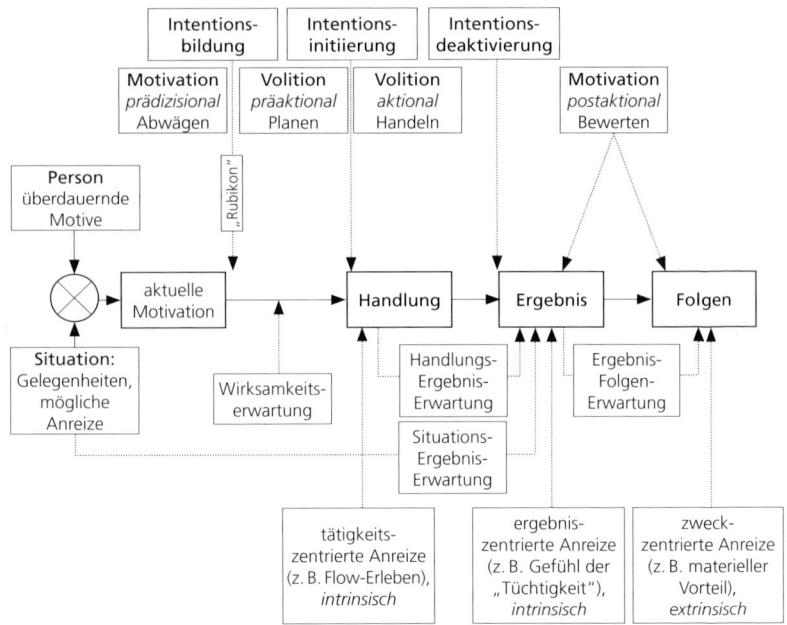

Abb. 1.2: Elemente psychologischer Motivationstheorien (Synopse aus: Achtziger & Gollwitzer 2010; Heckhausen & Heckhausen 2010b; Rheinberg 2010; Rheinberg & Vollmeyer 2012)

1.1.2 Das »Zürcher Modell sozialer Motivation«

Aus den aktuellen psychologischen Theorien zur Erklärung der menschlichen Motivation möchten wir ein Modell herausheben und gesondert behandeln, welches wir für besonders überzeugend halten. Es handelt sich dabei um das »Zürcher Modell sozialer Motivation«, welches das Forscherehepaar Norbert Bischof und Doris Bischof-Köhler entworfen hat. Sie wurden für ihre Forschungen im Jahr 2003 mit dem *Deutschen Psychologiepreis* ausgezeichnet. Das »Zürcher Modell« besticht durch seinen integrativen Ansatz und beschreibt die funktionale Verknüpfung von Motivation, Emotionen und Handlung unseres Erachtens besonders schlüssig. Es könnte sich perspektivisch auch als übergeordnetes Rahmenmodell zur Erklärung klinisch-psychologischer Phänomene eignen (vgl. Arbeitskreis OPD 2006; Krause 2012).

1.1 Psychologische Motivationstheorien

Im Gegensatz zu den anderen Motivationstheorien der Psychologie gehen Bischof (2009) und Bischof-Köhler (2011) zur Herleitung ihres Modells von einer anderen Grundlage aus. Norbert Bischof war zu Beginn seiner wissenschaftlichen Karriere Schüler des Ethologen Konrad Lorenz[4] und hebt den wichtigsten Einfluss seines Lehrers hervor: »Sein eigentliches, durch den Nobelpreis zu Recht gewürdigtes Verdienst lag vielmehr darin, eine *biologisch fundierte Motivationspsychologie* begründet zu haben« (Bischof 2009, S. 543). Diese ethologischen Wurzeln veranlassen Bischof (2009) zu einer scharfen, mitunter bissigen Kritik an der kognitivistischen Tradition der aktuell dominanten Lehrmeinung der akademischen Psychologie (vgl. Bischof 2009, Kap. 18). Auch wenn wir einen Austausch mit der Psychologie für die Psychoanalyse in verschiedenen Fragen für äußerst fruchtbar halten, teilen wir grundsätzlich Bischofs kritische Haltung gegenüber dem Kognitivismus. Wir werden auf diesen Aspekt bei der Erklärung der »psychologischen Emotionstheorien« (▶ Kap. 2.1) zurückkommen. Für Bischof ist – neben anderen Kritikpunkten – eine Herangehensweise vieler psychologischer Theorien zentraler Angriffspunkt: Er hält viele Theorien der Psychologie für wenig überzeugend, »weil es das Handicap des Kognitivismus ist, dass seine Vertreter allein am Menschen interessiert sind. Sie würden nie darüber nachdenken, warum Schimpansen, wenn sie denn wirklich unter dem Selektionsdruck gestanden hätten, eine Mitteilungssprache zu entwickeln, nicht auch ihre Toten begraben. Oder warum sie sich beim Geschlechtsakt nicht schämen, obwohl sie sich doch im Spiegel erkennen. Der Kognitivismus lässt nichts von der tiefen *anthropologischen* Bedeutung solcher Frage-

---

4 So unzweifelhaft seine Leistungen auf dem Gebiet der vergleichenden Verhaltenswissenschaft von Tieren (Ethologie) sind, Lorenz lässt sich aus heutiger Sicht nicht zitieren, ohne seine unrühmliche Rolle im Nationalsozialismus und eine eher zaghafte Distanzierung von ihr in der Nachkriegszeit zumindest zu erwähnen. Bei seinem Antrag zur Aufnahme in die NSDAP am 28.06.1938 betonte Lorenz: »Schließlich darf ich sagen, dass meine ganze wissenschaftliche Lebensarbeit […] im Dienste nationalsozialistischen Denkens steht.« Er begrüßte den »Anschluss« Österreichs, weil er sich dadurch (berechtigte) Hoffnungen für eine Ausweitung seiner Studien machte und übertrug seine Forschungen zur Zuchtwahl bei Gänsen auf den Menschen, sodass er explizit die nationalsozialistische Rassenideologie und »Ausmerzung unwerten Lebens« begrüßte. Interessierte Leser seien auf die Biographie von Taschwer und Föger (2003) verwiesen.

1 Motivation

stellungen ahnen« (Bischof 2009, S. 521). Zur Begründung der Motivationstheorie des »Zürcher Modells« durchleuchtet Bischof – seinen Lorenz'schen Wurzeln folgend – deshalb die Hintergründe der menschlichen Motivation im Tierreich. Wir teilen auch diese Ansicht, dass der Mensch hinsichtlich motivationaler und emotionaler Prozesse besonders stark durch die phylogenetische Entwicklung vorgeprägt ist und werden in unserem Integrationsmodell darauf zurückkommen (▶ Kap. 3.1).

Stehen bei anderen Motivationstheorien der aktuellen Psychologie *Ziele* von Menschen im Zusammenhang mit *Anreizen* hoch im Kurs, zäumen Bischof und Bischof-Köhler stattdessen das Pferd genau anders herum auf. Grundlegend werde das Verhalten von Tieren durch *Instinkte* beeinflusst, welche Bischof (2009) in Anlehnung an William James als »Mechanismus [definiert], der es dem Organismus ermöglicht, ohne Einsicht und Erfahrung adaptiv zu reagieren« (S. 313). Als Reaktion auf einen auslösenden Schlüsselreiz lässt sich ein »gerichtetes Appetenzverhalten« beobachten, welches durch einen hohen Erbanteil charakterisiert ist (»Erbkoordination«). Die menschliche Motivation hat sich im Sinne des Zürcher Modells im Laufe der evolutionären Entwicklung aus diesen instinktiven Verhaltensreaktionen herausgebildet, wobei der Mensch größere Fähigkeiten aufweist, sie zu reflektieren; bzw. in den Worten des Systemtheoretikers Bischof gesprochen: Phylogenetisch betrachtet haben sich die »Freiheitsgrade der finalen Systeme« erhöht. Der phylogenetische Hintergrund des Menschen lässt Bischof (2009) von fünf basalen Motivsystemen ausgehen, durch die menschliche Motivation wesentlich geprägt werde: *Bindung/Sicherheit, Exploration/Erregung, Autonomie* (mit den Teilsystemen: *Dominanz, Geltung* und *Kompetenz bzw. Eigenwert*) sowie *Sexualität* und *Fürsorge*.[5]

Hinsichtlich dieser fünf Motivsysteme gilt: Aus dem gerade aktivierten Motiv (Soll-Wert) und der Wahrnehmung der Umwelt (Ist-Wert) ergibt sich die jeweilige *Lage*, die wiederum Antriebe (Appetenz oder Aversion) und Emotionen hervorbringt, aus welcher sich die Handlungsbereitschaft (Action-Readiness) ergibt. »Der Antrieb löst bestimmte Verhaltensweisen aus, wobei zielführende Handlungen und kommunikativ wirksame Aus-

---

5 Zu einer ähnlichen Liste fundamentaler Motivationssysteme, verbunden mit Affekten, kommt der Begründer der affektiven Neurowissenschaft, Jaak Panksepp. Wir stellen die beiden Theorien im Integrationsteil einander gegenüber.

1.1 Psychologische Motivationstheorien

drucksbewegungen unterschieden werden können; die Letzteren übermitteln anderen Gruppenmitgliedern Informationen über die motivationale Verfassung des Individuums« (Bischof-Köhler 2011, S. 89).

Bindung/Sicherheit: Über die Existenz eines basalen Bindungsmotivs besteht kaum Zweifel, auch wenn die Bezeichnungen variieren. Bowlby konzipierte die Bindung (in Abgrenzung zur psychoanalytischen Triebtheorie und zur behavioristischen Lerntheorie) als eigenständiges Motivsystem, das dem *Schutz* des Säuglings diene, wobei dieser Schutz am sichersten in der Nähe der Mutter gewährleistet sei. Auch er gelangte zu seiner Theorie durch einen Dialog mit der Ethologie, genauer gesagt durch die Weiterentwicklung des Postulats einer »Appetenz nach Ruhezuständen« der Zoologin Monika Holzapfel. Die Aktivierung des Bindungsmotivs führt zu aktiv Bindung herstellenden Verhaltensweisen (z. B. Weinen, Lächeln, Anklammern, Nachfolgen) beim Kind. Bischof (2009) und Bischof-Köhler (2011) verstehen Bindung ebenfalls als »*eigenständiges primäres Motiv*«, betrachten dies aber als Bestandteil des »*Sicherheitssystems*, das die Regulation des Verhaltens zu Vertrauten gewährleistet« (Bischof-Köhler 2011, S. 118). Ein hoher Sollwert im Sicherheitssystem bildet sich als *Abhängigkeits*bedürfnis ab und aktiviert Bindungsverhalten. »Die *Funktion der Bindungsmotivation* besteht präzise formuliert darin, das Kind in der Nähe von Vertrauten zu halten, denn diese sind mit hoher Wahrscheinlichkeit verwandt und deshalb brutpflegemotiviert« (Bischof-Köhler 2011, S. 101).[6]

Exploration/Erregung: Das Erregungssystem ist gewissermaßen das motivationale Gegenstück des Sicherheitssystems und reguliert das Verhalten gegenüber Fremdem und Neuem. »Eine Motivgröße dieser Art muss gefordert werden, wenn man die Phänomene der sozialen *Neugier* und der *Fremdenfurcht* erklären will« (Bischof 2009, S. 420). Dieses zweite Motivsystem, ein »Produkt aus Fremdheit und Nähe« (S. 421), wird mit dem achten Lebensmonat voll funktionstüchtig. Ein hoher

---

6 Bischof (2009) unterscheidet jedoch im Gegensatz zu Bowlby drei Arten der Bindung: *primäre* (Kind zu Eltern, analog Bowlby), *sekundäre* (an den Geschlechtspartner) und *tertiäre* (Eltern zu Kind). »Die Bindungstheorie bagatellisiert die Verschiedenheit dieser drei Objekttypen. […] Von Antagonismen zwischen den Objekttypen ist keine Rede« (Bischof 2009, S. 418).

1 Motivation

Sollwert des Erregungssystems bildet sich als *Unternehmungslust* ab. Auch diesbezüglich besteht eine starke Parallele zur Bindungstheorie Bowlbys: Erst eine ausreichende Sicherheit ermöglicht es, Erregung als faszinierend zu erleben und nicht als furchteinflößend.
Autonomie: Bischof (2009) sieht diesbezüglich einen blinden Fleck der Bindungstheorie: »Die Dynamik der Ablösung des Jugendlichen aus seiner Herkunftsfamilie bleibt ausgeblendet; der adoleszente Verselbstständigungswunsch wird bagatellisiert, wenn nicht gar pathologisiert« (S. 418). Der notwendige Ablösungsprozess eines jeden Menschen ließe jedoch nur einen Schluss zu: »Wir unterstellen damit ein Motiv zur Durchsetzung einer dauerhaften, von anderen Gruppenmitgliedern nicht zu störenden Kontrolle der eigenen Lebensumstände« (ebd., S. 425). Es »spiegelt das Erlebnis wider, *Einfluss* auszuüben, sich bei sozialen Konflikten durchzusetzen und zu behaupten, die Dinge selbst in die Hand zu nehmen und ganz generell bei der Bewältigung von Problemen *Erfolg* zu haben. Beim Erwachsenen korrespondiert das Autonomiegefühl mit dem sozialen *Status*« (Bischof 2009, S. 141).[7] Das Autonomiesystem wird in verschiedene *Teilsysteme* untergliedert: das Macht- bzw. *Dominanzmotiv* (wird von den Autoren als evolutionär ursprünglich angesehen), das *Geltungsmotiv* (ersetzt Macht/Zwang durch Leistung und prosoziales Verhalten, das von anderen geschätzt und anerkannt wird) und das Kompetenz/Leistungs- bzw. *Eigenwertmotiv* (das als spezifische motivationale Neuerwerbung des Menschen angesehen wird, siehe unten).
Sexualität: Sexualität »stellt, evolutionsbiologisch betrachtet, eine der rätselhaftesten Lebenserscheinungen dar« (Bischof 2009, S. 410). Biologisch gesehen hat die biparentale Fortpflanzung erhebliche Kosten und ist kompliziert und störungsanfällig. Dennoch ist sie der Regelfall. Es wird davon ausgegangen, dass der Vorteil in »der Erhaltung und Gewährleistung genetischer Variabilität« (ebd., S. 413) liegt. Aus diesem Grunde sei auch von biologisch verankerten *Inzestbarrieren* auszugehen, da die Paarung naher Verwandter »mit fast allen Kosten der Biparentalität belastet« wäre, aber deren Vorteile einbüßen würde. Daher erlischt bei Tieren, die in einem Familienverbund leben, die Bindung an diesen Verbund mit dem Beginn der Geschlechtsreife, und es kommt zu einer Umpolung der Beziehungen

---

7 Diese Beschreibung des *Autonomiesystems* ist offensichtlich dem Konzept der *Selbstwirksamkeit* sehr ähnlich.

1.1 Psychologische Motivationstheorien

während der Pubertät, meist durch Distanzierung und Repression.[8] Da es beim Menschen nur sehr unzuverlässige »Verwandtschaftsindikatoren« gibt, gilt die *Vertrautheit* als »Verwandtschaftsindikator«; die Wahrnehmung von Vertrautheit triggert laut Bischof entsprechend das in seinem Verständnis phylogenetisch entwickelte Inzesttabu.

Fürsorge: Es wird von einer genetisch verankerten »Anlage zur Hilfsbereitschaft gegenüber nahen Verwandten« (Bischof 2009, S. 406) ausgegangen, was sich in einem übergeordneten Sinne als *Fürsorgemotiv* niederschlägt. Deren basale Realisierung ist die Brutpflege. Allerdings »muss diese Antriebsthematik jedoch auf allgemeine Verwandtenfürsorge ausgedehnt werden und bildet dann eine Basis für eine biologisch begründbare *altruistische* Motivation« (Bischof 2009, S. 453). Auch hier spielt die wahrgenommene Vertrautheit eine entscheidende Rolle.

Die Motivsysteme sind nicht unabhängig voneinander, sondern untereinander stark vernetzt: So gilt z. B. eine hinreichende Sicherheit als Voraussetzung für Explorationsverhalten; andererseits reduziert ein hoher Autonomieanspruch das Sicherheitsbedürfnis stark (was dann z. B. dazu führt, dass auf Bindungsverhalten anderer u. U. sehr aversiv reagiert wird). Die Motivsysteme sind außerdem dynamisch und haben im Verlauf der Ontogenese wechselnde Intensitäten (z. B. hohes Sicherheitsbedürfnis im Säuglings-/Kleinkindalter, minimales in der Pubertät; Anstieg der Fürsorgemotivation bis ins frühe Erwachsenenalter) sowie *situativ* bedingte Aktivierungen und Hemmungen. Das Modell beschreibt vielfältige, differenzierte motivdynamische »Regelkreise« unter Berücksichtigung der Wechselwirkungen zwischen Motivsystemen, auf die wir jedoch hier nicht näher eingehen können.

Während das oben skizzierte Motivationsmodell im Wesentlichen für alle sozial lebenden Säuger gilt, benennen Bischof (2009) und Bischof-Köhler (2011a) auch das »spezifisch Menschliche« in der Antriebsorganisation.

---

8 Allerdings scheinen die Inzestbarrieren sehr viel durchlässiger, als Bischof hier suggeriert. Ansonsten wären die oft radikalen Maßnahmen (Beispiele in Bischof 2009) kaum notwendig. Auch bei Mangel an nicht-verwandten Paarungspartnern wird die Inzestbarriere schnell überschritten. Bei domestizierten Säugern, z. B. Rindern, existieren überdies offenbar keinerlei Inzestbarrieren, sodass die geschlechtsreifen Jungtiere von ihren Elterntieren getrennt werden müssen, um inzestuöse Paarungen zu verhindern.

1 Motivation

Dazu zählen einerseits die Entwicklung eines kognitiven Moduls zur *Reflexion auf Bezugssysteme*, verbunden mit der Fähigkeit, »auf mentale Zeitreise zu gehen«, sodass die eigenen Antriebe und deren Veränderung über die Zeit reflektiert werden können. Hierdurch werden neue Formen der exekutiven Kontrolle möglich, die die »Instinkte aus der Machtposition bedingungslos fordernder Befehle in den dynamisch reduzierten Status emotionaler Appelle« (Bischof 2009, S. 465) umwandeln. Auch Schimpansen sind in gewisser Weise zu einer solchen imaginierten Phantasie in der Lage, doch für sie gilt: »Das Zeitverständnis dient dem momentan aktualisierten Antrieb, aber es transzendiert ihn nicht« (S. 380), sodass »die Kognition […] nicht mehr aber nicht weniger [ist], als der Widerhall gegenwärtiger Bedürfnisse in einer vorweggenommenen Umwelt« (S. 381). Nur der Mensch hingegen kann die Imagination einer vorgestellten Zukunft aus der Abhängigkeit des aktuell aktivierten Antriebs lösen, »um künftige eigene Motivlagen repräsentieren zu können« (S. 398). In expliziter Anlehnung an Freuds Terminologie unterscheidet Bischof (2009) diese verschiedenen Prinzipien in den Begriffen der *Primär-* und der *Sekundärzeit*. Viele der in diesem Zusammenhang von Bischof (2009) und Bischof-Köhler (2011) genannten kognitiven Fähigkeiten werden auch in der *Mentalisierungstheorie* der modernen Psychoanalyse behandelt (▶ Kap. 2.3).

Neben dieser übergeordneten Fähigkeit, die drängenden Instinkte und Motive auf ihren Platz zu verweisen und zur Räson zu bringen, benennt Bischof als zweites »spezifikum humanum« mit *motivationalen Neuerwerben* einen inhaltlichen Aspekt: Neben *religiöser* Sinnsuche und dem *moralischen* Imperativ (sowie Ästhetik, Vergeltungsdrang und Besitzstreben, gemäß Lersch 1956), ist insbesondere das *Eigenwertstreben*[9] von besonderer Bedeutung. Das Eigenwertstreben ist Ergebnis einer Ausdifferenzierung des Autonomieanspruchs, der auf einer basalen Ebene in Form des Macht- bzw. Dominanz-Motivs auftritt (welches die Gefolgschaft durch Stärke und Zwang verbunden mit prosozialen Handlungen sichert), während die Umsetzung der Geltungsmotivation auf Zwang verzichtet und stattdessen auf Leistung und prosozialem Verhalten beruht (und damit von der Anerkennung der Gruppenmitglieder abhän-

---

9 Während Bischof (2009) auf den *Eigenwert* fokussiert, stellt Bischof-Köhler (2011) *Kompetenz* und *Leistung* in den Vordergrund der Beschreibung.

1.1 Psychologische Motivationstheorien

gig bleibt); beim Eigenwert (Selbstwert) kommt es zu einer Entkoppelung von dieser externen Bewertung. Hinsichtlich der phylogenetischen Entwicklung dieser drei Subsysteme des Autonomiemotivs fasst Bischof (2009) zusammen: »Wir werden also damit zu rechnen haben, dass sich eine zumindest rudimentäre Form von Geltungsmotivation bereits vor dem Tier-Mensch-Übergang verselbstständigt hat. Anders steht es indessen beim dritten […] unterschiedenen Zweige des Autonomiestrebens, der in der Terminologie von Lersch *Eigenwertstreben* heißt. Hier haben wir es sicher mit einem Motiv zu tun, von dem man erst auf menschlichen Niveau reden kann« (S. 477).

Die beiden Bereiche menschlicher Spezifika hängen zusammen, da die *motivationalen Neuerwerbe* auf dem *kognitiven Neuerwerb* des Moduls zur Reflexion auf Bezugssysteme beruhen bzw., wie im Falle religiöser Motive, die Motiventwicklung überhaupt erst notwendig wird: Das über den Tod hinausgedachte Ich, welches erst durch eine Imaginationsfähigkeit in der Sekundärzeit überhaupt denkbar ist, aktiviert massive Sicherheitsbedürfnisse, die durch religiöse Vorstellungen erfüllt werden, da Letztere zur Angstreduktion beitragen. Die motivationalen Neuerwerbe sieht Bischof außerdem als Beweis dafür, dass die Ansicht falsch ist, dass der Mensch weniger Instinkte als seine tierischen Vorfahren habe, welche beispielsweise von dem Philosophen Arnold Gehlen geäußert worden ist (vgl. Bischof 2009, S. 373 f.). Beim Menschen lassen sich zwar weniger direkte Instinkthandlungen beobachten, aber – so Bischof – die Anzahl der (v. a. sozialen) Instinkte habe im Laufe der Evolution bis zum Menschen stark zugenommen. Doch trotz dieser Zunahme ermöglicht die mentale Fähigkeit zur Transzendenz des Zeiterlebens, dass der Mensch in seiner Handlungsbereitschaft nicht unmittelbar durch die Instinkte gesteuert wird.

Für eine tiefergehende Einführung in das »Zürcher Modell« wie beispielsweise eine Erklärung des *Coping-Apparats* sowie der Funktion von Emotionen sei an dieser Stelle abschließend auf die Zusammenfassung in Benecke (2014, Kap. 4.3) verwiesen.

Fragen zum weiteren Nachdenken

- Welche Einsichten hat die Psychologie mit Abkehr von den ehemals vorherrschenden Triebtheorien gewinnen können? Was wurde verloren?

1 Motivation

- Welche Aspekte menschlichen Erlebens und Verhaltens kann die Psychologie mit ihren Motivationstheorien erklären? Welche nicht?
- Inwiefern sind die Motivationskräfte von Menschen einzigartig im Tierreich? Wo lassen sich Parallelen zu unseren tierischen Vorfahren finden?
- In welcher Hinsicht lassen sich Anknüpfungspunkte zur Psychoanalyse erkennen? Wo bestehen Ansichten, die psychoanalytischen Auffassungen grundsätzlich widersprechen?

1.2 Exkurs: Motivationstheorie der Affektiven Neurowissenschaft

Bevor wir uns unten ausführlich mit den psychoanalytischen Motivationstheorien befassen, wollen wir hier in aller Kürze ein Modell aus den Affektiven Neurowissenschaften vorstellen, das vergleichbar mit dem »Zürcher Modell« die menschliche Motivation von ihrem Erbe aus den tierischen Instinkten herleitet[10]. Der Neurowissenschaftler Jaak Panksepp begründete diese Richtung innerhalb der Neurowissenschaft in deutlicher Abgrenzung zu den zuvor dominanten Kognitiven Neurowissenschaften (Panksepp 1991). Ein grundlegender Unterschied zwischen beiden neurowissenschaftlichen Zweigen besteht in einem auch für die Psychoanalyse zentralen Thema: In der Frage der Grenze bzw. des Übergangs zwischen Bewusstsein und Unbewusstem. Auf der einen Seite wird in den Kognitiven Neurowissenschaften Bewusstsein als ein Prozess der exekutiven Informationsverarbeitung verstanden, sodass Menschen dadurch fühlen würden, dass das Arbeitsgedächtnis als Vertretung des Aktualbewusstseins bestimmte sensorische, körperliche, mnestische und semantische Informationen auslese (LeDoux 2015). Das Bewusstsein ist

---

10 Für eine ausführlichere Diskussion des Dialogs zwischen moderner Psychoanalyse und Neurowissenschaften siehe auch das von Leuzinger-Bohleber, Böker, Fischman, Northoff und Solms (2015) herausgegebene Buch in dieser Reihe.

1.2 Exkurs: Motivationstheorie der Affektiven Neurowissenschaft

hier also eine übergeordnete, kognitive Instanz, die zuvor Unbewusstes auswertet. Panksepp lehnt solche »Read-out-Theorien« grundlegend ab (vgl. Panksepp & Biven 2012, S. 13). Demgegenüber begreifen die Affektiven Neurowissenschaften Bewusstsein als in seinem Kern verkörperlicht-affektiv, also als einen Gefühlsstrom des körperlichen Kernselbst, sodass Fühlen ihrem Verständnis nach als ein Prozess zu verstehen sei, welcher maßgeblich durch tief in der Evolution entwickelte Instinktsysteme geprägt ist (vgl. Damasio 2011). Vandekerckhove und Panksepp (2009, 2011) unterscheiden in ihrer Konzeptualisierung in Anlehnung an die Gedächtnisforschungen Tulvings (1985) zwischen *anoetischem, noetischem und autonoetischem Bewusstsein*. Aus ihrer Sicht ist das Bewusstsein damit ein *Kontinuum* von auf unterster Ebene vor allem instinkthaften (anoetisch) bis auf höchster Ebene selbstreflexiven Elementen (autonoetisch).[11] Diesen drei Ebenen unterliegt zusätzlich eine unbewusste Ebene, auf der keinerlei Erleben einer Emotion oder Wahrnehmung möglich ist. Diese unbewusste Ebene geht fließend (!) in das anoetische Bewusstsein über, welches aus den primärprozesshaften Instinktsystemen und einfachsten perzeptuellen Wahrnehmungen geformt ist. Hier wird das Unbewusste also nicht als ein Ort in der Psyche aufgefasst, der getrennt von dem des Bewusstseins zu betrachten sei. Vielmehr wird ein Kontinuum zwischen auf der einen Seite unbewussten und auf der anderen Seite autonoetisch bewussten Prozessen angenommen. Die moderne Psychoanalyse gelangt inzwischen zu grundsätzlich ähnlichen Auffassungen, wie Bohleber (2013) aufzeigt.

Ausgehend von seiner Schwerpunktsetzung fordert Panksepp ein stärkeres Interesse der Neurowissenschaften an psychoanalytischen Konzepten (Panksepp 1999). Diese Schwerpunktsetzung war sicher-

---

11 Der Begriff »noetisch« hat seinen Ursprung im griechischen »nous«, womit in der griechischen Philosophie die Fähigkeit bezeichnet wird, etwas geistig zu erfassen. Im Deutschen wird er häufig auch mit »Intellekt« oder »Verstand« übersetzt. Mit dem Begriff »a-noetisch« meinen Tulving, Vandekerckhove und Panksepp somit ein Erleben, das ohne Intellekt stattfindet (die griechische Vorsilbe »a-« drückt eine Verneinung aus). Auto-noetisch bedeutet, dass das geistige Erfassen das eigene Selbst zum Untersuchungsgegenstand hat (»auto-« = »selbst«).

1 Motivation

lich auch ein Grund dafür, dass die Neuropsychoanalyse bisher besonders den Austausch mit den Affektiven Neurowissenschaften gesucht hat. Gemeinsam mit Panksepp schrieb Mark Solms, der Gründer der Fachzeitschrift *Neuropsychoanalysis* (1999) und der *International Neuropsychoanalysis Society* (2000), den Überblicksartikel »What is neuropsychoanalysis?«. In diesem legen die beiden den Grundstein für eine neuropsychoanalytische Forschung: »Neuropsychoanalysis is especially interested in brain functions that govern instinctual life, in particular those that are foundational for understanding subjectivity, agency and intentionality« (Panksepp & Solms 2012, S. 6).

Panksepp geht davon aus, dass Gefühle in ihrem Kern durch angeborene, evolutionär entwickelte affektive Instinkte hervorgerufen würden. Diese seien auch das Fundament des menschlichen Geistes, welchen Panksepp in *Primärprozesse*, *Sekundärprozesse* und *Tertiärprozesse* unterteilt. Auf der tertiären Ebene, in den Höhen des menschlichen Geistes, seien »diverse cognitions and thought, that allow us to reflect on what we have learned from our experiences« (Panksepp & Biven 2012, S. 9) und auf der sekundären Ebene »learning and memory mechanisms« (ebd.), also besonders Prozesse, die durch Konditionierung erklärt werden könnten. Die kognitive Neurowissenschaft habe sich, wenn sie sich in ihren Erforschungen überhaupt den Affekten gewidmet habe, auf die Erklärung dieser Ebenen beschränkt.

Demgegenüber beforscht Panksepp besonders die unterste Ebene, die der »Primärprozesse«. Auf dieser Ebene unterscheidet Panksepp zwischen drei verschiedenen Kategorien: 1. *sensory affects*, wie beispielsweise der Geschmack oder der (körperliche) Schmerz, und 2. *homeostatic affects*, also zum Beispiel Hunger oder Durst. Diese beiden Komponenten signalisieren »what the body needs« (Panksepp & Biven 2012, S. 64). Ihnen seien die 3. *emotional affects*[12] gegenüberzustellen, welche angä-

---

12 Da Panksepp menschliches Fühlen erklären will, spricht er in den meisten seiner Texte bezüglich der Systeme nicht von »instincts«, sondern von »affects«. Die Abgrenzung dieser Begriffe ist bei Panksepp jedoch nicht trennscharf. Darin ist die Doppelung in seinem Begriff: »emotional affects« begründet. Er nennt sie so, da die Systeme dieser dritten Kategorie stärker das emotionale Erleben beeinflussen würden als die »sensory affects« und »bodily-homeostatic affects«.

1.2 Exkurs: Motivationstheorie der Affektiven Neurowissenschaft

ben, »what the brain needs« (ebd., S. 64). Für die Erklärung der menschlichen Psyche seien besonders diese bedeutend.

In dieser affektiven Kategorie der untersten Ebene des Geistes siedelt Panksepp in seinem Modell das Konzept an, das aus seiner Theorie am meisten Bekanntheit erlangte: Das Konzept der *affektiven Instinktsysteme*. Bei diesen handelt es sich in Pankseps Verständnis um angeborene, evolutionär geprägte Systeme, die die treibende Kraft des Menschen darstellen und völlig objektlos sind. Er vergleicht sie auch mit der Triebtheorie der Psychoanalyse, über die er »intellectual admiration for the theoretical subtleties of that field« äußert (Panksepp & Biven 2012, XV). Er kritisiert Freuds Triebtheorie jedoch deutlich für seine vermeintlich vereinfachenden Ansichten: »Freud maintained that human drives are rooted in our physiological needs, and he grouped these together into only two categories of drive: *libido* and *aggression*« (ebd.). Dass dies allerdings eine äußerst vereinfachende Ansicht von Freuds Trieb-Konzeptualisierung ist, dürfte im nächsten Kapitel deutlich werden.

Panksepp gelangt stattdessen zu der Ansicht, dass wir Menschen grundlegend nicht durch zwei Triebe, sondern durch sieben Instinktsysteme angetrieben würden:[13] SEEKING, RAGE, FEAR, LUST, CARE, PANIC/GRIEF und PLAY (▶ Kasten), wobei er hervorhebt, dass diese Liste nicht zwangsläufig abgeschlossen sein muss, sondern weitere Studien auch anderer Forscher zu der Ergänzung weiterer Instinktsysteme führen könnten.[14]

---

[13] Wobei zu beachten ist, dass in der Psychoanalyse seit Freud ausführlich der Unterschied zwischen Instinkt und Trieb diskutiert worden ist.

[14] In diesem Sinne fordern Toronchuk und Ellis (2007), DISGUST in die Liste der emotionalen Affektsysteme zu übernehmen und von DISTASTE, den Panksepp den sensorischen Affekten zuordnet, zu trennen. Wie wir in Kapitel 2.1 darstellen werden, wird zu den Primäraffekten oder Basisemotionen der Psychologie gewöhnlich *Ekel* hinzugezählt. Die mimische Äußerung kann allgemein als angeborene Reaktion verstanden werden, die von Peham et al. (2015) als *Aversion* interpretiert wird. Insofern wäre es aus klinischer Sicht interessant zu diskutieren, ob DISGUST mit dem (besonders im pathologischen Spektrum) zentralen Affektausdruck der Aversion zusammenhängt und Pankseps Liste um dieses erweitert werden sollte.

1 Motivation

> **Sieben Instinktsysteme (nach Panksepp 1998; Panksepp & Biven 2012)**
>
> 1. SEEKING: Aufregende, euphorische Antizipation beim objektlosen Streben
>   → Solms (2015) sieht starke Parallele zu Freuds Libido
> 2. RAGE: Durch Frustration ausgelöste Zustände von Hass oder Eifersucht
> 3. FEAR: Automatische »fight, flight, freeze«-Reaktionen auf bedrohlichen Stimulus
> 4. PANIC/GRIEF: Durch Zurückweisung und Einsamkeit ausgelöster psychischer Schmerz
> 5. LUST: Physisch-sexuelles Begehren
> 6. CARE: Fürsorge-Verhalten, besonders gegenüber eigenem Nachwuchs
>   → ist nach Panksepp evolutionär aus dem LUST-System hervorgegangen
> 7. PLAY: Angeborenes Bedürfnis nach »Raufen und Balgen«, aber auch Lachen

Panksepp verwendet die Schreibweise mit Hilfe von Großbuchstaben bewusst, um diese wissenschaftlich erforschbaren Systeme von den Bezeichnungen für Affekte und Gefühle abzugrenzen, die im alltäglichen Verständnis gebraucht werden. Mit der Erforschung dieser Instinktsysteme gliedert Panksepp den Menschen durch die Erklärung der neuronalen Grundlagen seiner Emotion und Motivation, die nach ihm besonders im Hirnstamm und nicht im Kortex oder insgesamt dem limbischen System liegen, stark in die evolutionäre Entwicklung ein: »This suggests that these systems evolved a long time ago and that a *basic* emotional and motivational level, all mammals are more similar than they are different« (Panksepp & Biven 2012, S. 4). Aus Platzgründen können wir hier nicht auf alle Systeme eingehen, sondern beschränken uns auf drei für die Psychoanalyse besonders interessante Aspekte: SEEKING, PANIC/GRIEF und LUST.

Das wichtigste und grundlegende Instinktsystem ist SEEKING, welches Panksepp auch als »granddaddy« der Instinktsysteme bezeichnet (Panksepp & Biven 2012, S. 86). Bereits früh in der Evolution, weit vor dem Erscheinen des homo sapiens, ist dieses Instinktsystem entstanden und

1.2 Exkurs: Motivationstheorie der Affektiven Neurowissenschaft

besteht in einem grundlegenden Antrieb. »It provides the kind of excited, euphoric anticipation that occurs when we look forward« (ebd., S. 95). Panksepp sieht hierin entsprechend auch den neuronalen Schaltkreis, der menschliche Motivation ermöglicht. Solms (2015) ergänzt hinsichtlich dieses Instinktsystems aus psychoanalytischer Sicht: »Wir haben es hier mit einem der bemerkenswertesten Beispiele für ein Freud'sches Konzept zu tun, das von modernen Neurowissenschaftlern, die mit gänzlich anderen Methoden eine völlig andere Forschungsagenda verfolgen, wiederentdeckt wurde. [...] Zwischen Pankseps SEEKING-System und Freuds ›Libido‹ besteht eine in höchstem Maße bemerkenswerte Übereinstimmung.« (S. 76 f.) Solms begründet diese Gleichsetzung auch mit folgender neurowissenschaftlicher Erkenntnis: Inzwischen konnte gezeigt werden, dass *das dopaminerge SEEKING-System wesentlich am Träumen beteiligt* ist. Dies veranlasste einen der schärfsten Kritiker an der Traumtheorie Freuds, den Neurophysiologen Allan Hobson, zu einer Revision seiner Theorie. Hatte er in seiner *Aktivierungs-Synthese-Theorie* noch angenommen, dass Träume lediglich das Korrelat eines automatisch aktivierten physiologischen Ablaufs seien und nicht mit motivationalen Wünschen verknüpft (Hobson & McCarley 1977), gelangt er in seiner revidierten *Protoconsciousness Theory* (Hobson 2009) zu der Auffassung, dass Träume im Wesentlich durch Dopamin gesteuert sind. Also genau durch jenes System, welches Panksepp als SEEKING bezeichnet. Solms (2013) fasst diese Kehrtwende von einem der bekanntesten Kritiker der psychoanalytischen Traumtheorie aus der Neurowissenschaft zusammen: »In short, Hobson now admits that *dreaming consists in a primitive type of thinking, characterized by spontaneous ›expectations‹ (of hallucinatory intensity), colored by instinctual action tendencies that are normally suppressed and controlled by the ›executive ego‹.* This might naturally lead to the assumption that dreams reveal primitive motivations.« (S. 205) Er kommt deshalb zu dem Schluss: »Dieses hohe Maß an Übereinstimmung zwischen Freuds Traumtheorie und modernen neurowissenschaftlichen Ergebnissen [...] kommt einem Triumph der Psychoanalyse gleich« (2015, S. 78). Es kann als weiterer Hinweis dafür angesehen werden, dass Pankseps Konzept des SEEKING starke Ähnlichkeiten zu Freuds Ideen zur Libido aufweist.

Hinsichtlich der im alltäglichen Gebrauch häufig synonym verwendeten Gefühle der Angst oder Furcht unterscheidet Panksepp auf der Ebene seiner Instinktsysteme zwischen zwei verschiedenen: Wenn ein äußeres bedrohliches Ereignis zu den typischen Furchtreaktionen Erstarren,

1 Motivation

Kämpfen oder Fliehen führt, körperlich die Herzrate ansteigen lässt, Schweißausbrüche induziert, etc. und dabei ein Furchtgefühl auslöst, ist nach Panksepp das Instinktsystem *FEAR* daran beteiligt. Für soziale Ängste wie beispielsweise die Trennungsangst ist dieses System jedoch nicht zuständig (Panksepp & Biven 2012, S. 189). Ein System, das Angstzustände anderer Art vermittelt, ist das PANIC/GRIEF-System, zu welchem Panksepp und Biven (2012) ihr Kapitel mit dem Schlagwort »born to cry« einleiten, da dieses System in einem starken Zusammenhang zu Depressionen gesehen wird. PANIC/GRIEF ist evolutionär gesehen aus unserer Fähigkeit zur Fürsorge hervorgegangen und aus unserer Fähigkeit, soziale Bindungen einzugehen. Alle Säugetiere werden geboren, ohne selbstständig zu sein, und entwickeln somit eine Abhängigkeit von den sie umsorgenden Eltern. Vielfach konnte nachgewiesen werden, dass verschiedene Säugetiere (uns Menschen eingeschlossen) ganz bestimmte Laute ausstoßen, wenn sie von ihrer Fürsorgeperson alleine gelassen werden (ebd., S. 313). Diese »distress vocalizations« sind der früheste Ausdruck des PANIC/GRIEF-Systems und zeigen, dass dieses System tief verankert im Gehirn vieler Säugetiere ist. Das durch dieses System hervorgerufene Gefühl kann nach Panksepp am besten als »psychological pain« (Panksepp & Biven 2012, S. 318) bezeichnet werden.

Für die Psychoanalyse ist außerdem noch in besonderem Maße interessant, dass Panksepp die Freud'sche Theorie der infantilen Sexualität kritisiert. Er begründet dies damit, dass nicht nur das LUST-System für sexuelle Erregung Empfindungen der Lust auslösen könne, sondern auch die anderen Systeme. Freuds Fokus auf die Sexualität, wenn auch in einem breiteren Sinne verwendet, als zentrale Antriebskraft im Menschen sei somit zu kritisieren: »However, even if orality, anality, and genitality are central issues in childhood, there is no reason to believe that they are all purely libidinal in nature« (Panksepp & Biven 2012, S. 279).

Literatur zur vertiefenden Lektüre

Damasio, A. (2011): Selbst ist der Mensch: Körper, Geist und die Entstehung des menschlichen Bewusstseins. München: Siedler.
Fuchs, T. (2013): Das Gehirn – ein Beziehungsorgan. Eine phänomenologisch-ökologische Konzeption. 4. Aufl. Stuttgart: Kohlhammer.
Kandel, E. R. (2008): Psychiatrie, Psychoanalyse und die neue Biologie des Geistes. Frankfurt a. M.: Suhrkamp.

Knaup, M. (2015): Leib und Seele oder mind and brain. Zu einem Paradigmenwechsel im Menschenbild der Moderne. Freiburg: Karl Alber.
LeDoux, J. (2015): Anxious. The modern mind in the age of anxiety. London: Oneworld.
Panksepp, J., Biven, L. (2012): The Archaeology of Mind: Neuroevolutionary Origins of Human Emotions. New York: Norton & Company.

1.3 Psychoanalytische Motivationstheorien

Einführung

In der Psychoanalyse wurde die menschliche Motivation zunächst nahezu ausschließlich durch Trieb-Kräfte beschrieben. Erst mit der Ich-Psychologie in der Tradition Hartmanns wurde diese Schwerpunktsetzung durchbrochen. Infolgedessen ist die psychoanalytische Motivationstheorie um andere Motive angereichert worden, die das psychoanalytische Verständnis der Frage, wodurch Menschen grundlegend angetrieben werden, beträchtlich erweitert haben. Auch eine Reintegration der Bindungstheorie, die Bowlby ursprünglich gegen die (damalige) Psychoanalyse entwickelt hatte, war somit möglich, und sie ist für die empirische Forschung der aktuellen Psychoanalyse unausweichlich. Moderne psychoanalytische Konfliktmodelle basieren auf einer breiten Palette von Motivsystemen, wie anhand der »Konfliktachse« der *Operationalisierten Psychodynamischen Diagnostik* abschließend beispielhaft dargestellt wird.

Lernziele

- Die verschiedenen Phasen der Triebtheorie in Freuds Werk kennenlernen und die Unterschiede und Gemeinsamkeiten zwischen ihnen erkennen
- Die beträchtliche Spannbreite psychoanalytischer Motivationstheorien zwischen amerikanischer Ich-Psychologie und französischer Psychoanalyse einschätzen

1 Motivation

- Eine Einsicht in die Schwerpunktsetzungen auf unterschiedliche Motive in den verschiedenen Strömungen der jüngeren Psychoanalyse erhalten
- Die Übertragung der theoretischen Erkenntnisse der jüngeren Psychoanalyse in ein wissenschaftlich fundiertes diagnostisches Instrument kennenlernen

Einleitung

Motivationstheorie war in der Psychoanalyse lange Zeit gleichgesetzt mit Triebtheorie. Sigmund Freud war stets bestrebt, die Mannigfaltigkeit psychischen Geschehens einschließlich dessen pathologischer Abirrungen auf das Wirken einer begrenzten Anzahl[15] von Trieben zurückzuführen. Die Trieblehre bildete gewissermaßen den Kern der psychoanalytischen Theorie, wurde von Freud jedoch zeitlebens weiterentwickelt. »Die Trieblehre ist das bedeutsamste, aber auch das unfertigste Stück der psychoanalytischen Theorie« (Freud 1905, S. 67). Diesbezüglich war Freud außerdem darum bemüht, die Psychoanalyse bzw. »die Psychologie zu einer Naturwissenschaft wie jede andere auszugestalten« (Freud 1940, S. 80). In der Trieb- und Libidotheorie sah Freud die Verbindung zu anderen Naturwissenschaften seiner Zeit. Dabei war er sich des wissenschaftlichen Status seines Triebkonzepts im Sinne eines Konstrukts durchaus bewusst, wie die folgende Passage zeigt, die gleichzeitig eine schöne Anleitung zu wissenschaftlicher Theoriebildung darstellt:

»Wir haben oftmals die Forderung vertreten gehört, dass eine Wissenschaft über klaren und scharf definierten Grundbegriffen aufgebaut sein soll. In Wirklichkeit beginnt keine Wissenschaft mit solchen Definitionen, auch die exaktesten nicht. Der richtige Anfang der wissenschaftlichen Tätigkeit besteht vielmehr in der Beschreibung von Erscheinungen, die dann weiterhin gruppiert, angeordnet und in Zusammenhänge eingetragen werden. Schon bei der Beschreibung kann man es nicht vermeiden, gewisse abstrakte Ideen auf das Material anzuwenden, die man irgend-

---

15 Im 19. Jahrhundert wurden innerhalb der akademischen Psychologie bis zu 140 verschiedene »Triebe« unterschieden (siehe Mertens 1994).

woher, gewiss nicht aus der neuen Erfahrung allein, herbeiholt. Noch unentbehrlicher sind solche Ideen – die späteren Grundbegriffe der Wissenschaft – bei der weiteren Verarbeitung des Stoffes. Sie müssen zunächst ein gewisses Maß von Unbestimmtheit an sich tragen; von einer klaren Umzeichnung ihres Inhaltes kann keine Rede sein. Solange sie sich in diesem Zustande befinden, verständigt man sich über ihre Bedeutung durch den wiederholten Hinweis auf das Erfahrungsmaterial, dem sie entnommen scheinen, das aber in Wirklichkeit ihnen unterworfen wird. Sie haben also strenge genommen den Charakter von Konventionen, wobei aber alles darauf ankommt, dass sie doch nicht willkürlich gewählt werden, sondern durch bedeutsame Beziehungen zum empirischen Stoffe bestimmt sind, die man zu erraten vermeint, noch ehe man sie erkennen und nachweisen kann. Erst nach gründlicher Erforschung des betreffenden Erscheinungsgebietes kann man auch dessen wissenschaftliche Grundbegriffe schärfer erfassen und sie fortschreitend so abändern, dass sie in großem Umfange brauchbar und dabei durchaus widerspruchsfrei werden. Dann mag es auch an der Zeit sein, sie in Definitionen zu bannen. Der Fortschritt der Erkenntnis duldet aber auch keine Starrheit der Definitionen. Wie das Beispiel der Physik in glänzender Weise lehrt, erfahren auch die in Definitionen festgehaltenen ›Grundbegriffe‹ einen stetigen Inhaltswandel.

Ein solch konventioneller, vorläufig noch ziemlich dunkler Grundbegriff, den wir aber in der Psychologie nicht entbehren können, ist der des *Triebes*. Versuchen wir es, ihn von verschiedenen Seiten her mit Inhalt zu füllen« (Freud 1915b, S. 210f).

1.3.1 Triebe, Sexualität und Libido bei Freud

Freud füllte den Inhalt der Triebe im Laufe seiner Entwicklung mit unterschiedlichen, mehrfach abgeänderten Komponenten. Durch die verschiedenen Phasen seiner Triebtheorie hindurch blieben jedoch einige Aspekte auch konstant: Freud verstand Trieb (im Gegensatz zu einem Reiz) als eine konstante Kraft, die aus dem Inneren des Organismus selbst stammt. Er unterschied *Quelle*, *Objekt* und *Ziel*. Dabei ist die Quelle ein »Erregungszustand im Körperlichen« (Freud 1933, S. 530), der das »Maß an Arbeitsaufforderung an das Seelenleben« (Freud 1905, S. 67) stellt und als Wunsch oder Bedürfnis »psychisch wirksam« (Freud 1933, S. 530)

1 Motivation

wird. Das Ziel dieses Triebwunsches ist seine Befriedigung, die durch »Aufhebung« des Spannungszustandes der Erregung (Freud 1933, S. 530) ermöglicht wird. Woran sich diese Aufhebung der Erregung vollzieht, ist dabei in Freuds Verständnis nicht fest vorgegeben; denn das Objekt sei »das variabelste am Trieb« (Freud 1915b, S. 215). Der Trieb ist zunächst also eine objektlose Kraft, die einen *Drang* auf die Psyche ausübt, um eine Befriedigung zu erreichen. Kann der Organismus vor äußeren Reizen fliehen, ist er dem aus dem Inneren strömenden Drang des Triebes mehr oder weniger ausgeliefert.

Doch wo ist der Trieb verortet? Freud konzeptualisierte den Trieb als »Grenzbegriff zwischen Seelischem und Somatischem« (Freud 1915b, S. 214). An dieser Konzeptualisierung des Triebes, den er somit an die Schnittstelle zwischen Körper und Psyche legte, hielt Freud sein Leben lang fest; doch waren seine Formulierungen in dieser Frage wechselhaft, sodass der Trieb zeitweise auf der körperlichen Seite verortet wird und lediglich seine Repräsentanzen in der Psyche zum Vorschein kommen, in Form von Vorstellungen und Affekten. Andererseits findet sich in Freuds Schriften zeitweise der Trieb selbst auf der psychischen Seite wieder (vgl. Laplanche & Pontalis 1992, S. 441 f.).

Bezüglich der konkreten Inhalte des Triebkonzepts entwickelte Freud verschiedene Vorstellungen. Seine Theorien lassen sich in fünf Phasen aufteilen:

Phase 1: Verführungstheorie (1894–1897)

Triebe waren in der Phase der *Verführungstheorie* anfangs nur eine implizite Annahme, da Freuds Denken zunächst eher affekttheoretisch geprägt war (▶ Kap. 2.2.1). Psychische Konflikte entstehen durch widerstrebende »Vorstellungen« und »Wünsche«. Als Hauptursache psychischer Störungen vermutet Freud äußere Traumata und »Verführungen«, wobei er besonders die Bedeutung eines sexuellen Missbrauchs im Kindesalter durch den eigenen Vater hinsichtlich der Ausbildung von Neurosen betont. Freud nimmt in seiner Theorie an, dass die frühe »Verführungsszene«, von ihm auch als »vorzeitiges Sexualerlebnis« bezeichnet, noch keine Verdrängung bewirke. Eine Verdrängung beginne erst dann, wenn ein späteres Erlebnis durch assoziative Verknüpfung eine Erinnerung an die vorpubertäre Verführungsszene wachrufe. Dies ziehe eine endogene Reizanflutung nach sich, die zur Verdrängung führe. Die Hysterie und die Zwangsneurose, welche somit in Freuds frühem Verständnis durch eine Erinnerung an einen früheren sexuellen Übergriff ausgelöst würden, bezeichnet er als *Psychoneurosen*. Er grenzt diese von den *Aktualneurosen* (Angstneurose, Neurasthenie und später auch Hypochondrie) ab, welche durch eine Anomalie der aktuellen Sexualität hervorgerufen werde, da diese eine somatische Erregungsspannung bedinge. Im April 1896 tritt Freud mit seinen Vorstellungen an die Öffentlichkeit und stellt seine Theorie »zur Ätiologie der Hysterie« in einem Vortrag vor dem Wiener *Verein für Psychiatrie und Neurologie* vor. Er erntet jedoch Missbilligung bis offene Ablehnung (Krutzenbichler 1997b, S. 171f).

Phase 2: Sexualtriebe vs. Ich-Triebe (1897–1911).

Freud wendet sich anschließend und möglicherweise auch aufgrund dieser Ablehnungserfahrung von seiner Verführungstheorie ab, wie der 1897 an Fließ geschriebene Brief verdeutlicht[16]: »Ich glaube an meine Neurotica nicht mehr«. In diesem wird im Nachhinein die Geburtsstunde der Psychoanalyse gesehen, weil Freud seinen Fokus anschließend von äußeren Erlebnissen auf das innere Erleben verlagert. Seitdem zweifelt Freud an der Existenz realer Traumatisierungen bei den »Hysterikerinnen«: »Wenn die Hysteriker ihre Symptome auf erfundene Traumen zurückführen, so ist eben die neue Tatsache die, daß sie solche Szenen phantasieren und die psychische Realität verlangt neben der praktischen Realität gewürdigt zu werden. […] nun kam hinter diesen Phantasien das Sexualleben des Kindes in seinem ganzen Umfange zum Vorschein«

---

16 Es ist nach Freud hinsichtlich der persönlichen Motive für die Abkehr von der Verführungstheorie viel spekuliert worden. Der sich im Oktober 1896 ereignende Tod von Freuds Vater mitsamt der Vermutung, sein Vater habe ebenfalls sexuellen Missbrauch begangen, oder ein vermeintlicher Übergriff durch das Kindermädchen an Freud selbst im Kindesalter oder die Ablehnung seiner Verführungstheorie von Seiten der damaligen Ärzteschaft sind nur einige Beispiele für solcherlei Mutmaßungen in der Geschichte der Psychoanalyse nach Freud. Krutzenbichler (1997, S. 172) listet diese und weitere auf.

1 Motivation

(Freud 1914b, S. 56).[17] Freud hebt neben der Wirkung realer Ereignisse die Bedeutung der Phantasie hervor und räumt dem *Ödipuskonflikt*, den er als universelles Phänomen betrachtet, und seiner Bewältigung die zentrale Bedeutung bei der Entstehung von Neurosen ein. Knapp einen Monat nach seiner Relativierung der Verführungstheorie berichtet Freud in einem weiteren Brief an Fließ, dass er in einer Selbstanalyse, die er im Sommer 1897 vollzog, die Liebe zu seiner Mutter und die Eifersucht auf seinen Vater erkannt habe. Er findet diese Konstellation in der Figur des Ödipus wieder: »Die griechische Sage greift einen Zwang auf, den jeder anerkennt, weil er dessen Existenz in sich verspürt hat«. Später erweitert Freud sein Verständnis des Ödipuskomplexes und umfasst in jenem alle liebevollen und feindseligen Bestrebungen gegenüber beiden Elternteilen (vgl. Freud 1923a, S. 261).

Durch diese Wendung in seinem Denken deutet Freud (1906) »so manche Verführungsphantasie als Abwehrversuch gegen die Erinnerung der eigenen sexuellen Betätigung (Kindermasturbation)« (S. 152): Die im psychischen Konflikt einander widerstreitenden »Vorstellungen« und »Wünsche« erscheinen nun zumindest teilweise als Ableitungen eines endogenen Dranges.

Der Konflikt zwischen den Sexualtrieben (libidinösen Trieben) und den Selbsterhaltungstrieben (Ich-Triebe) entspricht dem Konflikt zwischen unbewussten und bewussten Kräften der Seele. Die Ich-Triebe entsprechen in dieser Phase der verdrängenden Kraft und die Sexualtriebe sind die verdrängte Kraft, die in Richtung Bewusstsein und Befriedigung streben. »Der Urkonflikt, aus welchem die Neurosen hervorgehen, ist der zwischen den das Ich erhaltenen und den sexuellen Trieben« (Freud 1909b, S. 410). Die Sexualität ist in dieser Triebdichotomie also tendenziell gefährlich, da sie »allein dem Lustprinzip unterworfen ist« (Laplanche & Pontalis 1992, S. 472) und das Ich »überwältigen« kann (vgl. Nietzschke 1988). Hinsichtlich der Triebinhalte fasst Freud zusammen: »Von ganz besonderer Bedeutung für unseren Erklärungsversuch ist der unleugbare Gegensatz zwischen den Trieben, welche der Sexualität, der

---

17 Wie aus dem Zitat deutlich wird, ersetzt Freud seine vorherige Theorie nicht vollständig: Dass »die psychische Realität verlangt, neben der praktischen Realität gewürdigt zu werden«, heißt eben auch, dass die »praktische Realität« nach wie vor von Bedeutung ist.

Gewinnung sexueller Lust, dienen und den anderen, welche die Selbsterhaltung des Individuums zum Ziele zu haben. Als ›*Hunger*‹ oder als ›*Liebe*‹ können wir nach den Worten des Dichters alle in unserer Seele wirkenden organischen Triebe klassifizieren« (Freud 1910, S. 97 f.).
Freud geht in dieser Zeit davon aus, dass das Ziel der Triebe jenseits des Individuums liegt – nämlich in der Arterhaltung. Das Individuum selbst ist also gewissermaßen Mittel zum Zweck und die bei der Sexualität erlebte »Lust« ist eine Art »Belohnungsprämie«, die das Individuum dazu bringt, sich entsprechend zu verhalten.

Phase 3: Verwischung der Unterschiede (1911–1914)

Freud führt das Narzissmus-Konzept ein (Freud 1914a), wodurch es zu einer *Verwischung der Unterschiede* zwischen Sexualtrieben und Ich-Trieben kommt. Beide schienen aus einer gemeinsamen libidinösen Quelle hervorzugehen. Eine Unterscheidung macht er nun nur in Bezug auf das Objekt, auf das sich die Libido richtet (libidinöse Besetzung eines äußeren Objekts vs. des Ichs). Bei den Ich-Trieben sei aber neben der Libido auch noch ein nicht-libidinöses Element beteiligt, das »Interesse«.

Phase 4: Aggression zu Ich-Trieben (1915–1920)

In seiner Schrift *Trieb und Triebschicksale* (Freud 1915b) unternimmt Freud eine erneute Neubestimmung seiner Triebtheorie. Die *Aggression* (vorher ein Element des Sexualtriebes) wird jetzt den Ich-Trieben zugeordnet: »Ja, man kann behaupten, daß die richtigen Vorbilder für die Haßrelation nicht aus dem Sexualleben, sondern aus dem Ringen des Ichs um seine Erhaltung und Behauptung stammen« (Freud 1915b, S. 230). Der *Aggressionstrieb* wird 1908 von Alfred Adler in die psychoanalytische Theorie eingeführt und gelangt in der Gestalt eines Triebes zur *Bemächtigung* der Welt zum Vorschein. Bereits kurz nach der Veröffentlichung Adlers erwidert Freud (1909a): »Ich kann mich nicht entschließen, einen besonderen Aggressionstrieb neben und gleichberechtigt mit den uns vertrauten Selbsterhaltungs- und Sexualtrieben anzunehmen (S. 371).
Durch die neue Zuordnung der Aggression zu den Ich- oder Selbsterhaltungstrieben, rückt ein weiteres Thema in den Fokus der Freud'-

1 Motivation

schen Theorie: Die *Ambivalenz*. Sie beschreibt die gleichzeitige Anwesenheit von *Liebe* und *Hass*: »der Haß hat seinen Ursprung in den Selbsterhaltungstrieben (die Vorbilder stammen aus dem Ringen des Ichs um seine Erhaltung und Behauptung), die Liebe in den Sexualtrieben« (Laplanche & Pontalis 1992, S. 57). Aus dem Gegensatz der beiden Grundprinzipien von Liebe und Hunger in der obigen Phase, wird nun also der Gegensatz zwischen Liebe und Hass.

Phase 5: Eros vs. Todestriebe (1920–1939)

Eine erneute Wende in Freuds Theorie findet sich in der Schrift *Jenseits des Lustprinzips* (Freud 1920), in welcher die oben beschriebene Ambivalenz verstärkt herausgearbeitet wird. Freud hält am Gegensatz zwischen *sexuellen* und *aggressiven* Trieben fest – allerdings als Elemente größerer Einheiten: *Lebens-Triebe* (Eros) und *Todes-Triebe* (Thanatos)[18]. Die Selbsterhaltungstriebe werden jetzt mit den Sexualtrieben zu den Lebenstrieben, von Freud nun auch Eros genannt, gezählt. »Tatsächlich bezeichnet Freud mit Eros die Gesamtheit der Triebe, die eine Vereinigung schaffen und aufrecht erhalten« (Laplanche & Pontalis 1992, S. 43). Die Sexualtriebe stellen dabei die dem Objekt zugewandten Anteile des Eros dar. Die Aggression wird nicht mehr – wie noch in der dritten Phase – den Ich-Trieben zugeordnet, doch wäre eine Gleichsetzung des Todestriebes mit aggressiven Äußerungen deutlich zu kurz gegriffen. Vielmehr handelt es sich bei dem Todestrieb um ein den Lebenstrieben entgegenstehendes Drängen, welches das Lebewesen in den anorganischen Zustand zurückführen will und das Prinzip der Zerstörung verkörpert. Doch dieses Konzept des Todestriebes »konnte sich bei Freuds Schülern und Nachfolgern nicht in gleichem Maße durchsetzen wie die meisten seiner begrifflichen Beiträge; er bleibt einer der umstrittensten Begriffe« (ebd., S. 495).

Mit der Einführung des Todestriebes geht Freud in *Jenseits des Lustprinzipis* (1920) ausführlich auf ein weiteres Phänomen ein: Den *Wieder-*

---

18 »Der Ausdruck ›Thanatos‹ findet sich nicht in Freuds Schriften, aber wie Jones berichtet, konnte es vorkommen, daß Freud ihn in der Konversation verwendete« (Laplanche & Pontalis, 1992, S. 494).

1.3 Psychoanalytische Motivationstheorien

holungszwang. Mit Hilfe dieses Konzepts versucht Freud die Tendenz zu erklären, dass viele Neurotiker aktiv immer wieder schmerzvolle Erlebnisse in ähnlichen Situationen wiederholen, aus denen sich (heute und früher) keine Lust oder Befriedigung gewinnen lässt. Dieses Phänomen lässt sich also nur »jenseits des Lustprinzips« erklären, weshalb Freud in der gleichnamigen Schrift den Wiederholungszwang als eigene Kraft einführt, die damit einen Quasi-Triebcharakter hat. Das Drängen des Wiederholungszwanges findet sein Ziel besonders in der therapeutischen Beziehung, also in der *Übertragung*. Die Hervorhebung des Wiederholungszwanges in der Theorie hat damit auch eine Veränderung für die praktische Behandlungstechnik zur Folge, »indem er neben dem Erinnern die Wiederholung in der Übertragung und das Durcharbeiten als Hauptmoment des therapeutischen Prozesses herausstellt« (Laplanche & Pontalis 1992, S. 628).

Was sich im Laufe der Entwicklung der Triebtheorie somit veränderte, waren die »Inhalte« der Triebe, also die Annahmen über die dem menschlichen Verhalten zugrundeliegenden primären Kräfte. Ein *Trieb* ist dabei aber *nicht* ohne Weiteres gleichzusetzen mit einem *Motiv*. Dies wird in verschiedenen Konzeptionen der Triebtheorie deutlich. Vielmehr sind die Triebe bei Freud als *abstrakte Konstrukte* (vgl. Döll-Hentschker 2008, S. 173), als *allgemeine Prinzipien* zu verstehen (analog dem Prinzip der *Fitnessmaximierung* in der Biologie). Aus diesen abstrakten Prinzipien erwachsen dann spezifischere Motive, die sich wiederum als *Impulse, Bedürfnisse, Wünsche, Phantasien* und *Handlungen* manifestieren.

In der dargestellten letzten Triebtheorie, an der er bis zu seinem Tod festhält, fasst Freud die Sexual- und Selbsterhaltungstriebe gemeinsam unter das Dach des Lebenstriebes (Eros). An dieser letzten Konzeptualisierung der Triebtheorie wird bereits deutlich, dass Freud ein breiteres Verständnis der Sexualität und von erotischer Lust hatte, als dies im alltäglichen Sprachgebrauch üblich ist. Ist die vermeintliche »Übersexualisierung« seiner Theorie bis heute einer der am häufigsten vorgebrachten Kritikpunkte gegen die Freud'sche Psychoanalyse, so wird der Aspekt dieses breiten Verständnisses der Sexualität bei Freud allzu häufig vernachlässigt. Doch Freud (1925) hebt hervor: »Erstens wird die Sexualität von ihren allzu engen Beziehungen zu den Genitalien gelöst und als eine umfassendere, nach Lust strebende Körperfunktion hingestellt, welche erst sekundär in den Dienst der Fortpflanzung tritt; zweitens werden zu den sexuellen Regungen alle die bloß zärtlichen oder freund-

1 Motivation

schaftlichen gerechnet, für welche unser Sprachgebrauch das vieldeutige Wort der ›Liebe‹ verwendet« (S. 63). »Wir sprechen darum lieber von *Psychosexualität*« (Freud 1910, S. 120, unsere Hervorhebung). Sexualität ist bei Freud also nicht mit explizitem sexuellem Verhalten gleichzusetzen. Der Sexualitätsbegriff erfährt bei Freud eine starke Ausweitung, wodurch dann einerseits »sexuelle« Aspekte in vielerlei menschlichen Aktivitäten gesehen werden können, und wodurch andererseits aber auch die psychischen Aspekte des sexuellen Verhaltens eine zentrale Bedeutung bekommen.[19] Für Freud sind »normale« und »anormale« Manifestationen sexueller Triebe nicht prinzipiell getrennt, womit er sich den im 19. Jahrhundert verbreiteten Degenerationsmodellen abweichenden Sexualverhaltens (z. B. »Psychopathie sexualis« von Kraft-Ebbing, 1886) entgegenstellt.[20] Die Psychosexualität ist laut Freud auch schon beim Kind vorhanden, wobei unter diese *infantile Sexualität* Lustempfindungen fallen, die weder von einer biologischen Funktion (bspw. Nahrungsaufnahme) abhängig sind noch mit den genitalen Bedürfnissen der erwachsenen Sexualität zusammenfallen. Die infantile Sexualität entwickelt sich im Rahmen der *psychosexuellen Entwicklung* an *erogenen Zonen* wie beispielsweise dem Mund oder dem After. Die Sexualtriebe entstehen dabei in *Anlehnung* an die Selbsterhaltungstriebe. Die Lust beim Saugen an der mütterlichen Brust beispielsweise dient zunächst ausschließlich der Körperfunktion des Hungers und der Nahrungsaufnahme. Der Sexualtrieb lehnt sich nun an den Selbsterhaltungstrieb an, indem er die Quelle (erogene Zone) und das Objekt (die Brust) übernimmt, sich jedoch zunehmend eine sexuelle Lust von der körperlichen Befriedigung abspaltet.

Diese sexuelle Lust und insgesamt die individuellen Erscheinungsformen der Psychosexualität werden mit Bewegungen der *Libido* erklärt.

---

19 Entsprechend ist auch das Ziel der psychoanalytischen Behandlung nicht einfach, die der Neurose zugrundliegenden Unterdrückungen und Hemmungen der Triebimpulse aufzulösen und beispielsweise Erektions- und Orgasmusfähigkeit wiederherzustellen, sondern es gehe darum, die ursprüngliche Intensität des affektiven Erlebens, deren Integration ins Ich, und die damit verbundene Liebesfähigkeit wieder zu ermöglichen (Nitzschke 1988).

20 Inwiefern Freud in seinen Sexualtheorien teilweise dennoch eine diskriminierende Haltung vertritt, diskutieren in der Gegenwartspsychoanalyse beispielsweise Dannecker (2011) und Quindeau (2014).

1.3 Psychoanalytische Motivationstheorien

Auch hinsichtlich dieses Konzeptes lassen sich verschiedene Wendungen in Freuds Denken ausmachen, »der Begriff selbst ist von einer einheitlichen Definition weit entfernt« (Laplanche & Pontalis 1992, S. 285). Allerdings wird »der sexuelle Charakter der Libido immer aufrechterhalten« (ebd., S. 285), sodass die Libido als die psychische Energie des Sexualtriebes verstanden werden kann. Seiner weiten Definition des Sexualitätsbegriffs folgend definiert Freud: »Wir heißen so die als quantitative Größe betrachtete – wenn auch derzeit nicht messbare – Energie solcher Triebe, welche mit all dem zu tun haben, was man als Liebe zusammenfassen kann« (Freud 1921, S. 220). Diese Energie sorgt für die *libidinöse Besetzung*, welche entweder auf ein äußeres Objekt oder das eigene Selbst fallen kann. So wird eine emotional positive Beziehung zu einem anderen Menschen durch die *libidinöse Besetzung der entsprechenden Objektrepräsentanz* erklärt. Analoges gilt für das positive Selbstgefühl, das durch die *libidinöse Besetzung der Selbstrepräsentanz* entsteht. Die Psychoanalyse spricht in diesem Zusammenhang auch von *Objekt-Libido* und *Ich-Libido*.

In *Zur Einführung des Narzissmus* (Freud 1914a) verdeutlicht Freud die Entwicklung dieser beiden Libido-Arten: »Wir bilden so die Vorstellung einer ursprünglichen Libidobesetzung des Ichs, von der später an die Objekte abgegeben wird« (S. 140). Die erste Phase dieser Entwicklung, in der das Kind sich selbst mit seiner gesamten Libido besetzt, nennt Freud *primärer Narzissmus*. Dieser Aspekt der Freud'schen Theorie ist von vielen Kritikern der Psychoanalyse nach ihm mit dem Hinweis zurückgewiesen worden, dass Säuglinge bereits kurz nach der Geburt ein reges Interesse an anderen Personen und in der Außenwelt befindlichen Gegenständen haben, sodass die Annahme eines Zustands absoluter Ich-Libido zu verwerfen sei. Wir werden auf die Kritik an Freuds Triebtheorie im Folgenden ausführlich eingehen.

1.3.2 Neue psychoanalytische Motivationstheorien

In der heutigen Psychoanalyse gibt es verschiedene Motivationstheorien, die sich in ihrer Schwerpunktsetzung jedoch stark unterscheiden. Die aktuelle Situation dieser psychoanalytischen Motivationstheorien, welche wir in diesem Kapitel vorstellen möchten, lässt sich wohl am besten mit der Redewendung »we agree to disagree« zusammenfassen; dies ist der aktuelle »modus vivendi«, wie manch klassischer Psychoanalytiker, selbstredend mit Latinum in der Tasche, hinzufügen würde.

We agree to disagree with Freud

Trotz aller Uneinigkeit kommen nahezu alle aktuellen Theoretiker in dem Punkt überein, dass *Freuds Triebtheorie insgesamt als überholt* angesehen werden muss, wenn es um die Erklärung der menschlichen Motivation geht. Manche plädieren dafür, sich komplett von ihr zu verabschieden, andere wollen sie an aktuelle Entwicklungen der Psychoanalyse anpassen. Zur zweiten Kategorie gehört Otto F. Kernberg, einer der bedeutendsten Psychoanalytiker der letzten Jahrzehnte. Er kommt zu dem Schluss: »Die Triebtheorie als motivationale Grundlage des menschlichen Verhaltens muss neu überdacht und gegebenenfalls angesichts der Fülle neuer Erkenntnisse in den biologischen Wissenschaften überprüft werden« (Kernberg 2001, S. 51).

Die Auseinandersetzung mit diesen »biologischen Wissenschaften« liefert aktuell besonders die Neuropsychoanalyse, welche einen Dialog mit den Neurowissenschaften sucht und damit zur empirischen Überprüfung der Freud'schen Triebtheorie besonders geeignet ist; schließlich hatte doch Freud selbst gefordert: »Während die psychoanalytische Arbeit sonst bestrebt ist, ihre Lehren möglichst unabhängig von denen anderer Wissenschaften zu entwickeln, sieht sie sich doch genötigt, für die Trieblehre Anlehnung bei der Biologie zu suchen« (Freud 1923b, S. 232).

Der wichtigste Vertreter jener Neuropsychoanalyse, Mark Solms, vertritt zwar die Meinung: »in gewisser Weise wurde Freuds Triebtheorie bestätigt« (Solms 2015, S. 79); doch sei die duale Triebtheorie Freuds aus heutiger Sicht abzulehnen. Vielmehr müsse die Psychoanalyse heute von *verschiedenen, angeborenen Instinkt- oder Affektsystemen* ausgehen. Auch Kernberg führt die Auseinandersetzung mit den biologischen Wissenschaften zu einer ähnlichen Annahme verschiedener, angeborener Instinkt- und Affektsysteme (vgl. Kernberg 2014). Solms findet zwar das Freud'sche Konzept der Libido noch in aktuellen Theorien der Neurowissenschaften wieder und hält für diese Parallele fest: »Wir haben es hier mit einem der bemerkenswertesten Beispiele für ein Freud'sches Konzept zu tun, das von modernen Neurowissenschaftlern, die mit gänzlich anderen Methoden eine völlig andere Forschungsagenda verfolgen, wiederentdeckt wurde« (Solms 2015, S. 76).

1.3 Psychoanalytische Motivationstheorien

Etliche Aspekte der Freud'schen Triebtheorie bleiben aber kritisch:

1. Freuds Annahme eines Todestriebes hält Solms für widerlegt: »Es gibt zweifellos nichts, das man vernünftigerweise mit Freuds ›Todestrieb‹ vergleichen kann« (ebd., S. 79). In dieser Hinsicht pflichtet ihm sogar Siegfried Zepf bei, ein scharfer Kritiker der Neuropsychoanalyse (Zepf 2014), den »das zunehmende Ausfransen der psychoanalytischen Theorie in eine Vielfalt heterogener Meinung irritiert« und der fürchtet, »dass die Psychoanalyse als wissenschaftliche Disziplin in ebendieser Pluralität versinken könnte« (Zepf 2013, S. 188). Doch auch er konstatiert: »Ich will zusammenfassen. Die Annahme eines Todestriebes [ist] aus heutiger Sicht aufzugeben« (ebd., S. 199).

In Anlehnung an Krause (1998) lässt sich diese Kritik an Freuds Triebtheorie um weitere Aspekte erweitern:

2. Zunächst überschätzte Freud die Bedeutung einer Reizverminderung für die Schaffung von lustvollen Erlebnissen. Er räumte zwar später auch die Existenz von »lustvollen Spannungen« und »unlustigen Entspannungen« (Freud 1924, S. 372) ein, doch im Kern überschätzt seine Theorie die Reizvermeidung hinsichtlich der Lust-Entstehung.
3. Außerdem hat Freud die Hinwendungs- und Orientierungsreaktionen, die schon bei Säuglingen zu beobachten sind, unterschätzt. Kurz gesagt, er hat die Neugierde und das Interesse, die durch sogar neutrale äußere Stimuli ausgelöst werden, nicht berücksichtigt und damit die Bindung an das Objekt als Zwang und nicht als Lust durch Neugier beschrieben (vgl. auch Fonagy 2003).
4. Dies erklärt sich auch damit, dass Freud im Allgemeinen Reizquellen innerhalb des Körpers eine größere Bedeutung für den Antrieb einräumt als Reizen aus der Außenwelt, wie Zepf (2013) hervorhebt: »Bei aller Verschiedenheit des Triebbegriffs wird aber in den Schriften Freuds eine Ansicht konsequent durchgehalten, nämlich dass der Trieb – genauer: der Triebwunsch – nichts anderes ist als die psychische Repräsentanz einer kontinuierlich fließenden, innersomatischen Reizquelle (z. B. 1905d, S. 67; 1915a, S. 214)« (S. 190). Insgesamt hat Freud zu wenig gesehen, inwiefern soziale Interaktionen Lust bereiten können; oder anders gesagt: Das Bindungsmotiv findet zu wenig Beachtung in seiner Theorie, wird lediglich als sekundäre Folge gesehen.

1 Motivation

5. Auch hat Freud hinsichtlich seines *Libido*-Konzepts aus heutiger Sicht eine grundlegend unangemessene Herangehensweise gewählt. Seine Vorstellung, der Trieb baue Spannungen auf, die entladen und damit aufgehoben werden müssten, und sein somit mechanisches Vokabular ist in dem historischen Kontext Freuds zu verstehen, aber aus heutiger Sicht nicht angemessen zur Erklärung menschlicher Motivation. Zepf und Zepf (2007) kommen zu dem Schluss, dass »energetische Aussagen nichts erklären, tautologisch und unbegriffene Metaphern sind« (S. 325). Deshalb fordern sie von heutigen psychoanalytischen Motivationstheorien, dass »der ökonomische Gesichtspunkt durch einen affektiven Gesichtspunkt ersetzt werden sollte« (ebd., S. 317). Denn: »Der Besetzungsbegriff ist somit lediglich eine andere Bezeichnung für das Vorhandensein von Gefühlen« (ebd., S. 326).
6. Abschließend ist innerhalb der Psychoanalyse an Freuds Triebtheorie kritisiert worden, dass sie dazu führe, die traumatisierende Wirkung sexuellen Missbrauchs an Kindern zu bagatellisieren, weil diese durch die Triebtheorie als sexuelle Subjekte aufgefasst werden. Ferenczi (1932) ist in der psychoanalytischen Geschichte die wichtigste Stimme für diese Kritik an Freud, welchem er vorwarf, mit Abkehr von der Verführungstheorie den Effekt realer Traumatisierungen unterschätzt zu haben. Ferenczi entwickelte stattdessen die Theorie der *Identifizierung mit dem Aggressor*, welche das Kind als Opfer des sexuellen Missbrauchs darstellt, weil es sich zur Überwindung dieser traumatisierenden Erfahrung mit der missbrauchenden Person, dem Aggressor, identifizieren muss.[21] Dies stellt ein Konzept dar, welches die aktuelle psychoanalytische Traumatologie maßgeblich beeinflusst.

Kritikpunkte der modernen Psychoanalse an Freuds Triebtheorie

1. Keine empirischen Hinweise auf einen (angeborenen) Todestrieb
2. Überschätzung der Reizverminderung für lustvolle Erlebnisse

---

21 Auch Anna Freud entwickelte parallel zu Ferenczi eine Theorie der Identifizierung mit dem Aggressor. Hirsch (1996) versucht eine Integration beider Konzepte.

3. Unterschätzung der Hinwendungs- und Orientierungsreaktionen von Säuglingen
4. Unterschätzung der Bedeutung sozialer Motive
5. Ökonomische Formulierung der Triebtheorie
6. Vernachlässigung der Beachtung realer sexueller Übergriffe aufgrund des Fokus auf unbewusste Phantasien

Anhand der im obigen Kasten zusammengefassten Punkte lässt sich festhalten: Mittlerweile hat sich innerhalb der Psychoanalyse die Einsicht verbreitet, »daß die metapsychologischen Annahmen der klassischen Psychoanalyse bezüglich des Triebbegriffs […] nicht mehr haltbar sind« (Mertens 1994, S. 20). Für die Motivationstheorien der modernen Psychoanalyse stellt sich mit der Abkehr von Freuds Triebtheorie jedoch ein wesentliches Problem dar. Beklagen Schneider und Schmalt (2000), wie in Kapitel 1.1.1 dargestellt, »willkürliche Klassifikationen von Motivlisten« in den Motivationstheorien der Psychologie, weisen auf diesen Aspekt in der Psychoanalyse Sandler und Sandler (1999) hin: »Selbst wenn wir uns dem relativ eng begrenzten Bereich der psychoanalytischen Theorie zuwenden, können wir nicht mit Sicherheit sagen, ob der Ausdruck ›Motiv‹ sich auf Triebe, Triebakömmlinge, Affekte, Gefühle, Bedürfnisse, Wünsche, Ziele, Absichten, Gründe oder Ursachen bezieht« (S. 23). Deshalb wurden in der jüngeren Vergangenheit der Psychoanalyse sehr unterschiedliche Motivationstheorien aufgestellt, die die oben aufgezählten Kritikpunkte an Freud zu beantworten suchten. Dabei gilt für die psychoanalytische Motivationstheorie auch heute noch, was Anna Freud bereits 1970 festgestellt hatte: Dass es »nicht ein einziges Stück in der Theorie gibt, das nicht von dem einen oder anderen Autoren in Zweifel gezogen wird« (S. 256).

Alles Bindung, oder was?

Auf den Kritikpunkt der Unterschätzung des Bindungsmotivs sind in der Geschichte der Psychoanalyse besonders Ferenczi (1932) und Fairbairn (1952) eingegangen. Diese Autoren postulieren im Gegensatz zu Freuds primärer sinnlich-sexueller Lustsuche eine *primäre objektsuchende Motivation* des Kleinkindes, eine Bezogenheit auf Liebe und Bindung.

1 Motivation

In den Worten Fairbairns (1952): »Das wirkliche libidinöse Ziel ist der Aufbau befriedigender Beziehungen mit Objekten; entsprechend stellt das Objekt das wahre libidinöse Ziel dar« (S. 138). Auch Balint (1966) geht von einer *primären Objektliebe* aus und sieht diese sogar getrennt von sexuellen Zielen und Partialtrieben. Freuds Begriff der Sexualität bzw. *Psychosexualität* würde all diese Strebungen zwar mit einschließen; jedoch entwickelt sich Bindung laut Freud lediglich sekundär aus der Erfahrung der Befriedigung des oralen Partialtriebes durch die entsprechenden Objekte bzw. sogar als Folge von Aggressionsabwehr: »Wenn der soziale Trieb auch angeboren sein mag, so ist er doch ohne Schwierigkeit auf ursprüngliche libidinöse Objektbesetzungen zurückzuführen und entwickelt sich beim kindlichen Individuum als Reaktionsbildung auf feindselige Rivalitätseinstellungen.« (Freud 1923b, S. 232)

Zentral für die Entwicklung dieses Kritikpunkts an der klassischen Psychoanalyse ist aber besonders ein Name: John Bowlby. Mit der Entwicklung der *Bindungstheorie* ermöglichte er einen radikalen Wandel im Verständnis der menschlichen Motivation. Diesbezüglich wird den Leser zunächst überraschen, dass in einem Kapitel über »neue psychoanalytische Motivationstheorien« Bowlbys Ansichten vorgestellt werden. Schließlich hatte sich dieser zur Formulierung seiner Bindungstheorie bewusst »mit der Ethologie heraus aus der Psychoanalyse« (Bowlby 1980) bewegt. War Bowlby zu Beginn seiner wissenschaftlichen Laufbahn noch stark von der Objektbeziehungstheorie Melanie Kleins geprägt, wandte er sich aufgrund des – aus seiner Sicht – dogmatischen Festhaltens der Psychoanalyse an der Triebtheorie und aufgrund ihrer Konzentration auf die psychosexuelle Entwicklung zunehmend der Ethologie um Lorenz und Tinbergen zu. Verkürzt gesagt übertrug Bowlby das »Postulat der Heimvalenz«, welches von der Zoologin Holzapfel (1940) für die Tierwelt eingeführt worden war, auch auf den Menschen und postulierte somit einen angeborenen Instinkt zur Bindung an primäre Bezugspersonen. Doch die Psychoanalyse hat sich inzwischen geöffnet: Mit der Weiterentwicklung der Psychoanalyse in ihrem Hermeneutik-Empirie-Grundkonflikt hat sie »Anstrengungen unternommen, den exilierten Bowlby zu repatriieren« (Dornes 2006, S. 10) und damit die Ansichten der Bindungstheorie zunehmend zu reintegrieren. Wir stimmen an dieser Stelle Dornes (2006) zu, wenn er schreibt: »Bowlbys Theorie ist eine Variation und Transformation der psychoanalytischen Objektbeziehungstheorie und ein Versuch, deren an Patienten gewonnene Erfah-

1.3 Psychoanalytische Motivationstheorien

rungen über die Bedeutung der Kindheit für die weitere Entwicklung auf prospektive und »wissenschaftliche« Basis zu stellen« (ebd., S. 10).

Im Gegensatz zu Freud betrachtet Bowlby das Bindungsmotiv als primär und eigenständig. Wie wichtig er die Bindung für die weitere Entwicklung betrachtet, wird an einer Metapher deutlich, die Bowlby (1953) anführt: »Die Mutterliebe ist genauso wichtig für die geistige Gesundheit wie es Vitamine und Proteine für die körperliche Gesundheit sind« (zitiert nach Holmes 2006, S. 53). Dieser Fokus veranlasst Bowlby zu einer grundsätzlichen Kritik an der Freud'schen Triebtheorie: »Die Theorie postulierte zwei Triebarten, nämlich primäre und sekundäre; sie kategorisierte Nahrungs- und geschlechtliche Bedürfnisse als primär und ›Abhängigkeit‹ (dependency) als sekundär. Untersuchungen über die Nachteile einer Entbehrung der Mutter auf die Persönlichkeitsentwicklung führten den Verfasser dazu, die Angemessenheit dieses traditionellen Modells in Frage zu stellen« (Bowlby 1987, S. 22). Hierin besteht die grundlegende Differenz zur klassischen Psychoanalyse, wie Buchheim und Kächele (2009) treffend feststellen: »Im klaren Kontrast zu Freuds Auffassung, der die Bindung des Kindes an seine Mutter als Folge der Triebbefriedigung betrachtete, vertraten Bowlby und die ihm nachfolgenden Bindungsforscher, dass es sich bei dem Bindungssystem um ein in der Evolution unabhängig von der Sexualität auftretendes Motivationssystem handelt« (S. 70).

Die Bindungstheorie hat innerhalb der letzten Jahrzehnte eine große Rolle innerhalb und außerhalb der psychoanalytischen Theoriebildung gespielt. Ohne Zweifel hat Bowlbys Fokus auf die Bindungsbedürfnisse einen Wandel im Verständnis der menschlichen Motivation insgesamt bewirkt. Auf Freuds *Unbehagen der Kultur* (Freud 1930) rekurrierend, in welchem er die Triebunterdrückung durch die damalige Gesellschaft analysiert hat, liefert Dornes (2006) für diesen Wandel in den Motivationstheorien eine interessante Begründung, indem er »argumentiert, dass das derzeitige Unbehagen nicht aus einem Übermaß an Triebunterdrückung herrührt (wie zu Freuds Zeiten), sondern aus einem Gefühl der Desorientierung in einer unübersichtlich gewordenen Welt. Unsicherheit, nicht Unfreiheit sei das zentrale Problem des »postmodernen« Menschen« (S. 9).

Das Bindungsmotiv hat den Eingang in aktuelle psychoanalytische Motivationstheorien gefunden. Doch trotzdem wird das Postulat Bowlbys, dass das *Bindungsmotiv* als primär und eigenständig angesehen

1 Motivation

werden müsse und sich nicht aus der Triebtheorie ableiten lasse, bis heute innerhalb der Psychoanalyse kontrovers diskutiert.

Primäres Motiv zur Affektregulierung

Neuere psychoanalytische Modellvorstellungen gehen davon aus, »daß das kleine Kind positive oder negative oder ambivalente Bindungen sowohl an Personen, Teile von Personen, unbelebte Objekte als auch an eigene Körperteile oder -funktionen in Abhängigkeit davon entwickelt, wie effektiv und zuverlässig diese die *Affekte* des Kindes *regulieren* helfen. Wenn eine positive Bindung entstanden ist, wird diese/s Person/ Objekt bevorzugt für die Affektregulierung gebraucht. Eine negative Bindung (Aversion) entwickelt sich gegenüber solchen Personen oder Objekten, die beständig mit der Affektregulierung interferiert und/oder negative affektive Erfahrungen direkt bewirkt haben. Eine Bindung an andere entwickelt sich also nach Maßgabe ihrer Funktion als *optimaler Affektregulierer*« (Mertens 1994, S. 21; Herv. im Original). Insofern wäre aber dann wohl *nicht die Bindung als solche ein primäres Motiv*, sondern die *Suche nach effektiver Affektregulierung*.

Die Psychoanalytiker Schore und Schore (2008) schlussfolgern sogar, dass die Bindungstheorie durch eine Affektregulationstheorie abgelöst werden müsse, da sichere Bindung im Kern aus einer Fähigkeit zur Emotionsregulation bestehe. Aufgrund dieser Neubewertung der frühkindlichen Motivation im Gewand der Affekttheorie fordert Schore (2007) auch dazu auf, »dass das Triebkonzept, ein Phänomen im Grenzbereich zwischen Psyche und Soma, wieder in das zentrale Konzept der psychoanalytischen Theorie eingeführt werden sollte« (S. 44). Doch ob man bei diesen Schlussfolgerungen Schores mitgeht oder nicht: Dass der Regulation von Affekten in den ersten Lebensjahren eine primäre Bedeutung zukommt, darüber besteht innerhalb (und außerhalb) der Psychoanalyse inzwischen ein breiter Konsens.

Kernberg (1991, 2001, 2014) veranlasst diese empirische Beobachtung zu einer radikal anderen Motivationstheorie: Er dreht das Verhältnis von Trieb und Affekt um, indem er Triebe als hierarchisch übergeordnete Integrationsprodukte der entsprechenden hedonischen bzw. anhedonischen Affekte betrachtet. Mit anderen Worten: *Affekte* seien die *Bausteine der Triebe*. An Freuds Theorie hält er insofern fest, als dass er

1.3 Psychoanalytische Motivationstheorien

die affektiven Erfahrungen des Kleinkindes in zwei Kategorien aufteilt: Auf der einen Seite sieht er die Integration der »›nur guten‹, idealisierten, angenehmen affektiven Erfahrungen mit der Mutter, zusammen mit den unbewussten erotischen Bedeutungen« (Kernberg 2001, S. 22) und auf der anderen Seite »die Integration schmerzlicher, erschreckender, wuterfüllter affektiver Erfahrungen, zusammen mit den unbewussten Bedeutungen der feindseligen ›enigmatischen‹ Reaktionen von Seiten der Mutter« (ebd.). Er fasst zusammen: »Die Affekte selbst werden verdichtet und laufen in zwei Strängen emotionaler Erfahrungen zusammen: das erotische Begehren auf der einen und mörderischer Haß auf der anderen Seite« (ebd., S. 23). Die Nähe zu Freuds Triebtheorie in seinen Ansichten wird auch an dem Titel seines aktuellsten Überblicksbuches deutlich, in welchem er einen weiten Parforce-Ritt durch die aus seiner Sicht zentralen psychoanalytischen Themenfelder wagt. Er überschreibt dieses Überblickswerk mit: *Liebe und Aggression. Eine unzertrennliche Beziehung* (Kernberg 2014).

Von Freuds Triebtheorie weicht Kernberg insofern ab, als er diese affektiven Reaktionen für grundlegend hält, während sich die beiden Triebe, Eros und Todestrieb, erst aus diesen beiden Kategorien affektiver Erfahrungen im Laufe des Lebens bilden würden. Er betrachtet Affekte somit als primär und die Triebe lediglich als sekundär aus ihnen entstanden. »Man könnte sagen, daß der Affekt der sexuellen Erregung der zentrale Affekt der Libido sei, in der gleichen Weise, wie der Affekt des primitiven Hasses den zentralen Affekt des Todestriebes konstituiert« (Kernberg 2001, S. 25).

An dieser Stelle wird auch deutlich, dass Kernberg am Freud'schen Todestrieb festhält. Er ist damit unter den aktuellen Theoretikern der Psychoanalyse in einer verschwindend kleinen Minderheit. Kernberg betrachtet den Todestrieb zwar nicht im Sinne Freuds, räumt ihm aber nach wie vor eine große klinische Bedeutung ein, um die »Phänomene des Wiederholungszwangs, die Syndrome des Sadismus und Masochismus, die negative therapeutische Reaktion, Suizid bei schweren Depressionen sowie schweren Persönlichkeitsstörungen ohne Depressionen, nicht zu vergessen, destruktives und selbstdestruktives Verhalten als Teil von gruppendynamischen Prozessen« zu erklären (Kernberg 2014, S. 153). Er folgert daraus: »Meiner Meinung nach sind es genau diese Syndrome, die das klinische Konzept eines ›Todestriebes‹ gerechtfertigt erscheinen lassen, nicht im Sinne einer angeborenen Disposition, aber als Folge pathologischer Entwicklung schwerer Aggression, die aus entwicklungspsychologischen Gründen gegen das eigene Selbst gerichtet ist« (ebd.). In der angeschlossenen Präzisierung wird aber bereits eine Abkehr von Freuds Triebtheorie deutlich – wenn er auch grundlegend an ihr festhält. Der Todestrieb ist nach Kernberg nicht angeboren und damit nicht primär, sondern entsteht erst sekundär aufgrund misslingenden Affektregulierungen.

Wie wir in Kapitel 2.3.3 darstellen, muss Affektregulierung in der frühen Kindheit von Bindungspersonen geleistet werden und ist damit interpersonell. Hier setzt die Auffassung Siegfried Zepfs an. Auch Zepf (Zepf 1997a; 1997b; 2000) schafft das Freud'sche Triebkonzept unter der Hand ab, indem er die Bedürfnisstruktur eines jeden Menschen als ausschließlich sozial hergestellt betrachtet. Er bezieht sich dabei besonders auf Lorenzer (1970; Lorenzer 1974). Zepf stellt fest: »Zwar zwingen auch in dieser Konzeption Bedürfnisse das Subjekt, sich in Beziehung zu setzen; aber das Subjekt und die sexuellen Triebwünsche erwachsen selbst aus der Interaktion als deren Resultat. Die Kategorien der ›Interaktion‹ und der ›Interaktionsform‹ sind der Kategorie des ›Subjekts‹ logisch vorgeordnet« (Zepf 2013, S. 199). Dieses »sozialisationstheoretisch geläuterte Triebverständnis« (ebd., S. 196) stellt die Freud'sche Trieb-Konzeption allerdings ebenfalls komplett auf den Kopf.

Fokus auf die Wunscherfüllung in Beziehungen

Die Objektbeziehungstheorie hat in ihren Konzeptualisierungen besonders den Kritikpunkt aufgegriffen, Freuds Triebtheorie würde die Bedeutung sozialer Motive vernachlässigen. Einer ihrer Vertreter, Joseph Sandler, hat sich ausführlich mit der Entwicklung einer neuen Motivationstheorie auseinandergesetzt. Er geht davon aus, dass Menschen in den ersten Jahren nicht nur vom Triebziel der *Lustempfindung* motiviert würden, sondern im gleichen Maße nach *Wohlbefinden* streben würden (Sandler & Sandler 1999, S. 33). Dieses Wohlbefinden könne nur durch ein Gefühl von *Sicherheit und Geborgenheit* erreicht werden, weshalb eine beständige *Affirmation* (Bestätigung) nötig sei.»Das Bedürfnis nach dieser Art von Nahrung, nach Bestätigung und beruhigender Versicherung, muss ständig befriedigt werden, damit ein grundlegendes Gefühl

1.3 Psychoanalytische Motivationstheorien

der Sicherheit und – soweit möglich – des Wohlbefindens entstehen kann« (S. 87). Deshalb führt Sandler das *Sicherheitsprinzip*, das der Lust-Unlust-Bildung übergeordnet sei, in die psychoanalytische Theoriebildung ein. Etwas salopp formuliert lautet die Position Sandlers: *Sicherheit geht vor Triebbefriedigung.* Trotzdem möchte er, wie Kernberg auch, die Triebtheorie nicht völlig ad acta legen. Er kommt zu dem Schluss:»Ich halte eine psychoanalytische Psychologie der Motivation, die den Trieben keine Beachtung schenkt, für eine armselige Psychologie; armselig ist aber auch eine Triebpsychologie, die keine anderen Motive als nur eben die Triebe erkennen kann« (S. 46).

Sandler spricht deshalb statt von Triebzielen eher von einer ersehnten *Wunscherfüllung*. Hinsichtlich dieser betont er:»Viele Wünsche entstehen in Reaktion auf motivierende Kräfte, die nicht triebgesteuert sind. Die häufigsten Motivatoren dürften Angst und andere unangenehme Affekte sein« (S. 42). Er ergänzt:»Wünsche werden ebenso häufig durch Veränderungen in der Objektwelt hervorgerufen wie durch inneren Druck« (ebd.). Durch diese Schwerpunktsetzung der Wünsche erreicht Sandler also eine stärkere Gewichtung der sozialen Motive und regte deren Erforschung durch die psychoanalytische Objektbeziehungstheorie maßgeblich an. Wie Kernberg (1999) hervorhebt: Sandler»konzentriert sich auf die interaktionelle Natur der wunscherfüllenden Objektbeziehung, [das] bedeutet eine partielle Verlagerung von der ›Ein-Person‹-Psychologie zu einer ›Zwei-Personen‹-Psychologie« (S. 20).

Diese Konzentration auf die interaktionelle Natur der wunscherfüllenden Objektbeziehung, wie Kernberg es nennt, hat sich mit der Objektbeziehungstheorie im psychoanalytischen Mainstream durchgesetzt, wie sich an aktuellen Lehrbüchern aufzeigen lässt. So stellen Rudolf und Henningsen (2013) neben die »Triebwünsche« gleichberechtigt »Beziehungswünsche« und »Bedürfnisse des Selbst«. Auch Krause (2012) ergänzt die Annahme eines angeborenen sexuellen Motivs um ein angeborenes Bedürfnis,»gute, zärtliche, fürsorgliche, freundschaftliche Beziehungen zu Mitmenschen herzustellen« (S. 225). Komplementiert wird seine Aufzählung durch ein Motiv »nach Eigenständigkeit, Individuation und Selbstbehauptung« (ebd., S. 226). Dieses dritte Motiv bei Krause und die »Bedürfnisse des Selbst« bei Rudolf weisen auf zwei weitere Aspekte hin, die in der Motivationstheorie der modernen Psychoanalyse entwickelt worden sind.

1 Motivation

Autonomie und Identität als Hauptmotive

Von verschiedenen psychoanalytischen Autoren wurde ein Streben nach *Autonomie* bzw. *Individuation* als ebenfalls zentrales Motiv angenommen (Erikson 1966; Mentzos 1984; Thomä & Kächele 2006). Im Rahmen der Selbstpsychologie beispielsweise stellte Kohut (1979) die *Selbstwertregulation* und ein Streben nach *Autonomie* ins Zentrum seiner Theorie. Auch in neueren psychoanalytischen Motivationstheorien spielt dieses Motiv eine zentrale Rolle. Wie bereits dargestellt, ist eine »innere Forderung nach Eigenständigkeit, Autonomie, Individuation und Selbstbehauptung« nach Krause (2012) eines der drei Grundmotive besonders in der Entwicklung.

Doch im psychoanalytischen Verständnis zentral sind dabei die Konzeptualisierungen Erik Eriksons. In Eriksons Theorie besteht der zentrale Begriff in dem der *Identität*. Er befasste sich mit der Frage, wie der junge Erwachsene durch eine normale Entwicklung in den ersten Lebensjahren nach Durchlaufen der Pubertät eine stabile Identität ausbilden könne. Die Weiterentwicklung der Freud'schen Triebtheorie zeigt sich in seinen Vorstellungen dadurch, dass er hinsichtlich des Identitäts-Konzepts die soziale Dimension in den Fokus nimmt. Entwicklung ereignet sich bei ihm nicht anhand von Trieben, die aus dem Innern drängen, sondern anhand der gesellschaftlichen Umwelt. »Der Begriff ›Identität‹ drückt also insofern eine wechselseitige Beziehung aus, als er sowohl ein dauerndes inneres Sich-Selbst-Gleichsein wie ein dauerndes Teilhaben an bestimmten gruppenspezifischen Charakterzügen umfasst« (Erikson 1966, S. 124).

Er gliederte die Entwicklung der Identität in sein *Stufenmodell der Entwicklung* ein, welches insgesamt acht verschiedene Stufen beschreibt. Jede Stufe sei davon geprägt, dass in einer Krise – ein Begriff, der bei Erikson nachdrücklich nicht negativ konnotiert ist – ein bestimmter Konflikt bewältigt werden müsse. Bereits die erste Stufe *Urvertrauen vs. Urmisstrauen* zeigt die soziale Bezogenheit im Denken Eriksons auf. Nach diesem Modell hat eine gesunde Entwicklung zur Folge, dass nach Abschluss der Adoleszenz eine stabile Identität ausgebildet werden kann. Für die Fälle, in denen diese Entwicklung nicht gelingt, entwickelte Erikson das Konzept der *Identitätsdiffusion*. Bohleber (2012) fasst zusammen: »Am Ende der Spätadoleszenz steht in der normalen Entwicklung für Erikson eine stabile gesellschaftlich-berufliche und sexuelle Identität

1.3 Psychoanalytische Motivationstheorien

mit einer Bereitschaft zur verantwortlichen Rollenübernahme in Beruf und in partnerschaftlichen Beziehungen, verbunden mit der Bereitschaft zur Elternschaft« (S. 63).

Dieses Verständnis wird von aktuellen psychoanalytischen Identitäts-Konzeptualisierungen kritisiert (Ermann 2011). Heutige Theorien müssen hinsichtlich ihrer Beschreibung der Identitätsentwicklung den gesellschaftlichen Veränderungen Rechnung tragen, die sich seitdem abgezeichnet haben. Erikson hat innerhalb der Psychoanalyse zwar den Grundstein dafür gelegt, dass Identität nur in seinem Spannungsfeld zu sozialen Verhältnissen zu verstehen sei; doch muss man aus aktueller Perspektive festhalten, »dass Identitätsentwicklung heute nicht mehr als eine epigenetische Entwicklungsaufgabe gelten kann, die mit dem Ende der Spätadoleszenz abgeschlossen wird. Sehr viel mehr ähnelt sie einem nicht abschließbaren Projekt« (Bohleber 2012, S. 69). Die rasanten technischen und ökonomischen Fortschritte, kurz gesagt der Strukturwandel der Postmoderne »führte zu einer objektiven Erweiterung von individuellen Handlungsoptionen, bisherige stabile identitätsleitende Orientierungsschemata wurden verflüssigt [...]. Dies schuf mehr Spielraum für individuelle Selbstfindungs- und Reflexionsprozesse. Durch die Möglichkeit, sich mehr zu individualisieren, erfuhren Wünsche nach Selbstverwirklichung und das Bedürfnis nach Authentizität des Selbst enormen Auftrieb« (ebd.). Verstärkt durch Flexibilisierungsansprüche der Arbeitswelt und Optimierungssuggestionen in Werbung, sozialen Medien und Co. hat sich die Selbstverwirklichung im »emotionalen Kapitalismus« (Illouz 2006) von einem individuellen Wunschbild Spätpubertierender gegenüber gesellschaftlichen Ansprüchen zu einem permanenten Anspruch der Gesellschaft an die Individuen entwickelt.

Der Erikson-Schüler Marcia (1993) konnte empirisch zeigen, dass die Verbreitung des von Erikson beschriebenen Konzepts der Identitätsdiffusion durch diesen kulturellen Wandel stark zugenommen hat. Ein Stück weit ist *Identitätsdiffusion somit zur Normalität* geworden; weshalb sie Marcia (1993) »kulturell adaptive Diffusion« nennt und von der pathologischen Identitätsdiffusion abgrenzt. Auf der anderen Seite zeigt sich, dass die pathologische Identitätsdiffusion in den Kliniken nach wie vor in großer Zahl auszumachen ist. Wie besonders Kernberg in vielen Publikationen hervorhebt, ist sie ein zentrales Merkmal schwerer Persönlichkeitsstörungen.

1 Motivation

Ohne Zweifel ist das Motiv der Identität ein Konzept, das im psychoanalytischen Diskurs bisher vernachlässigt worden ist. Wir denken, dass mit den gesellschaftlichen Veränderungen, die von Autoren wie Honneth (2011), Rosa (1998; 2005), Bauman (2000) oder Illouz (2006) beschrieben werden, dieses Thema zu einem der zentralen der Gegenwart geworden ist.

Versuch der Integration von Lichtenberg

Eine vielbeachtete Neukonzeption der Motivationstheorie stammt von Joseph Lichtenberg und seinen Kollegen, die den Versuch wagen, die bisher angeführten Aspekte in einer zusammenfassenden Theorie zu integrieren. Sie postulieren fünf unabhängige, biologisch vorprogrammierte *motivationale Systeme* (▶ Kasten).

Motivationale Systeme nach Lichtenberg (2000)

1. Bedürfnis nach psychischer Regulierung physiologischer Erfordernisse
2. Bedürfnis nach Bindung und später Zugehörigkeit
3. Bedürfnis nach Selbstbehauptung und Exploration
4. Bedürfnis, aversiv zu reagieren durch Widerspruch/Rückzug
5. Bedürfnis nach sinnlichem Genuss und sexueller Erregung

Hinsichtlich dieser Theorie der fünf Motivationssysteme kann man Lichtenberg et al. kein übertriebenes Understatement vorwerfen, wenn sie schreiben: »Wir glauben, dass alle psychoanalytischen Theorien ihr eigenes grundlegendes Schema der Motivation einer Neubewertung unterziehen müssten und dass unser Konzept der fünf Systeme, die auf universellen Bedürfnissen beruhen, welche schon von Geburt an vorhanden sind, von *jeder* aktuellen psychoanalytischen Theorie angewendet werden kann« (Lichtenberg et al. 2000, S. 9).

Jedes funktionale Motivationssystem geht von angeborenen und erlernten Interaktionsmustern aus, die jedoch erst der »gelebten Erfahrung entspringen« (ebd., S. 14). Alle Motivationssysteme sind deshalb bereits an Neugeborenen zu beobachten und um ein angeborenes Grundbedürfnis herum aufgebaut. Lichtenberg betrachtet jedes System als jeweils

1.3 Psychoanalytische Motivationstheorien

eigene psychische Entität und vermutet jeweils abgrenzbare neurophysiologische Korrelate für jedes der Systeme.

Allerdings ist dieses Modell ein »somewhat mixed model« (Westen 1997, S. 523): Einerseits stellt es eine Weiterentwicklung der Triebtheorie in Richtung einer mehr an der empirischen und klinischen Beobachtung orientierten Motivationstheorie dar. In dieser empirischen Fundierung sieht der psychoanalytische Säuglingsforscher Lichtenberg eine der Hauptstärken seiner Motivationstheorie, wenn er auch einräumt: »Bei unserer Suche nach den spezifischen Determinanten der Erfahrung von Motivation und ihren Implikationen für die psychoanalytische Theorie und Praxis mag es manchmal so aussehen, als würde der Empiriker die Seele des Poeten mit Füßen treten« (Lichtenberg et al. 2000, S. 15). Neben dieser Weiterentwicklung durch empirische Daten jedoch scheinen insbesondere die Motivsysteme 4 und 5 nach wie vor den Freud'schen Antagonismus von Aggression und Libido zu enthalten, und damit die Frage, ob diese Aspekte (Unlustvermeidung und Lustsuche) als eigenständige Motivsysteme zu betrachten sind oder nicht vielmehr allen Motiven zugrundeliegende *Mechanismen* (Westen 1997).

Die Darstellung aktueller Motivationstheorien zeigt, dass die Psychoanalyse sich inzwischen von der Freud'schen Konzeptualisierung der Triebtheorien teilweise weit entfernt hat. Inwiefern diese Entwicklung in den Theorien allerdings bis zu den psychoanalytischen Ausbildungsinstituten gedrungen ist, stellte Sandler (1983) bereits vor über drei Jahrzehnten in Frage: »Für wie lange wollen wir unseren Weiterbildungskandidaten noch die Veränderungen der Besetzungen und die akrobatischen Energieverwandlungen erklären und so tun, als ob dies von unmittelbarer Relevanz für ihre klinische Arbeit wäre?« (Übersetzung nach Zepf & Zepf 2007, S. 324). Im folgenden Kasten sind wesentliche Etappen einer Erweiterung der psychoanalytischen Motivationstheorie zusammengefasst:[22]

---

[22] Für eine hervorragende und gut lesbare Einführung in die verschiedenen Strömungen in der Geschichte der Psychoanalyse insgesamt siehe die Trilogie von Michael Ermann (2008b, 2012b, 2012a) zu *Freud und die Psychoanalyse*, *Psychoanalyse in den Jahren nach Freud* und *Psychoanalyse heute*.

1 Motivation

> **Synopse wesentlicher Ergänzungen der psychoanalytischen Motivationstheorie**
>
> - Bedürfnis nach *Bindung*: eine primäre objektsuchende Motivation, Suche nach Bezogenheit der Liebe und Bindung (Ferenczi 1932; Fairbairn 1952; Balint 1966; Bowlby 1969; Lichtenberg 1991).
> - Bedürfnis nach *Sicherheit*: Das Sicherheitsprinzip wird von Sandler (1960) als wesentlich erachtet, es stehe über dem Lustprinzip und sorge dafür, dass als gefährlich erachtete Triebimpulse unter Kontrolle gebracht werden.
> - Streben nach *Autonomie* bzw. *Individuation* wird ebenfalls als ein zentrales Motiv angenommen (Erikson 1966; Mentzos 1984).
> - Bedürfnis nach *Selbstbehauptung* und *Exploration* (Lichtenberg 1991)
> - Bedürfnis nach *sinnlichem Vergnügen* und *sexueller Erregung* (Lichtenberg 1991)
> - Kohut stellte den *Selbstwert* bzw. dessen Regulation ins Zentrum seiner Theorie (Kohut 1971, 1979).
> - Dem Streben nach Bildung einer *Identität* wird eine starke, spezifisch menschliche motivationale Komponente zugesprochen (Erikson 1966, 1974; Thomä & Kächele 2006; Dammann et al. 2011).
>
> Das *Lustprinzip* (Tendenz zur Lustsuche und Unlustvermeidung) wird meist nicht als eigenständiges Motivsystem betrachtet, sondern vielmehr als ein allen Motiven zugrundeliegender Mechanismus (Westen 1997).

1.3.3 Motive und pathogene Konflikte

Bei der Frage nach der von Sandler geforderten »unmittelbaren Relevanz für die klinische Arbeit« finden psychoanalytische Motivationstheorien besonders in der Diagnostik und Behandlung von *Grundkonflikten* ihren praktischen Nutzen. *Konflikt* (lat.: »Zusammenstoß«) bedeutet dabei allgemein ein Zusammentreffen unterschiedlicher Positionen innerhalb einer Person (innerer Widerstreit zwischen Motiven, Wünschen, Werten, Vorstellungen) oder zwischen mehreren Personen.

1.3 Psychoanalytische Motivationstheorien

Bereits Freud sah zur Behandlung psychischer Störungen die Bearbeitung dahinterliegender Konflikte, also der beteiligten, aufeinander stoßenden seelischen Kräfte, als Voraussetzung an: »Ohne solche Konflikte, gibt es keine Neurose« (Freud 1916–17, S. 362). Freud ging in seiner Konflikttheorie davon aus, dass aufgrund äußerer Vorgaben der Kultur die (v. a. sexuellen) Triebwünsche des Kindes in das Unbewusste verdrängt werden müssten. Später werde dieser Konflikt zwischen unbewussten Wünschen und äußeren Ansprüchen in *Versuchungs-/Versagungssituationen* aktiviert, wodurch die pathogene Wirkung zur Entfaltung gelange. Dies habe eine *Regression* auf die damals aktuelle psychosexuelle Entwicklungsphase zur Folge und bedinge die Ausbildung einer pathologischen Symptomatik: Ein Anteil des unbewussten Triebimpulses wird abgewehrt und drückt sich stattdessen im klinischen Symptom aus.

Mit der dargestellten Abkehr aktueller, psychoanalytischer Motivationstheorien von der Freud'schen Triebtheorie ist auch dieses Konfliktverständnis inzwischen zweifelhaft geworden. Besonders die Fixierung auf psychosexuelle Entwicklungsstufen und die Einschränkung auf sexuelle Wünsche steht damit in der Kritik. Lediglich der Kern des Modells (nämlich: frühe »unbewältigte« Erfahrungen in Verbindung mit basalen Motivsystemen führen zu dynamisch unbewussten Konflikten, woraus eine Vulnerabilität für spätere psychische Störungen entsteht) bleibt auch in modernen psychodynamischen Konfliktmodellen erhalten.

Motive und Konflikte in der OPD

Konflikte werden stattdessen heute in einem breiteren Verständnis diagnostiziert und behandelt. In der klinischen Praxis psychodynamischer Therapien ist insbesondere die *Konflikt-Achse* der *Operationalisierten Psychodynamischen Diagnostik* (OPD, Arbeitskreis OPD 2006), die inzwischen eine recht große Verbreitung gefunden hat, von hervorgehobener Bedeutung, weshalb wir sie hier etwas ausführlicher beschreiben und kritisch betrachten werden.

Dort wird der Konflikt in einem breiteren Verständnis definiert als bei Freud: »Unbewusste intrapsychische Konflikte sind unbewusste innerseelische Zusammenstöße entgegengerichteter Motivbündel, z. B. etwa der basale Wunsch nach Versorgung und der basale Wunsch, autark zu sein. […] Der zeitlich überdauernde, psychodynamische Konflikt ist […]

1 Motivation

gekennzeichnet durch festgelegte Erlebnismuster eines Menschen, die in entsprechenden Situationen immer wieder zu ähnlichen Verhaltensmustern führen, ohne dass dies dem Menschen bewusst wäre und ohne dass er sich aus eigener Willensanstrengung überwinden könnte (›neurotische Fixierung‹)« (Arbeitskreis OPD 2006, S. 96).

Auf der OPD-Konflikt-Achse werden sieben umschriebene Konflikte unterschieden

1. Abhängigkeit vs. Individuation
2. Unterwerfung vs. Kontrolle
3. Versorgung vs. Autarkie
4. Selbstwertkonflikt
5. Schuldkonflikt
6. Ödipaler Konflikt
7. Identitätskonflikt

So grenzen sich die Autoren der OPD auch deutlich von der Konzeptualisierung Freuds ab: »Unsere Konfliktdefinitionen beziehen sich erklärtermaßen nicht auf traditionelle psychoanalytische entwicklungspsychologische Annahmen. Vielmehr folgen sie basalen Motivationssystemen – und es besteht [...] auch kein Bezug zum klassischen psychoanalytischen Drei-Instanzenmodell (Es, Ich und Über-Ich)« (Arbeitskreis OPD 2006, S. 112). Stattdessen wird der Versuch unternommen, die OPD-Konflikte aufgrund der Beschreibung von basalen Bedürfnissen/Motiven zu begründen.

Für jeden dieser Konflikte wird ein *aktiver* und ein *passiver* Verarbeitungs- bzw. Lösungsmodus formuliert. Die Lösungsmodi beschreiben typische *Bewältigungsformen* des unbewussten Konflikts.

Dahinter steht die Annahme, dass ein lebensgeschichtlich entstandener, unbewältigter, und daher zeitlich überdauernder, dysfunktionaler unbewusster Konflikt zu mehr oder weniger stabilen konflikt- und modus*typischen* Selbst- und Objektbildern, Beziehungsgestaltungen, Emotionen (»Leitaffekten«), Verhalten in Beruf und Arbeitswelt, Umgang mit Besitz und Geld, Körper und Sexualität, soziales Umfeld etc. führen, wobei diese Erlebens- und Verhaltensmuster der Abwehr von konflikttypischen inneren Aspekten dienen. Die beschriebenen Modi (aktiv, passiv)

1.3 Psychoanalytische Motivationstheorien

stellen prototypische Extrem-Varianten dar: Zur Lösung eines nicht integrierten Konfliktthemas wirft sich die Psyche gewissermaßen ganz auf die eine Seite des Konflikts, die jeweils andere Seite repräsentiert dann das Abgewehrte und Bedrohliche. »Sichtbar« wird also nicht das dominante innere motivationale Thema, nicht der Konflikt als solcher, sondern die Manifestationen der Abwehr dieser unintegrierten inneren Aspekte. Von diesen äußeren Manifestationen wird auf die zugrundeliegenden unbewussten Konfliktthemen geschlossen.

Im OPD-Konflikt-Modell ist die Verbindung zu Basis-Motiven nicht konsistent durchgehalten: Mal wird ein klarer Antagonismus zwischen zwei Motiven (Abhängigkeit vs. Individuation) beschrieben, mal Verarbeitungsformen in Bezug auf ein Motiv, z. B. Selbstwirksamkeit (Unterwerfung vs. Kontrolle); das Schuld-Konflikt-Thema findet sich nicht in der zur theoretischen Fundierung der Konflikte genannten Motiv-Listen. Auch die »Leit-Affekte« sind nicht konsistent durchbuchstabiert: Mal wird der abgewehrte Affekt, der das Verhalten bzw. die »Lösungen« triggert, als Leitaffekt aufgeführt (z. B. »Angst vor Verschmelzung« bei Abhängigkeit/Individuation aktiver Modus); mal sind es die bewusst erlebten Gefühle, also »sekundäre Emotionen«, die eher das Ergebnis der Abwehrprozesse darstellen bzw. selbst der Abwehr anderer Affekte dienen (z. B. »narzisstische Wut« beim Selbstwertkonflikt aktiver Modus).

Im Folgenden sollen einige der in der OPD definierten Konflikte beispielhaft kurz beschrieben werden. In den Kurzbeschreibungen werden wir einige Änderungen bzw. Ergänzungen vornehmen (zur ausführlichen Beschreibung der Konflikte und der Manifestationen in verschiedenen Lebensbereichen siehe Arbeitskreis OPD 2006). Zudem wird kurz angegeben, wie sich das jeweilige motivationale Thema bei einer gelungenen Entwicklung darstellt. Es wird versucht, bei den Modi den jeweiligen affektregulatorischen Gewinn herauszuarbeiten (»Wovor schützt dieser Modus?«). Um zu unterstreichen, dass auch das ausgeprägte Vorliegen eines dieser Konflikte nicht gleichbedeutend mit psychischer Störung ist, wird durchgängig von Person statt von Patient gesprochen.

Abhängigkeit vs. Individuation

Das Konfliktthema ist durch die beiden Motivsysteme der Bindung und Autonomie/Individuation gekennzeichnet. Beide Motive haben eine exis-

1 Motivation

tentielle Bedeutung im Leben jedes Menschen. Bei gelungener Entwicklung ist der Mensch in der Lage, beide Motive psychisch zu integrieren und erlebt diese nicht als Widerspruch: die Person kann enge, emotional nahe und tiefe Beziehungen eingehen (Abhängigkeit) und sich *gleichzeitig* als abgegrenztes, autonomes, eigenständiges Individuum erleben (Individuation). Weder Alleinsein noch In-Beziehung-Sein löst (unbewusste) Ängste aus.

Abhängigkeit und Autonomie/Individuation sind basale Elemente menschlichen Lebens und Erlebens und deshalb auch in allen anderen Konfliktbereichen enthalten. Ein lebensbestimmender Konflikt besteht dann, wenn diese grundlegende bipolare Spannung in eine konflikthafte Polarisierung gerät; in der dysfunktional-pathogenen Konfliktversion *muss* die Person in einer engen Beziehung sein (passiver Modus) bzw. *muss* sie forciert autonom und unabhängig sein (aktiver Modus), jeweils erlebt als eine existentielle Notwendigkeit.

Im *passiven Modus* geht die Person entsprechend enge und möglichst dauerhafte Beziehung fast um jeden Preis ein, da sie Alleinsein nicht ertragen kann. Es besteht eine Selbstwahrnehmung von Hilflosigkeit, Schwäche und Angewiesen-sein-auf-Andere, sowie eine existenzielle Angst und Bedrohung bei Verlust, Trennung und Einsamkeit (schon die Vorstellung von Trennung ist oft nicht möglich). Daher werden Verantwortung und Eigenständigkeit vermieden. Stattdessen findet eine Unterordnung unter die Wünsche und Interessen der Beziehungspersonen statt, verbunden mit Verleugnung, Bagatellisierung oder Rationalisierung von Konflikten in diesen Beziehungen. In anderen löst die Person häufig Sorge und Verantwortungsübernahmetendenzen aus, oft aber verbunden mit subtilen Befürchtungen vor den überstarken Nähewünschen und vor Vereinnahmung.

Im *aktiven Modus* findet sich eine übersteigerte emotionale und existentielle Unabhängigkeit, ein Kampf um Eigenständigkeit und Unabhängigkeit in allen Lebensbereichen. Es besteht eine Selbstwahrnehmung von großer Stärke und Nicht-Angewiesen-sein-auf-Andere. Abgewehrt werden eigene Bedürfnisse nach Anlehnung und Nähe, die mit existentieller Angst vor Vereinnahmung, Verschmelzung und Verlust der Individuation verbunden sind. Daher wird in allen Lebensbereichen versucht, möglichst wenige Abhängigkeiten einzugehen, sowohl im Privaten als auch im Beruflichen. Bei anderen wird kaum ein Verantwortungsgefühl aktiviert, auch kein Bedürfnis, der Person Fürsorge und Schutz zu gewähren.

1.3 Psychoanalytische Motivationstheorien

Unterwerfung vs. Kontrolle

Ein Mindestmaß an Kontrolle über die wichtigsten Belange seiner Umwelt ist ein zentrales Motiv.[23] Psychologisch wird dies als Selbstwirksamkeit beschrieben. Bei gelungener Entwicklung hat eine Person ein sicher verankertes Selbstwirksamkeitserleben, und kann auf dieser Basis situativ angemessen sowohl Kontrolle ausüben als auch Kontrolle abgeben und sich unterordnen (ohne das als Unterwerfung zu erleben). Defizitäre Selbstwirksamkeitserfahrungen (in der menschlichen Entwicklung meist innerhalb von Beziehungskontexten) sind mit intensiver Hilflosigkeit verbunden. Entsprechende lebensgeschichtliche Erfahrungen lassen die Psyche um die Frage danach kreisen, wer die Kontrolle hat bzw. wie das erneute Erleben von Hilflosigkeit vermieden werden kann; innerpsychisch dominiert die Frage nach »Oben-Unten«. Die beiden Modi beschreiben typische Auswege: Durch aggressives Dominanzstreben (aktiver Modus) wird versucht, die Kontrolle niemals abzugeben, um jegliche Hilflosigkeit auszuschließen; eine habituelle Unterwerfung (passiver Modus) erreicht die Abwehr der Hilflosigkeit durch indirekte Kontrolle über »die Mächtigen«.

Im *passiven Modus* dominiert der Typus der passiv-aggressiven Unterwerfung. Es besteht eine Selbstwahrnehmung von Ohnmacht und Einflusslosigkeit (»Die Oberen bestimmen alles«), man muss das »Bestimmt-Werden« ertragen, sich der »Willkür der Mächtigen« beugen und sich fügen. Den damit verbundenen Affekten von Ohnmacht wird durch passiv-aggressives Verhalten (Trödeln, Verzögern, passives Unterlaufen von Anforderungen) und durch »Pochen« auf unumstößliche Regeln begegnet. Im sich nur scheinbaren Fügen und der genauen Registrierung des »Tickens« der »Bestimmer« wird ein erhebliches Maß an Kontrolle erreicht. Das Verharren in der untergeordneten Position ist zudem ein Schutz gegen das Durchbrechen von lebenslang angestauten Rachegelüsten (»Dann Gnade Euch Gott«). Im Gegenüber löst das unterwürfige

---

23 Leotti et al. (2010) kommen in ihrer Übersicht zu dem Schluss: »Converging evidence from animal research, clinical studies and neuroimaging suggests that the need for control is a biological imperative for survival, and a corticostriatal network is implicated as the neural substrate of this adaptive behavior« (Leotti et al. 2010, S. 457).

1 Motivation

und zugleich unterschwellig aggressive Verhalten meist schnell Verärgerung aus.

Im *aktiven Modus* findet sich typischerweise ein aggressives Dominanzstreben, mit dem Versuch, andauernde Kontrolle über andere und Situationen zu erlangen. Das Macht- und Dominanzstreben dient der Abwehr der Angst, selbst bestimmt zu werden und in Hilflosigkeitszustände zu geraten. Beruflich und privat werden leitende Positionen angestrebt; hohe Leistungsbereitschaft sichert die Kontrolle. Die leicht auslösbare Wut dient ebenfalls dem Schutz vor Ohnmachtsempfindungen. Auch konstruktive Kritik, abweichende Vorschläge und Eigenständigkeit anderer stellen eine Bedrohung dar und aktivieren die Angst vor Fremdbestimmtheit, sodass es interaktiv schnell zu »Machtkämpfen« kommt.

Versorgung vs. Autarkie

Bedürfnisse nach Versorgung und emotionaler Geborgenheit sind eine motivationale Grundthematik menschlicher Existenz; gewissermaßen korrespondierend dazu können die Bereitschaft und das Motiv zur Fürsorge und »Brutpflege« gesehen werden (Bischof 2009). Bei einer gelungenen Entwicklung besteht einerseits eine innere Sicherheit darüber, genügend Versorgung bekommen zu haben und auch in Zukunft zu bekommen bzw. sich auch selbst versorgen zu können und Unterstützung erbitten und annehmen zu können, ohne sich deshalb schuldig zu fühlen; sowie andererseits anderen Zuwendung, Unterstützung und Geborgenheit zukommen zu lassen, ohne in das Gefühl zu geraten, dabei selbst zu kurz zu kommen. Geben und Nehmen haben eine innere Selbstverständlichkeit und Ausgewogenheit, ohne ständige Befürchtung, zu wenig zu bekommen oder zu viel zu verlangen. Unausgewogene lebensgeschichtliche Erfahrungen in diesen Bereichen führen zu einem inneren Persistieren der dringenden Wünsche, bis hin zu unbewusster »Gier«, einer schier unstillbaren Bedürftigkeit, einem dauerhaften Mangelgefühl. Die Modi beschreiben typische Auswege.

Im *passiven Modus* wird versucht, das innere Mangelgefühl durch enge Bindung an eine vorsorgende und Geborgenheit gebenden Bezugsperson zu kompensieren. Die Menschen erscheinen ausgeprägt abhängig, anklammernd oder fordernd; die Beziehungsgestaltung kann mit den Begriffen *dependent and demanding* beschrieben werden. Als Variante

1.3 Psychoanalytische Motivationstheorien

des passiven Modus erscheint der »Kontakthunger«, geprägt durch den Versuch, den inneren Mangel mit möglichst viel und häufigem Kontakt zu füllen, woraus vorübergehende und kurzzeitige (zum Teil geradezu parasitäre) Beziehungen erwachsen. Trennung bedeutet hier Verlust der dringend benötigten Versorgungsstation. Das innere Mangelgefühl wird häufig von Neid auf andere begleitet. Auf die anklammernde, anspruchliche (bis hin zu »erpresserische«) Beziehungsgestaltung reagieren andere häufig abwehrend und mit Rückzug.

Der *aktive Modus* ist gekennzeichnet durch Selbstgenügsamkeit, Anspruchslosigkeit und Bescheidenheit (»Autarkie« im Sinne von »Ich brauche nichts«) in der Ausgestaltung von Beziehungen, was als »altruistische Grundhaltung« in Erscheinung tritt, als anspruchslose fürsorgliche Grundhaltung. Im bewussten Erleben dominiert die Sorge um den anderen. Dahinter sind die eigene, abgewehrte Bedürftigkeit und der Neid (»Ich mache so viel und bekomme nichts«) meist spürbar. Auch hier können enge Beziehungen eingefordert werden, um immer für den anderen »da sein zu können«. Eigene Ansprüche zu stellen ist aber unmöglich und schon der Gedanke daran löst Schuld-Angst aus. Die intensive, selbstgenügsame und aufopfernde Fürsorge anderen gegenüber erlaubt so zumindest eine stellvertretende »Erfüllung« der eigenen Bedürftigkeit (»altruistische Abtretung«). Der Wunsch »Irgendwann wird es mir vergolten« bleibt unbewusst immer spürbar. Die Überfürsorglichkeit – »immer alles für den anderen machen« und »selbst niemandem zur Last fallen« – führt bei anderen häufig zu starken Abgrenzungstendenzen.

Selbstwertkonflikt (Selbstwert vs. Objektwert)

Jeder Mensch ist auf Entwicklung und Aufrechterhaltung eines Selbstwertgefühls bedacht. Der erlebte Selbstwert spiegelt die Distanz zwischen dem eigenen Ideal (Idealselbst: »So will ich, so sollte ich sein«) und der Einschätzung über den Istzustand des Selbst (Realselbst: »So bin ich«) wider; eine akzeptable Distanz zwischen Ideal- und Realselbst ist eine Grundvoraussetzung für psychisches Wohlbefinden. Bei gelungener Entwicklung besteht eine innere Sicherheit über den eigenen »Wert« als Mensch, sodass sich die Frage, wer wie viel wert ist, gar nicht stellt, und auch keine Notwendigkeit zur Abwertung anderer besteht. Es besteht eine innere Selbstverständlichkeit und Ausgewogenheit darin, sich einer-

1 Motivation

seits selbst und anderen eine Wertigkeit zuzumessen, und andererseits sich selbst und andere infrage stellen zu können. Gelingt diese Entwicklung nicht, besteht innerlich ein Minderwertigkeitserleben, verbunden mit massiver und leicht aktivierbarer Scham, sodass die »Wert«-Frage bzw. deren Bewältigungsversuche das psychische Geschehen dominiert.

Im *passiven Modus* wird die Minderwertigkeit erlebt und manchmal regelrecht vor sich hergetragen. Es besteht eine Überzeugung des eigenen Unvermögens, der Unattraktivität etc. Die damit verbundene massive Scham wird dadurch reguliert, dass der Versuch, den (meist völlig überzogenen inneren) eigenen Idealvorstellungen zu entsprechen – und damit auch jegliche Aussicht auf Entwicklung – aufgegeben wird. So können sich die Personen in der Existenz als »unwichtiges Mängelexemplar« gewissermaßen einrichten (auch in der Partnerwahl) und darin sogar eine Form von narzisstischer Befriedigung finden (z. B. indem aus seinem Unglück etwas ganz »Außergewöhnliches« gemacht wird, und darin nur um sich selbst kreist, etc.). In der oftmals gezeigten idealisierenden Bewunderung anderer finden sich nicht selten subtile Entwertungen (und sei es darin, den anderen in seinem »Anspringen« auf die vermeintliche Bewunderung vorzuführen). Bei narzisstisch selbst gut regulierten Personen löst sowohl das selbstabwertende als auch das bewundernde Verhalten eher Peinlichkeit aus.

Im *aktiven Modus* imponiert eine forcierte Selbstsicherheit der Person gegenüber anderen als Versuch zur Bewältigung des eigenen Minderwertigkeitserlebens. Die Person kann auf den ersten Blick selbstsicher wirken, die hintergründige Unsicherheit wird jedoch bald wahrgenommen («pseudoselbstsicher«). Die Brüchigkeit der Selbstwertregulation wird auch in der sehr leichten Kränkbarkeit deutlich, was sich dann häufig in Gereiztheit oder »narzisstischer« Wut äußert. Das Verhalten in allen Lebensbereichen dient der Kompensation des brüchigen Selbstwertgefühls. Die Beschreibung des aktiven Modus des Selbstwertkonflikts entspricht ziemlich genau der einer narzisstischen Persönlichkeitsstörung gemäß DSM-IV. Da andere überwiegend entwertet werden, reagieren diese regelmäßig mit Aggression.

Ödipaler Konflikt

Das Bedürfnis, Aufmerksamkeit und Anerkennung als Frau oder Mann zu gewinnen, ist zusammen mit dem körperlich-sinnlichen Genuss und

1.3 Psychoanalytische Motivationstheorien

sexueller Erregung eine grundlegende Motivation. Hierzu gehören sowohl das genital-sexuelle Erleben als auch die Gesamtheit der Strebungen und Gefühle, sich anderen Menschen zeigen zu wollen, bei anderen etwas gelten zu wollen sowie den Kontakt zu anderen erotisch-zärtlich gestalten und genießen zu wollen. Die ödipale Konstellation setzt die reale oder die phantasierte Präsenz von drei Personen voraus (Triangulierung), die sich in einem Spannungsfeld von Anerkennung (als Frau oder Mann), Rivalität und Erotik befinden.

Bei gelungener Entwicklung besteht die Fähigkeit zur Triangulierung, Klarheit über die Generationsgrenzen, eine Sicherheit bezüglich des eigenen Frau- bzw. Mann-Seins und der dazugehörigen (sexuellen) Attraktivität, ein ungezwungener und genussvoller Umgang mit Erotik und Sexualität (weder forciert noch gehemmt) sowie mit Aufmerksamkeit (wird weder besonders gesucht, noch vermieden), und eine ungezwungene Fähigkeit zum Rivalisieren (wird weder forciert noch vermieden).

Problematische Entwicklungen in diesem motivationalen Bereich führen zu einer fundamentalen Verunsicherung in Bezug auf den eigenen Wert und die Attraktivität als vollwertige Frau, als vollwertiger Mann, ebenso in Bezug auf die eigenen Kompetenzen (»bin zu klein«, »gehöre nicht dazu«, »bin (sexuell) zu unattraktiv«); trianguläre Beziehungen sind daher immer konflikthaft: Eine gleichwertige Beziehung zu zwei oder mehr Objekten, bei gleichzeitiger Anerkennung und Akzeptanz der Beziehungen dieser untereinander ist nicht möglich, da sie für die Person eine Reaktivierung der kindlichen Unreife-, Ausgeschlossensein- und Inkompetenzerfahrungen mit sich bringt und als massive Konkurrenzsituation erlebt werden.

Die beiden Modi beschreiben typische Auswege: Ständiges Bemühen um Aufmerksamkeit, dramatisch-theatralische Emotionalität, forcierte Erotisierung und Rivalität (aktiver Modus) dienen der Kompensation der massiven inneren Zweifel und der mit der ungelösten ödipalen Konstellation verknüpften Affekte (Ausgeschlossensein, Scham etc.); durch eine weitgehende bis völlige Verdrängung dieser gesamten Motivthematik (passiver Modus) wird die Aktivierung der entsprechenden Affekte unterbunden.

Im *passiven Modus* dominieren Züge von grauer Maus, Harmlosigkeit, Kindlichkeit und Naivität. Das Selbsterleben ist geprägt durch Resignation oder Nicht-Wissen um die rivalisierend-anerkennende und sexuelle Thematik; emotional dominieren Schüchternheit, (Scham-)Angst

1 Motivation

bis hin zur »Kastrationsangst« in Bezug auf die Thematik. Das Interesse an dieser Thematik äußert sich allenfalls untergründig in einer gewissen Koketterie, in Fehlhandlungen oder in der Gegenübertragung. Das passive Vermeiden kann auch zu völliger Unattraktivität und der Intention von Geschlechtslosigkeit führen.

Oft werden ältere Partner gewählt, die der bevorzugten primären Bezugsperson ähneln, wobei die sexuelle Thematik auch hier dann eher ausgespart wird (extrem: so genannte Josefs-Ehe).

Im *aktiven Modus* wird versucht, durch die körperliche Erscheinung und unangemessen erotisierendes oder provokatives Verhalten (insbesondere als Mann/Frau) immer im Mittelpunkt zu stehen und die Aufmerksamkeit auf sich zu lenken. Diese Menschen sind getrieben, sich in Szene zu setzen, sich in den Vordergrund zu spielen, zu glänzen und (sexuell) zu verführen; gleichzeitig können der sexuelle Bezug und die Befriedigungsmöglichkeiten gehemmt sein. Auch in Beziehungen besteht ein ständiges Inszenieren, um Aufmerksamkeit und Anerkennung zu gewinnen. Das theatralisch-emotionale, schnell wechselnde oder widersprüchliche sexuelle Verhalten (locken–blocken, Dreiecksbeziehungen) und das starke Rivalisieren verursacht bei allen Beteiligten viel Leid. Da die Partnerwahl meist an den Primärobjekten orientiert ist, wird der Partner häufig als unzulänglich erlebt. Der aktive Modus deckt sich mit der Beschreibung der Histrionischen Persönlichkeitsstörung gemäß DSM-IV.

Neben den motiv-thematisch definierten Konflikten beschreibt die OPD noch die *Abgewehrte Konflikt- und Gefühlswahrnehmung* sowie den so genannten *Aktualkonflikt* (konflikthafte Lebensbelastung).

Im Kern bestehen psychodynamische Konflikte in mit negativen Affekten verknüpften Motiven. Der Regulierungsbedarf entsteht aufgrund der Affekte, und die Konflikt-»Lösungen« versuchen, diese konflikthaften Affekte zu vermeiden bzw. handhabbar zu machen. Die Konflikt-»Lösungen« werden schließlich konstituierend für die individuelle Persönlichkeit.

Literatur zur vertiefenden Lektüre

Arbeitskreis OPD (2006): Operationalisierte Psychodynamische Diagnostik OPD-2. Das Manual für Diagnostik und Therapieplanung. Bern: Huber.

Lichtenberg, J. D. (2013): Psychoanalysis and Motivation. London: Routledge.
Müller-Pozzi, H. (2008): Eine Triebtheorie für unsere Zeit. Sexualität und Konflikt in der Psychoanalyse. Psychoanalyse. Bern: H. Huber.
Westen, D. (1997): Towards a clinically and empirically sound theory of motivation. Int Rev Psychoanal 78, 521–548.

Fragen zum weiteren Nachdenken

- Welchen Ansichten blieb Freud in den verschiedenen Phasen seiner Triebtheorie treu?
- Was konnte für die aktuelle Psychoanalyse durch eine Ausweitung von Freuds Triebtheorie gewonnen werden (Ich-Psychologie, Selbstpsychologie, Objektbeziehungstheorie)? Inwiefern lohnt es sich dennoch, das Freud'sche Erbe zu bewahren?
- Welche Motive sind in unserer heutigen Gesellschaft von hervorgehobener Bedeutung?
- Welche Vorteile bringt es für die Psychoanalyse mit sich, die Motivationstheorie zu operationalisieren und damit unbewusste Konflikte »messbar« werden zu lassen? Worin liegen dabei Gefahren?

1.4 Empirische Ergebnisse zu Motiven im klinischen Kontext

Einführung

Der zunehmenden Öffnung der aktuellen Psychoanalyse für die Erkenntnisse der Nachbardisziplinen folgend, befassen wir uns in diesem Kapitel mit einer Gegenüberstellung der Motivationstheorien der Gegenwartspsychoanalyse im Verhältnis zu anderen klinischen »Schulen«. Hierfür sind insbesondere klinische Theorien interessant, die ihre Ansichten um den Begriff *Schema* zentrieren, da diese Ansätze psychodynamische Anteile zu integrieren versuchen. Ausführlicher gehen wir auf empirische Ergebnisse aus der Psychotherapieforschung

1 Motivation

> ein und arbeiten anhand eines Abgleichs der (verhaltenstherapeutischen) Konsistenztheorie mit der oben dargestellten psychodynamischen OPD-Konfliktachse Unterschiede zwischen dem psychologischen Konzept der *Ziele* und der psychoanalytischen Auffassung zu *unbewussten Konflikten* heraus. Die Kapitel werden durch einen Ausblick abgeschlossen, wie genuin psychoanalytische Überzeugungen in die empirische Forschung integriert werden können.

Lernziele

- Die gemeinsamen Ansichten der verschiedenen Schema-Theorien zusammenführen können
- Die Kernthesen der Konsistenztheorie vom Arbeitsteam um Grawe und grosse Holtforth nachvollziehen können
- Reflexion der Unterschiede im »Messen« von Motiven zwischen per Fragebogen ermittelten Zielzuständen und per halbstrukturiertem Interview gewonnenen unbewussten Motivkonflikten

Einleitung

Für die moderne Psychoanalyse ist ein Austausch mit anderen klinischen Schulen inzwischen »common sense«. Vertrat sie im vergangenen Jahrhundert eine stark abgrenzende Haltung gegenüber den anderen Schulen, ist inzwischen ein deutliches Interesse auszumachen. Jedoch wird auch von der anderen Seite inzwischen über den eigenen Tellerrand geschaut. Besonders in der Gesprächspsychotherapie und aktuellen Theorien der modernen Verhaltenstherapie im Rahmen der sogenannten »Dritten Welle«, für die die Bezeichnung »kognitiv« zunehmend fraglich wird, lassen sich psychodynamische Ansichten wiederfinden (Benecke 2016). Dass die Wagenburgmentalität noch nicht vollends überwunden ist, davon können nicht zuletzt viele aktuelle Studierende der Psychologie an einer deutschen Universität berichten, die gerne etwas über die moderne Psychoanalyse hören würden, jedoch mit dem Verweis auf die (vermeintliche) Unwissenschaftlichkeit der klassischen Psychoanalyse Freuds abgewiesen werden (vgl. Benecke & Eschstruth 2015; Eichenberg, Müller & Fischer, 2007; Lebiger-Vogel, 2011). Doch trotz dieser Hin-

1.4 Empirische Ergebnisse zu Motiven im klinischen Kontext

dernisse lässt sich inzwischen ein durchaus fruchtbarer Dialog ausmachen, der aus unserer Sicht alle Seiten weiterbringen wird! Wir werden deshalb an dieser Stelle – in gebotener Kürze – die integrative *Konsistenztheorie* des Forschungsteams um Klaus Grawe vorstellen, um Unterschiede und Gemeinsamkeiten zur Gegenwartspsychoanalyse aufzuzeigen.

1.4.1 Operationalisierung durch Annäherungs- und Vermeidungsziele

In den letzten Jahren lässt sich eine Vielzahl von neuen Therapierichtungen ausmachen, die den Begriff des »Schemas« in den Fokus ihrer Theorien rücken. Beispielhaft für solche therapeutischen Ansätze lassen sich das *konsistenztheoretische Modell* (Grawe 1998, 2004), die *Schema-Therapie* (Young et al. 2005) und die *klärungsorientierte Psychotherapie* (Sachse et al. 2009) anführen.

Die Grundidee ist bei allen drei Ansätzen gleichermaßen eine im Kern psychodynamische im Sinne der psychoanalytischen Objektbeziehungstheorie: Durch die »Nicht-Erfüllung der emotionalen Bedürfnisse« (Young et al. 2005, S. 38), »Beziehungsmotive« (Sachse 2009) oder »Grundbedürfnisse« (Grawe 1998, 2004), besonders in der frühen Kindheit, formen sich maladaptive Schemata, die das spätere Verhalten motivational beeinflussen. Dabei »wird angenommen, dass Motive hauptsächlich in der vorsprachlichen Entwicklungsphase ausgeformt werden. […] Darin ist wahrscheinlich der Umstand begründet, dass sie zu großen Teilen unbewusst sind« (Sachse et al. 2009, S. 93). Unter diesen unbewussten Motiven verstehen sie »Bedürfnisse, die bei allen Menschen vorhanden sind und deren Verletzung oder dauerhafte Nichtbefriedigung zu Schädigungen der psychischen Gesundheit und des Wohlbefindens führen« (Grawe 1998, S. 185). Um eine solche Schädigung durch frühe Nichtbefriedigung auszugleichen, gehen die drei Ansätze von zusätzlichen – psychoanalytisch gesprochen – »Abwehr«-Schemata aus; Sachse nennt sie »kompensatorische Schemata«, Young »instrumentelle Schemata« und Grawe »Konfliktschemata«.

In Grawes Konsistenztheorie (▶ Abb. 1.3) werden Schemata durch die Erfüllung oder Nicht-Erfüllung vier verschiedener Grundbedürfnisse gebildet: 1. Angewiesensein auf nahe Bezugspersonen (»Bindungsbe-

1 Motivation

dürfnis«); 2. Etwas zu können, was zur Herbeiführung und Aufrechterhaltung der eigenen Ziele wichtig ist (»Kontrollbedürfnis«); 3. Anstreben angenehmer und Vermeidung unangenehmer Zustände (»Bedürfnis nach Lustgewinn und Unlustvermeidung«; 4. »Bedürfnis nach Selbstwerterhöhung und Selbstwertschutz«. In Abhängigkeit von frühkindlichen Erfahrungen bilden sich »Konfliktschemata«, die auf zwei Arten existieren können: *Annäherungsziele* dienen der »Herbeiführung bedürfnisbefriedigender Erfahrungen« und *Vermeidungsziele* dem »Schutz vor bedürfnisverletzenden Erfahrungen« (Grawe 2004; grosse Holtforth & Schneider 2008).

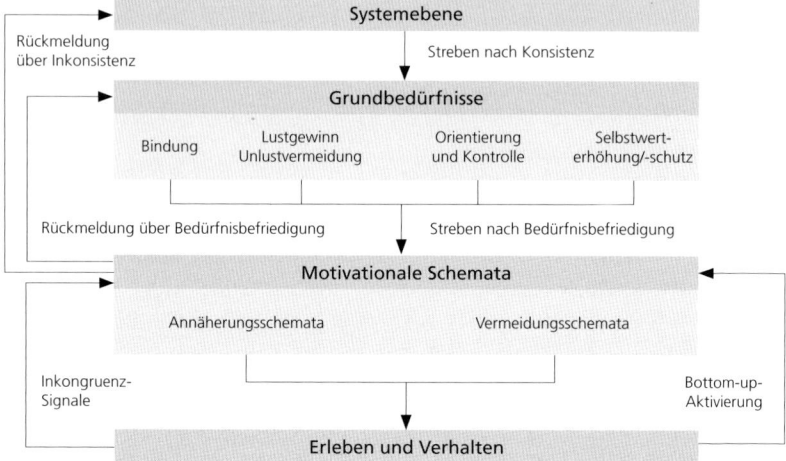

Abb. 1.3: Das konsistenztheoretische Modell (modifiziert nach Grawe 2004)

Den vier grundlegenden Einzelbedürfnissen ist zusätzlich ein »grundlegendes Prinzip innerorganismischer Regulation« (Grawe, 2004, S. 186) übergeordnet, welches »Konsistenzstreben« genannt wird. Damit wird das Streben der Übereinstimmung sowie Vereinbarkeit zeitgleich ablaufender motivationaler, kognitiver und neuronaler Prozesse bezeichnet. Je besser diese innerorganismische Regulation gelingt, desto erfolgreicher ist das Individuum in der Anpassung sowie Organisation mit der Umwelt und desto größer ist das subjektiv empfundene Wohlbefinden. Eine Beeinträchtigung der Konsistenz kann auf vier verschiedene Arten entstehen:

1.4 Empirische Ergebnisse zu Motiven im klinischen Kontext

1. durch eine Nichterfüllung angenommener Grundbedürfnisse;
2. durch stark ausgeprägte Vermeidungsziele, die eine Erfüllung der Grundbedürfnisse blockieren;
3. durch eine (wahrgenommene) Diskrepanz zwischen eigenen Zielen und der Realität (Inkongruenz[24]);
4. durch (wahrgenommene) Konflikte zwischen Annäherungs- und Vermeidungszielen (Diskordanz).

In einer Meta-Analyse untersuchten Fries und Grawe (2006), inwiefern diese vier zentralen Grundannahmen der Konsistenztheorie mit den Ergebnissen der psychologischen Forschung übereinstimmen:

1) In den von Fries und Grawe berücksichtigten Studien weist die *per Selbstauskunft erhobene Erfüllung von Grundbedürfnissen mittlere Zusammenhänge mit subjektivem Wohlbefinden und positivem Affekt und einen negativen Zusammenhang mit der Symptombelastung* auf. Bei diesen Ergebnissen ist jedoch insgesamt zu berücksichtigen, dass die Studien große Unterschiede bezüglich Inhalt und Anzahl der angenommenen Grundbedürfnisse aufweisen. Sie lassen sich dennoch als empirische Fundierung der beschriebenen Grundannahme der Schema-Theorien interpretieren.

2) Auch bezüglich der Vermeidungsziele weisen die von Fries und Grawe (2006) untersuchten Studien Unterschiede hinsichtlich ihrer jeweiligen Definition auf. Für die meisten der in die Meta-Analyse eingeschlossenen Studien gilt jedoch: »Vermeidungsziele wurden anhand ihrer negativen Formulierung bestimmt und gingen meist als Prozentanteil an allen erhobenen Zielen in die Berechnungen ein« (S. 141). Die von Fries und Grawe (2006) berücksichtigten Studien unterstützen die Annahme der Konsistenztheorie, dass eine erhöhte Ausprägung von Vermeidungszielen mit größeren psychischen Problemen zusammenhängt. Die Autoren berichten einen *mittelstarken Zusammenhang mit »weniger positivem Affekt,*

---

[24] Dieser Inkongruenzbegriff ist von dem Verständnis der Inkongruenz in humanistischen Theorien abzugrenzen. Dort beschreibt Inkongruenz die Diskrepanz zwischen dem bewussten Selbstkonzept und dem *eigentlichen* organismischen Erleben (welches aber nicht symbolisiert werden kann).

schlechterem Wohlbefinden und mehr Angst [...]. Kleinere Zusammenhänge fanden sich auch zu schlechter Zielerreichung, mehr negativem Affekt, weniger Lebenszufriedenheit, stärkerer Depression und größerer Somatisierung« (ebd., S. 145, Herv. im Original).

Allerdings räumen Fries und Grawe (2006) ein, dass damit lediglich gezeigt werden könne, dass ein direkter Zusammenhang zwischen der Ausprägung von Vermeidungszielen und psychischen Prozessen des Wohlbefindens und der Psychopathologie besteht. Ob dieser Zusammenhang – wie der Konsistenztheorie nach zu vermuten wäre – mit der Nicht-Befriedigung von Grundbedürfnissen zusammenhänge, sei damit noch nicht nachgewiesen. In einem Überblicksartikel zur bisherigen Forschung bezüglich dieser Fragestellung fassen jedoch Michalak et al. (2007) zusammen, »dass Zielerreichung nur dann mit Wohlbefinden assoziiert ist, wenn die Ziele zu der Person passen und somit die Zielerreichung im Ziele der Befriedigung von grundlegenden Bedürfnissen steht« (S. 8).

Nach der Konsistenztheorie kann Inkonsistenz im Organismus vornehmlich auf zweierlei Arten entstehen: Durch Inkongruenz (3) und durch Diskordanz (4). Fries und Grawe (2006) schließen diesbezüglich Studien ein, die diese beiden psychischen Prinzipien auf zwei unterschiedliche Arten messen:

a) Die Autoren konstatieren, »dass die meisten Operationalisierungen auf handlungsnahen Zielen basieren. [...] Das Ausmaß der Studien in diesen Bereichen zeigt, dass dieses Vorgehen im Moment ›state of the art‹ ist, was sicher auch sinnvoll ist, da die Erhebung von bewusstseinsnahen Inhalten als zuverlässiger gelten kann als diejenige von eher wenig bewussten Inhalten« (S. 144). An diesem Zitat wird bereits deutlich, inwiefern *die Operationalisierung von Motiven in den Theorien der aktuellen KVT deutliche Unterschiede zu den psychodynamischen Auffassungen* aufweisen. Wir kommen im nächsten Unterkapitel darauf zurück.

b) Außerdem gehen Fries und Grawe (2006) davon aus, dass die (wahrgenommenen) Ziele eines Menschen mit seinem Selbstbild zusammenhängen, weshalb sie diesbezügliche Studien in die Ergebnisse ihrer Meta-Analyse einbeziehen: »Andere Formen von Inkonsistenz wurden mit den verschiedenen Selbstbildern des Menschen erhoben. [...] Diskordanz als Konflikte zwischen den verschiedenen Aspekten des erwünschten Selbstbildes und Inkongruenz als Abweichung des aktuellen Selbstbildes von dem erwünschten« (S. 144). In der psychologischen For-

1.4 Empirische Ergebnisse zu Motiven im klinischen Kontext

schung wird hinsichtlich dieses Konstrukts seit Higgins (1987) die Diskrepanz zwischen *Real-Selbst* auf der einen und *Ideal-Selbst* bzw. *Soll-Selbst* auf der anderen Seite erfasst.

3) Fries und Grawe (2006) schließen diesbezüglich einerseits Studien ein, die Inkongruenz mit Hilfe der von Lauterbach (1996) entwickelten Messung operationalisieren.»Dabei werden Konzepte, die einer Person wichtig sind, einander gegenübergestellt und die gegenseitigen Beziehungen zwischen den Konzepten sowie zwischen der Person und den Konzepten erhoben« (Fries & Grawe 2006, S. 137). Bezüglich der Inkongruenz führen die Autoren aus: An einem »Beispiel ausgedrückt wäre es inkongruent, wenn man ›selbstbewusst sein‹ für sich persönlich wichtig findet, aber sich selbst nicht als selbstbewusst einschätzt« (S. 140). Ein anderer Teil der Studien operationalisiert Inkongruenz als Diskrepanz zwischen dem Real-Selbst auf der einen und dem Ideal-Selbst bzw. Soll-Selbst auf der anderen Seite, »da sich die Personen nicht so erfahren, wie sie sein möchten bzw. wie sie denken, sein zu müssen« (ebd., S. 140).

Die Studien, welche die Inkongruenz mit Hilfe des Selbstbildes erfassen, weisen ein interessantes Ergebnis auf: »Interessanterweise führen Diskrepanzen zwischen dem realen und dem Sollselbst eher zu erregenden Emotionen wie Angst oder Nervosität, während Diskrepanzen zwischen dem realen und dem idealen Selbst eher zu depressiven Gefühlen führen«. Aufgrund der geringen Anzahl dieser Studien sind diese Ergebnisse jedoch eher als vorläufige Heuristiken zu verstehen.

Schließt man alle bei Fries und Grawe (2006) berücksichtigten Studien ein, weist die auf beide Arten operationalisierte *Inkongruenz mittlere Zusammenhänge mit der körperbezogenen und psychischen Symptombelastung (GSI) und dem Ausmaß der Depressivität auf.* Die Ergebnisse zur Kongruenz weisen jeweils in die andere Richtung: »Im Gegensatz zur Inkongruenz weisen Messungen des Fortschritts in persönlichen Zielen mittlere bis starke, positive Zusammenhänge zu psychischer Gesundheit auf und einen negativen Zusammenhang zu Depression. Die Ergebnisse zu Kongruenz und Inkongruenz ergänzen sich somit gut« (S. 141).

Fries und Grawe (2006) weisen darauf hin, bei der Interpretation dieser Ergebnisse sei zu berücksichtigen, dass die Operationalisierungen der Inkongruenz eine insgesamt relativ große Heterogenität aufweisen. Innerhalb des Forscherteams um Grawe sind hingegen Messinstrumente entwickelt worden, die Inkongruenz direkt im Sinne der Konsistenztheorie messen (grosse Holtforth & Grawe 2003).»Damit schätzen die Patienten ein, wie gut sie ihre motivationalen Ziele in der letzten Zeit realisieren« (Fries & Grawe 2006, S. 140). Die mit diesem Fragebogen erhobenen Daten zeigen starke Effektstärken bezüglich des Zusammenhanges mit schlechtem Wohlbefinden und Psychopathologie (grosse Holtforth & Grawe 2003). Die Forschergruppe um Grawe konnte außerdem zeigen, dass die Inkongruenz im Laufe einer Kognitiven Verhaltenstherapie abnimmt und dass das Ausmaß dieser Inkongruenz-Abnahme mit der Veränderung in der Psychotherapie insgesamt, der Verbesserung im Wohlbefinden und anderen psychopathologischen Maßen zusammenhing (Berking et al. 2003).

4) Konflikte im Sinne der Diskordanz in den Studien, die von Fries und Grawe (2006) berücksichtigt wurden, wurden einerseits mit Hilfe der oben bereits erwähnten Messung von Lauterbach (1996) vorgenommen. Andererseits sollten die Versuchspersonen mit Hilfe der *Striving Instrumentality Matrix* (Emmons 1986) persönliche Bestrebungen aufschreiben, die sie in ihrem Alltag zu erreichen oder vermeiden suchen und angeben, wie stark die gegenseitigen Bestrebungen sich gegenseitig fördern oder behindern. Fries und Grawe (2006) fassen die Ergebnisse zusammen:»Die verschiedenen Maße für *intrapsychischen Konflikt (Diskordanz) zeigten deutliche Zusammenhänge mit globalen Symptombelastungsmaßen psychischer und physischer Art* und etwas geringere Zusammenhänge mit spezifischen Messungen von Angst, Depression und allgemein negativem Affekt« (S. 144). Bezüglich des Konfliktverständnisses im Sinne der Diskordanz der Forschergruppe um Grawe ist jedoch aus psychodynamischer Sicht zu berücksichtigen, dass eine Gleichsetzung mit Zielen, die per Selbstauskunft erfragt werden, nur sehr bedingt mit dem psychoanalytischen Konfliktverständnis übereinstimmen, welches dynamische Prozesse im Unbewussten berücksichtigt.

Zusammenhänge mit psychischen Störungen und Therapiezielen

Auch in Bezug auf Unterschiede zwischen verschiedenen psychischen Störungen ist im Rahmen der Konsistenztheorie geforscht worden. Dabei ist jedoch zu beachten, dass in der Konsistenztheorie nicht angenommen wird,»dass Patienten mit bestimmten motivationalen Konflikten be-

1.4 Empirische Ergebnisse zu Motiven im klinischen Kontext

stimmte Störungen entwickeln« (grosse Holtforth & Schneider 2008, S. 192). Eine »gewisse Störungsspezifität« wird lediglich »auf der Ebene der Vulnerabilitäten« angenommen (vgl. ebd.). Fries und Grawe (2006) ermitteln, dass ein stärkeres Ausmaß von Konflikten zwischen Soll-Selbst und Real-Selbst als Indikator für Diskordanz mit einem erhöhten Auftreten der Emotion Angst zusammenhängt. Dies lässt einen Zusammenhang zwischen Diskordanz und Ängsten vermuten. Demgegenüber zeigten jedoch Renner und Platz (2000) an einer Stichprobe mit Angstpatienten einen negativen Zusammenhang zwischen Diskordanz, gemessen mit dem Maß von Lauterbach (1996), und allgemeiner Symptombelastung. Dieses Ergebnis steht entgegen der Annahmen der Konsistenztheorie. Berking et al. (2003) konnten zeigen, dass bei Angstpatienten ein Zusammenhang zwischen einer Inkongruenz-Abnahme (gemessen mit INK; grosse Holtforth & Grawe 2003) und mehr Optimismus und Entspannung im Laufe einer Kognitiven Verhaltenstherapie besteht. Dieser Zusammenhang ist jedoch signifikant schwächer als bei Patienten mit Depressionen. An einer Stichprobe von Patienten mit Angststörungen und/oder Depressionen konnte gezeigt werden, dass »Patienten, die optimistisch waren, wichtige Lebensziele zu erreichen und die diese Ziele aus eher intrinsischen Gründen anstrebten, [...] niedrigere Werte bezüglich psychopathologischer Belastung« aufwiesen (Michalak et al. 2007, S. 10).

Grosse Holtforth et al. (2005) konnten außerdem zeigen, dass Patienten mit Depressionen insgesamt eine stärkere Vermeidungsmotivation zeigen als gesunde Kontrollpersonen und dass ein Therapieerfolg in einer KVT mit einer Verringerung dieser Vermeidungsmotivation zusammenhängt. Verschiedene Studien wiesen Ergebnisse auf, dass Inkongruenz mit verstärkter Depressivität zusammenhängt (siehe grosse Holtforth & Grawe 2002; Fries & Grawe 2006). Diese Tendenz bezüglich der Diskrepanz zwischen erwünschten Zielen und realer Zielerreichung testeten Wollburg und Braukhaus (2010) an 657 Patienten mit Depressionen. Sie konnten zeigen, dass Patienten, die zu Beginn der Therapie Vermeidungsziele nannten, eine geringere Symptomverbesserung zeigten, obwohl ihre Zielerreichung nicht schlechter war. Bei dieser Studie wurden also Therapieziele als zentrale Größe untersucht.

Insgesamt lässt sich das konsistenztheoretische Modell als einen aus der KVT heraus entwickelten Versuch ansehen, die stark störungsspezifisch geprägten Ätiologie-Modelle der bisherigen KVT um motiva-

1 Motivation

tionspsychologische Komponenten zu ergänzen. Grosse Holtforth und Schneider (2008) »fragen, inwieweit den unterschiedlichen psychischen Erkrankungen nicht auch allgemeinere psychosoziale – und natürlich auch biologische – Faktoren zugrunde liegen können, zu den z. B. motivationale Konflikte oder Motivationskonflikte gehören können« (S. 194). Durch eine Operationalisierung der Motivationskonflikte als (größtenteils) per Selbstauskunft berichtete Ziele können zentrale Annahmen der Konsistenztheorie weitestgehend bestätigt werden.

1.4.2 Operationalisierung durch unbewusste Konflikte

Eine Kernannahme der Psychoanalyse besteht seit Freud darin, dass psychische Störungen durch motivationale Konflikte beeinflusst werden. Entscheidend für psychodynamische Auffassungen ist jedoch die Annahme, dass die *Motivationskonflikte im Unbewussten* liegen. Dies stellt den Hauptunterschied zu der oben dargestellten Operationalisierung der Konsistenztheorie dar. Auch die verhaltenstherapeutischen Vertreter selbst erkennen die Bewusstseinsnähe ihrer Operationalisierung und Konstrukte. So weisen Michalak und Schulte (2002) darauf hin, dass die *SIM* (vgl. Emmons 1986), welche Fries und Grawe (2006) in ihrer Meta-Analyse als Operationalisierung der Diskordanz verwenden, zwar angibt, wie gut eine bewusste Integration der Zielstruktur stattgefunden hat, jedoch »scheint [sie] weniger ein direktes Maß für Konflikthaftigkeit der Ziele zu sein«. An anderer Stelle betonen Michalak et al. (2007), »dass es unterschiedliche Arten der Vermeidung gibt – *eine Vermeidung im bewussten System der Ziele und eine eher unbewusste auf der Ebene der impliziten Motive* –, und dass beide Arten von Vermeidung zu psychischen Störungen beitragen« (S. 10; Herv. im Original). Aus psychoanalytischer Sicht lassen sich implizite Motive im klinischen Kontext mit Hilfe der Konfliktachse der OPD operationalisieren (▶ Kap. 1.3.3).

Aus einem von der Psychologie deutlich zu unterscheidenden Wissenschaftsverständnis der Psychoanalyse heraus (vgl. Warsitz & Küchenhoff 2015 in dieser Reihe) ist die Übertragung des psychoanalytischen Konstrukts unbewusster Motivkonflikte in das empirische Wissenschaftsfeld deutlich anspruchsvoller als beispielsweise bei der oben vorgestellten Konsistenztheorie. Der Arbeitskreis OPD (2006) weist darauf hin, »dass

1.4 Empirische Ergebnisse zu Motiven im klinischen Kontext

sich psychodynamisch orientierte Diagnostik insbesondere im Hinblick auf den therapeutischen Prozess und weniger in Bezug auf deskriptive und symptomorientierte Aspekte entwickelt hat« (S. 372). So dauert allein die Durchführung des OPD-Interviews, um die Erfassung aller nötigen Informationen zur Klassifikation hinsichtlich der fünf Achsen zu gewährleisten, mindestens 1,5 bis nicht selten 3 Stunden, und eine Auswertung des per Video aufgezeichneten OPD-Interviews erfordert zusätzlich eine ausführliche Schulung in diesem Diagnoseinstrument (vgl. Arbeitskreis OPD 2006). Eine Diagnostik von Motivkonflikten, die einem psychoanalytischen Wissenschaftsverständnis gerecht zu werden versucht, ist somit *ungleich zeit- und ressourcenaufwendiger* als die Auswertung der oben dargestellten Fragebögen der Arbeitsgruppe um Grawe und Kollegen. Nichtsdestotrotz konnten in den letzten Jahren bereits einige Studien durchgeführt werden, die Zusammenhänge der OPD-Konfliktachse mit anderen im klinischen Kontext relevanten Variablen aufzeigen.

Zunächst konnten Studien mit der ersten Version der OPD (Arbeitskreis OPD 1996) aufzeigen, inwiefern Zusammenhänge zwischen den jeweiligen Konflikten und dem Strukturniveau von Patienten bestehen. Unter dem psychoanalytischen Strukturbegriff werden alle psychischen Funktionen des Selbst zusammengefasst, die Innenvorgänge der Affektregulierung, Impulssteuerung und des Selbstwertgefühls zu regulieren und die Beziehungen zu den (internalisierten) Objekten zu steuern (▶ Kap. 2.3.4). Bezüglich des Zusammenhangs zur Konfliktachse konnte gezeigt werden, dass auf geringem Strukturniveau besonders häufig die Konflikte *Autonomie vs. Abhängigkeit* und *Selbstwert* diagnostiziert werden. Demgegenüber ist auf mäßigem Strukturniveau besonders häufig der Konflikt *Versorgung vs. Autarkie* und auf einem guten Strukturniveau der *sexuell-ödipale* Konflikt[25] anzutreffen (Grande et al. 1998; Rudolf et al. 2004).

---

25 Diesbezüglich wird eine inhaltliche Veränderung von sexuell-ödipalem (OPD-1) zu ödipalem Konflikt (OPD-2) deutlich: »Während in der OPD-1 die Sexualisierung bzw. De-Sexualisierung von Beziehungen konzeptuell im Vordergrund stand, erfasst die Operationalisierung in der OPD-2 wieder besser die klinisch bedeutsamen Rivalitäten und Dreieckskonstellationen im aktiven Modus bzw. Vermeidung derselben im passiven Modus« (Schneider et al. 2008b, S. 147).

1 Motivation

Nach Einführung des OPD-2 wurden inzwischen an Patienten aus verschiedenen Störungsgruppen Studien hinsichtlich der Konfliktachse durchgeführt. Dabei zeigte sich jedoch, dass bei nahezu allen dieser Studien die ersten vier Konflikte *Individuation vs. Abhängigkeit, Unterwerfung vs. Kontrolle, Versorgung vs. Autarkie und Selbstwert deutlich häufiger diagnostiziert* werden, weshalb besonders zu diesen Aussagen getroffen werden können (Grande et al. 1998; Böker et al. 2007; Schneider et al. 2008b; Benecke et al. 2011b)

Ergebnisse an psychosomatischen Patienten

Individuation vs. Abhängigkeit: Die Bedeutsamkeit dieses Konflikts steht, unabhängig von der Modusausprägung *passiv* oder *aktiv*, in signifikant positivem Zusammenhang zu der Ausprägung des impliziten Motivs *Selbstsicherheit* (Rost 2011). Das heißt: Je bedeutsamer der Konflikt Individuation vs. Abhängigkeit eingeschätzt wurde, desto stärker war die Ausprägung des Motivs Selbstsicherheit. Der aktive Modus wird in der OPD als Abwehr von bzw. Angst vor Nähe konzipiert (▶ Kap. 1.3.3). Patienten im aktiven Modus beschrieben sich dementsprechend als »abweisender, mit weniger Fähigkeiten und Sicherheiten in der Kontaktsuche zu anderen«. Demgegenüber beschrieben sich Patienten im passiven Modus als »tendenziell wenig abweisend« (Schneider et al. 2008b). An denselben Patienten ließen sich außerdem *signifikante Zusammenhänge mit dem berichteten Körperkonzept* finden. So berichteten Patienten mit einer aktiven Ausprägung sich körperlich gesünder zu fühlen bzw. den eigenen Körper als effizient funktionierend wahrzunehmen, weniger Interesse an körperliche Nähe zu haben und mit ihrer Sexualität zufrieden zu sein. Demgegenüber ist der passive Modus desselben Konflikts damit korreliert, gesteigertes Interesse an körperlicher Nähe zu haben und weniger zufrieden mit der eigenen Sexualität zu sein (Schneider et al. 2008a).

Unterwerfung vs. Kontrolle: Unabhängig von der Ausprägung weist dieser Konflikt einen positiven Zusammenhang mit den impliziten Motiven der »Selbstsicherheit« und der »Durchsetzung eigener Interessen« auf (Rost 2011). Der aktive Modus wird in der OPD als ausgeprägtes Streben nach Macht und Kontrolle operationalisiert. Dementsprechend beschrieben sich psychosomatische Patienten mit aktiver Ausprägung des Kon-

1.4 Empirische Ergebnisse zu Motiven im klinischen Kontext

flikts als weniger selbstunsicher-unterwürfig in Beziehungen und mit erhöhter Fähigkeit zur Durchsetzung eigener Interessen. Dass sich in derselben Studie bezüglich des passiven Modus keine Unterschiede zu den anderen Patientengruppen finden ließen, wird von den Autoren damit begründet, dass es auch den Patienten der anderen drei häufig vergebenen Hauptkonflikte schwer fällt, sich anderen gegenüber durchzusetzen (Schneider et al. 2008b). Dieselben Patienten gaben bei aktiver Ausprägung des Konflikts eine größere körperliche Gesundheit und Effizienz, eine größere Zufriedenheit mit der eigenen Sexualität, eine größere Akzeptanz ihres Körpers und ihrer körperlichen Erscheinung an, während Patienten mit passiver Konflikt-Ausprägung in all diesen Punkten signifikant unterdurchschnittliche Angaben machen (Schneider et al. 2008a).

Die Patienten im aktiven Modus berichteten signifikant weniger interpersonale Probleme, in denen sie sich als »zu selbstunsicher/unterwürfig« und »zu ausnützbar/nachgiebig« wahrnehmen, hingegen deutlich mehr interpersonale Probleme, in denen sie »zu autokratisch/dominant« auftreten (Pieh et al. 2009). Jugendliche mit einer passiven Ausprägung dieses Konflikts hingegen erlebten sich selbst in Beziehungen als »zu selbstunsicher/unterwürfig« und »zu ausnutzbar/nachgiebig« (Benecke et al. 2011b). Bei Jugendlichen mit externalisierenden Störungen zeigt sich der aktive Modus des Unterwerfung vs. Kontrolle Konflikts besonders häufig (Rathgeber et al. 2014).

Versorgung vs. Autarkie: Die *passive Ausprägung* dieses Konflikts erweist sich in verschiedenen Studien als *charakteristisch für psychosomatische Patienten* (Schneider et al. 2008a, 2008b; Pieh et al. 2009; Rost 2011; Rathgeber et al. 2014). Diese Patienten beschreiben sich insgesamt als weniger leistungsfähig (Schneider et al. 2008b), nehmen ihren Körper als weniger gesund, weniger effizient und weniger funktionsfähig wahr und zeigen weniger Interesse an der Körperpflege (Schneider et al. 2008a), was das in der OPD postulierte Hauptmotiv einer Versorgung durch Andere nahelegt. Für psychosomatische Patienten im aktiven Modus berichten (Schneider et al. 2008b) ein interessantes Forschungsergebnis: Der aktive Modus war damit assoziiert, den eigenen Körper als weniger effizient und weniger gesund wahrzunehmen, obwohl psychosomatische Patienten in nicht-körperbezogenen Bereichen eine ausgeprägtere Leistungsfähigkeit berichten. Die Autoren erklären dies damit, dass Patienten mit aktiver Ausprägung des Konfliktes Versorgung vs. Autarkie dazu

1 Motivation

neigen würden, sich zu überfordern und eigene Grenzen zu missachten. Die daraufhin entstehenden *körperlichen* Beschwerden seien für diese Patienten im aktiven Modus die einzige Möglichkeit, eigene Bedürfnisse nach Versorgtwerden und Bedürftigkeit zuzulassen.

Patienten im passiven Modus berichten signifikant weniger interpersonale Probleme mit Anderen, in denen sie sich als »zu streitsüchtig/konkurrierend« bzw. als »zu abweisend/kalt« wahrnehmen (Pieh et al. 2009).

Selbstwertkonflikt: Psychosomatische Patienten im passiven Modus beschreiben erhöhte Selbstunsicherheit, ein vermindertes Selbstwertgefühl und vermehrtes Schamerleben (Schneider et al. 2008b). Damit einhergehend äußern sie weniger Zufriedenheit mit der körperlichen Effizienz, ihrer Sexualität, der körperlichen Erscheinung und insgesamt weniger Akzeptanz bezüglich ihres Körpers (Schneider et al. 2008a). Patienten im aktiven Modus hingegen halten durch Abwertung anderer den eigenen Leidensdruck lange Zeit niedrig und sind deshalb in den Kliniken eher seltener anzutreffen. Aufgrund der geringen Fallzahlen können somit nur Tendenzen postuliert werden, die hinsichtlich der oben beschriebenen Aspekte für psychosomatische Patienten im aktiven Modus jeweils in die erwartet gegenteilig Richtung weisen (Schneider et al. 2008a, 2008b).

Patienten mit aktivem Modus des Selbstwertkonflikts berichten signifikant seltener von interpersonalen Problemen, in denen sie von Anderen als »zu introvertiert/sozial vermeidend«, »zu selbstunsicher/unterwürfig« oder »zu ausnützbar/nachgiebig« wahrgenommen werden (Pieh et al. 2009).

Unbewusste Konflikte bei Depressionen

Zwei Studien untersuchten Zusammenhänge zwischen der OPD-Konfliktachse und Depressionen. Bei einer Stichprobe von Böker et al. (2007) zeigte sich als häufigster Grundkonflikt Individuation vs. Abhängigkeit. Demgegenüber zeigt sich in der Stichprobe von Rost (2011) Versorgung vs. Autarkie als häufigster Konflikt. Viele Therapeuten, die in der klinischen Praxis die OPD anwenden, berichten von Schwierigkeiten hinsichtlich der Differenzierung dieser beiden Konflikte (Rost 2011, S. 128 f.). In einer empirischen Überprüfung dieses Problems konnten Grande et al. (1998) zeigen, dass sich die beiden Konflikte hinsichtlich des Strukturniveaus unterscheiden lassen. Der Konflikt Autonomie vs. Abhängigkeit korrelierte hochsignifikant negativ mit dem Strukturniveau, während Versor-

1.4 Empirische Ergebnisse zu Motiven im klinischen Kontext

gung vs. Autarkie positiv mit dem Strukturniveau korrelierte. In diesem Zusammenhang liegt möglicherweise der Grund für den oben beschriebenen Unterschied hinsichtlich des Hauptkonfliktes bei depressiven Patienten zwischen Böker et al. (2007) und Rost (2011).

Hinsichtlich der Ätiologie von Depressionen sind in der Geschichte der Psychoanalyse verschiedene Theorien aufgestellt worden. Mentzos (2006) stellt bei einem historischen Überblick der einflussreichsten Theorien zwei Themen als charakteristisch für psychodynamische Erklärungen heraus: *Selbstwertprobleme* und *Objektverlust*. Die Forschungen zur OPD-Konfliktachse an Patienten mit Depressionen können diese Themen teilweise bestätigen. So stellt der Selbstwertkonflikt – wenn man die Konfundierung durch das niedrige Strukturniveau bei Böker et al. (2007) berücksichtigt – bei dieser Patientengruppe den zweithäufigsten Konflikt dar (Rost 2011), und aus den oben dargestellten Befunden lässt sich aufzeigen, dass dieser mit Themen eines verminderten Selbstwertgefühls und erhöhter Selbstunsicherheit einhergeht (Schneider et al. 2008b). Demgegenüber zeigt sich bezüglich des in der Patientengruppe mit Depressionen häufigsten Konflikts Versorgung vs. Autarkie (Rost 2011), dass sich Patienten im passiven Modus als besonders abhängig erleben und verstärkten Wert auf Harmonie legen (Zimmermann et al. 2010). Mit gewisser Vorsicht lässt sich vermuten, dass diese Themen als Reaktion auf einen erlittenen realen oder in der Phantasie erlebten Objektverlust entstanden sind. Jedoch besteht diesbezüglich sicherlich noch weiterer Forschungsbedarf.

1.4.3 Ausblick: Psychodynamisches Denken in der empirischen Forschung

Aus psychoanalytischer Sicht besteht ein Hauptproblem bei der Forschung der Psychologie und der Neurowissenschaft darin, dass bei den dort verwendeten Instrumenten aufgrund ihres Anspruchs auf Objektivierbarkeit und Reliabilität nicht gewährleistet ist, dass sie die psychodynamisch wichtigen Themen erfassen (Validität), da diese für jeden Menschen aufgrund seiner individuellen Biographie unterschiedlich sind. Kessler et al. (2013) diskutieren, inwiefern die Herangehensweise des OPD-Interviews dabei helfen kann, psychologisch-neurowissenschaftliches Erklären und psychoanalytisches Verstehen zu verbinden. Im OPD-

1 Motivation

Interview ist aufgrund der genuin psychoanalytischen Offenheit für den sich ereignenden Prozess gewährleistet, dass die für den jeweiligen Menschen bedeutsamen psychischen Themen angesprochen werden, die dann auf den reliablen und validen Achsen hinsichtlich »Beziehung«, »Konflikt« und »Struktur« gemessen werden können. Kessler et al. (2013) schlagen vor, dieses Vorgehen mit Hilfe des OPD-Interviews in die neurowissenschaftliche Forschung zu integrieren: »Only if the experiment touches the mentally represented themes that are of individual relevance to each subject, results could have validity and meaning in a deeper sense. […] Brain reactions to those stimuli could be interpreted on a better foundation due to the individual and valid nature of the stimuli.« (S. 4)[26]

Diesem Ansatz folgend führten Kessler et al. (2011) an Patienten mit Depressionen ein OPD-Interview durch und leiteten individualisiert vier Sätze ab, die die Hauptthemen des jeweiligen Patienten bezüglich seiner Depression ausdrücken. Anschließend wurden den Patienten diese Sätze gezeigt, während sie in einem fMRI-Scanner lagen. Die Autoren konnten eine erhöhte Aktivierung in limbischen und subkortikalen Hirnregionen nachweisen. »The critical issue here is that brain responses on those stimuli can be interpreted on a clinical ground due to the individualized nature of the stimuli« (Kessler et al. 2013, S. 4).

Mit Hilfe eines wegweisenden Studiendesigns konnten Kehyayan et al. (2013) den Einfluss psychodynamischer Konflikte auf das Gehirn nachweisen. In ihrer Studie wurden gesunden Probanden für jeweils fünf Sekunden 24 Sätze aus drei verschiedenen Kategorien präsentiert: Sechs »neutrale«, sechs »generell negative« und zwölf »konflikt-typische« Sätze. Die dritte Kategorie bestand aus Sätzen, die typisch für den Konflikt Versorgung vs. Autarkie (bspw. typisch für aktiver Modus: »Ich kann nicht Nein sagen, wenn jemand mich um Hilfe fragt«) bzw. den Selbstwertkonflikt (bspw. »Ich schätze mich häufig als wenig kompetent ein«) sind. Anschließend sollten die Probanden die drei Wörter nennen, die ihnen nach der Präsentation des Satzes als erstes in den Sinn kamen, und daraufhin 60 Sekunden *frei assoziierend* über den betreffenden Satz

---

26 Ein anderes Instrument, welches genau diese Integration der beiden Forschungsparadigmen ermöglicht, ist das *Adult Attachment Interview*, welches als Grundlage zur Messung der Mentalisierungsfähigkeit dient (vgl. Taubner 2015).

1.4 Empirische Ergebnisse zu Motiven im klinischen Kontext

sprechen. Vor der Präsentation des nächsten Satzes sollten sie ihre aktuelle emotionale Stimmung (»mood«) und die persönliche Zustimmung zu dem Satz angeben. Die Audioaufnahmen der freien Assoziationen wurden erfahrenen Psychoanalytikern vorgespielt, die von den übrigen Komponenten des Experiments unabhängig waren. Sie sollten anhand der in der OPD für den jeweiligen Konflikt beschriebenen Kriterien einschätzen, inwiefern aufgrund der freien Assoziationen erkennbar wird, dass der jeweilige Konflikt für die betreffende Person persönlich bedeutsam ist oder keine persönliche Relevanz hat.[27] Abhängig von dieser Einschätzung wurden die Probanden in zwei Gruppen unterteilt: »Konflikt ersichtlich« und »Konflikt abwesend«.

Es zeigte sich, dass jeweils nach der Darbietung der konflikt-relevanten Sätze die Probanden der Gruppe »Konflikt ersichtlich« eine schlechtere Stimmung und eine höhere persönliche Zustimmung als die Probanden der anderen Gruppe angaben. Hinsichtlich der Untersuchung neuronaler Korrelate betrachteten die Autoren bei ihrer Auswertung den anterioren cingulären Cortex (ACC), welcher mit der (v. a. impliziten) Emotionsregulation assoziiert ist (Etkin et al. 2015). In einer Vorstudie konnten Schmeing et al. (2013) zeigen, dass eine erhöhte Aktivität des ACC bei der Präsentation konflikt-relevanter Sätze gegenüber negativen und neutralen Sätzen auszumachen war. Kehayyan et al. (2013) konnten zusätzlich zeigen, dass dieser Effekt der erhöhten Aktivität des ACC bei den konfliktrelevanten Sätzen bei der Probanden-Gruppe »Konflikt ersichtlich« größer war als in der Gruppe »Konflikt abwesend«. Dadurch konnten die Autoren einen neuronalen Effekt unbewusster Konflikte aufzeigen.

Zusammenfassung der empirischen Studien

Die in beiden Unterkapiteln berichteten Studienergebnisse zeigen eindeutig auf, dass motivationale Konflikte bei der Ausbildung und

---

27 Kehayyan und Kollegen (2013) räumen ein: »Of course in the reality of assessing associations things were more complex and considered various aspects of the material provided by the subjects (e.g. prosody, wording, breaks, hesitation)« (S. 5). Eine solche Einschränkung bei der Übertragung genuin psychoanalytischen Verstehens in empirisches Erklären ist nicht gänzlich zu vermeiden.

1 Motivation

Aufrechterhaltung psychischer Störungen einen zentralen Stellenwert einnehmen. Bei einer Gegenüberstellung der hier vorgestellten Operationalisierungen der Motivkonflikte – Ziele in der Konsistenztheorie und OPD-Konflikte in der Psychoanalyse – kommen die Konsistenztheoretiker grosse Holtforth und Schneider (2008) zu dem Schluss: »Insgesamt zeigt sich unseres Erachtens jedoch ein hohes Ausmaß an Konvergenz beider therapeutischer Konzepte und Vorgehensweisen«.

Sie schlagen deshalb vor, »zu versuchen die psychoanalytische Theorie und die Konsistenztheorie im Detail miteinander zu vergleichen oder gar zu integrieren«. Im Sinne einer stärkeren Integration aller klinischen Ansätze ist diesem Ziel sicherlich zuzustimmen. Jedoch ist aus psychoanalytischer Perspektive zu berücksichtigen, dass die OPD unbewusste Konstrukte zu erfassen versucht, während die Fragebogendaten der Konsistenztheorie größtenteils auf der bewussten Ebene anzusiedeln sind.

Verschiedene Studien zur OPD-Konfliktachse untersuchen einen Zusammenhang zwischen unbewussten Konflikten und typischen interpersonalen Problemen und Persönlichkeitsstilen, die von der Person selbst berichtet werden und damit bewusstseinsnahe Konstrukte darstellen (Schneider et al. 2008a, 2008b; Pieh et al. 2009; Rost 2011; Benecke et al. 2011b). Alle Autoren dieser Studien diskutieren das Problem, dass »mit den eingesetzten Skalen Verhalten und Selbstkonzepte, aber nicht die zugrunde liegenden Motivationssysteme (wie in der OPD-Konfliktdiagnostik) erfasst werden« (Schneider et al. 2008b, S. 58). Die in all diesen Studien sich ergebenden Befunde, dass *nur teilweise eine Kongruenz zwischen unbewussten OPD-Konflikten und den bewusstseinsnahen Skalen zu ähnlichen inhaltlichen Themen* bestehen, lassen sich als Beleg dessen verstehen, dass es die von Michalak et al. (2007) postulierte Unterscheidung einer »Vermeidung im bewussten System der Ziele und eine eher unbewusste[n] auf der Ebene der impliziten Motive« (S. 10) gibt und zusätzlich die Konfliktdynamik im dynamischen Unbewussten nicht per Fragebogen gemessen werden kann. Wir werden auf diesen Aspekt bei der Beschreibung unseres Integrationsmodells zurückkommen (▶ Kap. 3). Die im letzten Abschnitt dieses Kapitels vorgestellten Studiendesigns weisen in eine für die zukünftige Forschung äußerst interessante Richtung, weil sie aufzeigen, wie die OPD dabei helfen kann, psychodynamische Herangehensweisen in die empirische Forschung zu integrieren.

Literatur zur vertiefenden Lektüre

Benecke, C. (2016): Psychodynamische Therapien und Verhaltenstherapie im Vergleich: Zentrale Konzepte und Wirkprinzipien. Göttingen: Vandenhoeck & Ruprecht.
Grawe, K. (1998): Psychologische Therapie. Göttingen: Hogrefe.
grosse Holtforth, M., Schneider, W. (2008): Motivation und Motivationskonflikte. In: Herpertz, S., Caspar, F., Mundt, C. (Hg.): Störungsorientierte Psychotherapie, S. 191–206. München: Elsevier, Urban & Fischer.

Fragen zum weiteren Nachdenken

- Inwiefern übernehmen die Schema-Theorien, die in den Traditionen von KVT und GT stehen, psychodynamische Ansichten? Wo bestehen nach wie vor Unterschiede?
- Durch welche psychodynamischen Umwandlungen und Abwehrmechanismen lässt sich erklären, dass bewusste Ziele nicht deckungsgleich zu den grundlegenden unbewussten Motivkonflikten sind?
- In welchen Bereichen außerhalb des klinischen Settings ist eine Bereicherung der empirischen Forschung durch den Einbezug psychodynamischer Herangehensweisen ebenfalls denkbar?

1.5 Zwischenfazit zur Motivation

Wie an unseren Ausführungen zu den Motivationstheorien in der Psychologie und Psychoanalyse deutlich wird, hat sich im Laufe ihrer Geschichte in beiden Richtungen ein Verständniswandel ereignet, der im Kern vergleichbar ist: Die Psychologie wandte sich von den ursprünglich populären Triebtheorien ab, die die Motivation auf eine psychische Energie zurückführen wollten. Stattdessen erforscht sie konkrete Zielzustände von Menschen und berücksichtigt dabei – Lewins Feldtheorie folgend – die Motive in der Person, die in Bezug auf die Anreize in der äußeren Situation das Verhalten beeinflussen. In dieser Tradition stehen auch jene Ansätze der aktuellen Verhaltenstherapie, welche bestrebt sind

1 Motivation

psychodynamische Ideen in ihre Behandlungskonzepte zu integrieren. Auf der Grundlage der Konsistenztheorie konnten inzwischen erste empirische Hinweise aufgezeigt werden, inwiefern die Ausprägung bestimmter Ziele mit psychischen Störungen und dem allgemeinen Wohlbefinden zusammenhängt.

Auch die psychoanalytische Motivationstheorie war zunächst eine Triebtheorie. Mit dem Einbezug psychologischer und biologischer Erkenntnisse entwickelte die Psychoanalyse nach Freud jedoch eine Motivationstheorie, die ihre nicht-libidinösen Quellen angemessen würdigt. Im besonderen Fokus der aktuellen psychoanalytischen Auffassung steht dabei die Annahme eines Bedarfs einer angemessenen Affektregulierung in den Bindungsbeziehungen der frühen Kindheit. Diesbezüglich wird die größte Wirkung auf das motivationale Erleben des Erwachsenen angenommen. Inhaltlich ist die Bandbreite dessen, wodurch menschliche Motivation geprägt ist, in der Psychoanalyse seit Freud stark erweitert worden. Mit Hilfe der OPD können die verschiedenen theoretisch erarbeiteten Motivkonflikt-Themen im klinischen Kontext diagnostiziert werden. Auch bezüglich dieser Operationalisierung lassen sich Zusammenhänge mit im klinischen Kontext relevanten Variablen aufzeigen. Der zunehmende Fokus auf die verschiedenen motivationalen Themen, die in den unterschiedlichen Richtungen der Psychoanalyse herausgearbeitet worden sind, führte jedoch dazu, dass – ähnlich wie in der Psychologie – das Konzept des Triebes in aktuellen Motivationstheorien der Psychoanalyse ein klägliches Nischen-Dasein fristet. Wir werden uns am Ende des Buches an einer Kritik gegenüber dieser Entwicklung versuchen (▶ Kap. 4).

2 Emotionen

Wie bisher schon deutlich geworden ist, besteht eine enge Verknüpfung zwischen Motiven und Emotionen. Ein Verständnis emotionaler Prozesse ohne Verbindungen zur Motivationstheorie ist deshalb nicht möglich (ausführlich in Benecke 2014):

- Motive bestehen im Kern aus bestimmten emotionalen Zielzuständen, meist in Form positiver Emotionen, welche die aktuelle Erfüllung des Motivs anzeigen und Ziel motivorientierten Handelns sind.
- Bei einer Diskrepanz zwischen aktueller, (häufig unbewusster) Situationsbewertung und aktuell vorherrschendem Motiv werden andere, meist negative Emotionen ausgelöst.
- Emotionen motivieren zu bestimmten Handlungen und geben damit gewissermaßen (oft drängende) »Handlungsempfehlungen«.
- Entsprechend können Emotionen durch Handlungen reguliert werden, insbesondere, wenn es sich um motivdienliche Handlungen handelt.

Wie wir im Folgenden darstellen werden, bestehen in der Psychologie wie der Psychoanalyse sehr unterschiedliche Auffassungen und Theorien zu emotionalen Prozessen. Eine eindeutige Definition, was denn überhaupt eine Emotion ist, lässt sich deshalb nur schwer festsetzen. Innerhalb der Emotionspsychologie (Scherer 2000) und Affekttheorien der Psychoanalyse (Krause 2012) besteht jedoch mittlerweile ein weitgehender Konsens, Emotionen als Prozesse zu verstehen, an denen verschiedene Reaktionskomponenten bzw. Subsysteme beteiligt sind. Je nach Fokussierung auf einzelne Teilkomponenten oder Subsysteme gelangt man zu unterschiedlichen Definitionen. Eine häufig zitierte Definition, die verschiedene Subsysteme integriert, stammt von Oatley und Jenkins (1996).

2 Emotionen

> **Definition Emotion**
>
> »(1) Eine Emotion wird üblicherweise dadurch verursacht, dass eine Person – bewusst oder unbewusst – ein Ereignis als bedeutsam für ein wichtiges Anliegen (ein Ziel) bewertet (...) (2) Der Kern einer Emotion sind Handlungsbereitschaften (*readiness to act*) und das Nahelegen (*prompting*) von Handlungsplänen; eine Emotion gibt einer oder wenigen Handlungen Vorrang, denen sie Dringlichkeit verleiht. So kann sie andere mentale Prozesse oder Handlungen unterbinden oder mit ihnen konkurrieren (...) (3) Eine Emotion wird gewöhnlicherweise als ein bestimmter mentaler Zustand erlebt, der manchmal von körperlichen Veränderungen, Ausdruckserscheinungen und Handlungen begleitet oder gefolgt wird« (Oatley & Jenkins 1996; Übersetzung Otto et al. 2000, S. 16).

Das bewusst erlebte Gefühl wird dabei von etlichen Autoren als eine eher selten auftretende Teilkomponente emotionaler Prozesse gesehen (Krause 2012), was insbesondere durch neurobiologische Untersuchungen bestätigt wird (Roth 2001; LeDoux 2015).

Aufgrund der variierenden, sich deutlich unterscheidenden Definitionen fällt es außerdem schwer, eine klare Abgrenzung vorzunehmen, wann man von »Affekt«, »Emotion« oder »Gefühl« spricht. Weitestgehend einig sind sich Psychologen, Psychoanalytiker und auch Neurobiologen bezüglich der Verwendung des Begriffes »Gefühl«: Von »Gefühl« spricht man, wenn eine Repräsentation eines primär emotionalen oder affektiven Zustandes im Bewusstsein stattfindet; wenn die betreffende Person sich also dessen *bewusst* ist, was sie erlebt. Wir schließen uns im Folgenden dieser Konvention an, dass die Verwendung des Begriffs »Gefühl« immer ein bewusstes Erleben voraussetzt.

Eine Abgrenzung der Begriffe »Emotion« und »Affekt« hingegen ist deutlich schwieriger. Emotion wird häufig als Oberbegriff für alle diesbezüglichen Phänomene verwendet. Unter beiden Begriffen werden größtenteils automatische und damit implizite Reaktionen auf eine äußere Situation verstanden, beide werden für unbewusste und bewusste Prozesse verwendet. Wir verwenden den einen oder den anderen Begriff in Abhängigkeit davon, welcher Begriff in der jeweiligen Theorie favorisiert wird, die wir jeweils vorstellen.

2.1 Psychologische Emotionstheorien

> **Einführung**
>
> Auch hier kann mit Verweis auf den psychoanalytischen Schwerpunkt dieses Buches lediglich eine knappe Einführung in die Emotionstheorien der Psychologie gegeben werden. Es soll dabei insbesondere aufgezeigt werden, inwiefern sich innerhalb der Psychologie mit dem Untersuchungsgegenstand emotionalen Erlebens und Verhaltens unter sehr unterschiedlichen Prämissen befasst worden ist.

Lernziele

- Unterschiedliche Ansichten zu Emotionen den verschiedenen Richtungen der psychologischen Emotionstheorie zuordnen können.
- Nachvollziehen können, inwiefern die kognitive Wende innerhalb der Psychologie zu einer Vernachlässigung der Emotionen geführt hat.

Einleitung

Für einen Einblick in die psychologischen Emotionstheorien ist zunächst zu beachten, dass die Psychologie diese Untersuchungsebene über viele Jahrzehnte vernachlässigt hat. In den Worten von Antonio Damasio: »Über weite Strecken des 20. Jahrhunderts duldete man die Emotion nicht in den wissenschaftlichen Labors. Die Emotion sei zu subjektiv, hieß es. Sie sei zu schwer fassbar und zu verschwommen. Die Emotion bilde den äußersten Gegensatz zur Vernunft, die ja wohl eindeutig die vornehmste menschliche Fähigkeit sei und im Übrigen völlig unabhängig von der Emotion […]. Am Ende war nicht nur die Emotion nicht vernünftig, sondern auch ihre Untersuchung nicht.« (Damasio 1996, S. 53)

Diese Missachtung ist vor dem Hintergrund der *kognitiven Wende* innerhalb der Psychologie zu verstehen. Diese stellte Mitte des 20. Jahrhunderts eine Abkehr vom zuvor vorherrschenden *Behaviorismus* dar, welcher menschliches Verhalten ausschließlich über Reiz-Reaktions-Verhältnisse erklärt hatte. Diesem Grundmuster folgend interessierte man sich besonders dafür, inwiefern auf das Ereignis folgende Konsequenzen diese Reiz-Reaktions-Beziehungen beeinflussen. Jedoch geriet dieses Paradigma der *Black Box* innerhalb der Psychologie zunehmend in die Kritik. »Man forderte, das Augenmerk auch auf Vorgänge zu richten, die im Organismus ablaufen und das Verhalten ermöglichen« (Engelkamp & Zimmer 2006, S. 3). Dieser »Paradigmenwechsel« innerhalb der Psychologie (Rösler 2011) führte dazu, dass man sich auch mit mentalen Prozessen befasste, die zwischen einem eingehenden Reiz und einer ausgehenden Reaktion stehen. In der nun entstehenden Tradition der kognitiven Psychologie (Neisser 1979) umfasste die Erforschung mentaler Prozesse, jedoch besonders ihrem Verständnis nach kognitive Leistungen wie die Wahrnehmung, das Erkennen, das Verstehen, das Gedächtnis und die Aufmerksamkeit. Hatten sich die Gründungsväter der Psychologie als eigenständige Disziplin noch eingehend mit den Emotionen als »Gemüthsbewegungen« befasst (vgl. James 1884), gerieten diese im Behaviorismus und nach der kognitiven Wende zunehmend ins Hintertreffen gegenüber anderen Forschungsfeldern. Erst mit der Jahrtausendwende ist innerhalb der Psychologie ein deutlicher Wandel erkennbar, und es rücken wieder vermehrt Forschungsfragen zu Motivation und Emotion in den Blickpunkt.

Trotz der lange Zeit starken Vernachlässigung motivationaler und emotionaler Prozesse durch die Psychologie lassen sich verschiedene Strömungen und Herangehensweisen unterscheiden. Merten (2003) ordnet die Vielzahl der Emotionstheorien vier Traditionen zu (siehe auch Otto et al. 2000), die allerdings zum Teil erhebliche Überschneidungen aufweisen, sodass eher von Schwerpunkten der Betrachtung gesprochen werden muss als von klar abgrenzbaren Theorien.

2.1.1 Evolutionsbiologische Tradition

Dieser Ansatz geht im Wesentlichen auf die Vorstellungen von Charles Darwin (1872) zurück, der mit seiner Emotionstheorie das zu seiner Zeit vorherrschende Verständnis von Emotionen kritisierte. Merten (2003) beschreibt eine anschauliche Anekdote aus dem Leben Darwins, inwiefern er auch persönlich von diesen vorherrschenden Emotionstheorien betroffen war. »Denn Lavaters Physiognomik […] hätte fast die Fahrt

2.1 Psychologische Emotionstheorien

Darwins auf der Beagle verhindert. In den Augen von Kapitän Fitz-Roy – einem Anhänger von Lavaters Theorien – strahlte Darwins Nase nicht ausreichend Energie und Willenskraft aus, wie sie für eine lange Schiffsreise nötig sind« (S. 36). Darwin (1872) kritisierte besonders, dass die damaligen Theorien den emotionalen Ausdruck als Selbstzweck verstanden, während er sich dafür interessierte, warum es Sinn machte, Artgenossen über den inneren Gemütszustand zu informieren. Im Rahmen seiner evolutionsbiologischen Theorie verstand Darwin Emotionen als phylogenetisches Erbe, als Ergebnis von Selektionsprozessen. Emotionen (wie jedes andere »Verhalten« auch) sind in dieser Sichtweise klar *funktional* in Hinblick auf den »ultimativen Zweck« der Fitness-Maximierung, der Gen-Reproduktion. »Er formulierte die These, dass bestimmte Formen von Ausdrucksverhalten (z. B. Sträuben der Haare bei Wut, Stemmen der Ellbogen in die Hüften) rudimentäre Spuren eines in der menschlichen Stammesgeschichte einstmals überlebenswichtigen Verhaltensrepertoires seien« (Ulich & Mayring 2003, S. 63). So kann der emotionale Ausdruck eines Gruppenmitglieds beispielsweise die gesamte Gruppe auf eine Gefahr hinweisen und damit zur Flucht bewegen. Auch wird die Ankündigung einer Handlung von seiner Ausführung entkoppelt. Bereits das Signalisieren von Wut kann somit ausreichen, um einen Artgenossen in die Schranken zu weisen, ohne dass die Handlung selbst ausgeführt werden muss.

Da diese *kommunikative Signalfunktion* auch bei höheren Tieren wie bspw. Menschenaffen zu beobachten ist, glaubte Darwin daran, dass diese Tiere dem Menschen ähnliche Emotionen wie Vergnügen oder Ärger erleben würden. Er stellte außerdem die These auf, dass Menschen in verschiedenen Kulturen die gleiche Emotion auf eine gleiche Art und Weise ausdrücken. In der Forschung stellt dies die *Universalitätshypothese des mimischen Ausdrucks* dar. Stießen die emotionstheoretischen Überlegungen Darwins zu seiner Zeit auf großen Widerstand, fanden sie in der zweiten Hälfte des 20. Jahrhunderts das Interesse von Emotionsforschern. Tomkins (1962a; Tomkins 1962b) begann die Überprüfung der Thesen Darwins und stellte dabei besonders den mimischen Ausdruck ins Zentrum seines Forschungsinteresses.

Ausführlich befasste sich anschließend Paul Ekman mit der Erforschung des mimischen Ausdrucks. Ekman hatte aufgrund des Suizids seiner Mutter in seiner Jugend zunächst den Plan, Psychotherapeut zu werden. Beim Betrachten von Psychotherapie-Videos während seines

2 Emotionen

Studiums entdeckte er jedoch die Bedeutung mimischer Prozesse und entschloss sich, der Erforschung dieser sein Leben zu widmen. Gemeinsam mit seinem Kollegen Wallace Friesen reiste er zu einem Stamm in Papa-Neuguinea, der bisher nahezu keinen Kontakt zu Menschen aus dem Westen gemacht hatte. Bereits Darwin hatte zur Überprüfung der Universalitätshypothese im Rahmen seiner »Missionarsstudie« (Darwin 1872) von der Zivilisation abgeschnittene Völker erforscht. Ekman und Friesen (1971) zeigten in ihrer Studie den Anhängern des »Fore«-Stammes Fotos von westlichen Gesichtern, auf denen typisch emotionale Ausdrücke abgebildet waren. Sie fanden heraus, dass die Angehörigen des Stammes die jeweilige Emotion erkennen konnten und sie selbst auf die gleiche Art und Weise ausdrückten. Die Universalitätshypothese war somit bestätigt.[28]

Sechs Basisemotionen (nach Ekman 1992)

1. Ärger (anger)
2. Angst (fear)
3. Trauer (sadness)
4. Freude (enjoyment)
5. Ekel (disgust)
6. Überraschung (surprise)

Ekman (1992) stellte ausgehend von diesen Forschungen *sechs Basisemotionen* auf (▶ Kasten). Er betrachtet sie als voneinander unabhängige Systeme mit spezifischen universellen Zeichen und einem nicht intendierten Auftreten, die bei Primaten und verschiedenen menschlichen Kulturen zu finden seien. In der Emotionsforschung stellten auch verschiedene andere Theoretiker solche Listen von Basisemotionen zusammen, die jedoch nur teilweise Überschneidungen aufweisen (Ortony & Turner 1990).

Zur Erforschung des mimischen Ausdrucks dieser Basisemotionen entwickelte er das *Facial Acting Coding System* (Ekman & Friesen 1978),

---

28 Diese Studie wurde inzwischen mehrfach und mit anderen Naturvölkern repliziert. Einen Überblick gibt Merten (2003, Kap. 2.3).

welches ermöglicht, die Bewegungen der Gesichtsmuskeln in Bezug auf die Basisemotionen zu erfassen. Zu mimisch-affektivem Verhalten in Verbindung mit psychischen Störungen und in der Psychotherapie siehe Benecke (2014).

In der evolutionsbiologischen Tradition wird also meist nach der Universalität emotionalen Verhaltens gesucht, z. B. nach entsprechenden Vorläufern bei unseren nahen »Verwandten«. Emotionen werden in der Evolutionspsychologie als ordnungsstiftende Metaprogramme konzipiert, die kognitive Subroutinen aktivieren, kalibrieren und deren Leistungen in Einklang bringen, und so zu einer adaptiven Verhaltensgenerierung beitragen (Cosmides & Tooby 2000). Wenig bis gar nichts vermag diese Forschungsrichtung zu dem individuellen Erleben des Menschen zu sagen, der die Emotion hat oder spürt. Auch, dass in dieser Tradition Emotion als funktionale Zweckdienlichkeit gesehen wird, wurde von verschiedenen Seiten kritisiert. Aus psychoanalytischer Sicht kritisiert Mentzos (2012):

»Man sollte sich aber davor hüten, Affekte und Gefühle nur in Bezug auf ihre funktionale Dimension zu betrachten, also rein funktionalistisch. Aus diesen Indikatoren und Motivationen hat sich nämlich eine hoch differenzierte und ständig wachsende innere Welt entwickelt, welche eigentlich das Wesentliche unseres Lebens ausmacht. Dies alles nur auf Funktionen zu beschränken, wäre ein unzulässiger und fataler Reduktionismus.« (Mentzos 2011, S. 26)

Eine ausführliche Kritik an der Dominanz primär evolutionspsychologisch-funktionalistischer Emotionstheorien geben Ulich und Mayring (2003, Kap. 4.2).

2.1.2 Physiologische Tradition

Hier liegt der Schwerpunkt auf der Untersuchung der physiologischen, in jüngster Zeit vermehrt der neurobiologischen und neurochemischen Prozesse. Sie geht auf die Theorien von William James (1884) und Carl Lange (1885) zurück, die beide unabhängig voneinander zu einer ähnlichen Auffassung gelangten. Der sogenannten *James-Lange-Theorie* (▶ Kasten) nach entsteht eine Emotion dadurch, dass eine körperliche Veränderung, ausgelöst durch ein bspw. bedrohliches Objekt, wahrgenommen wird: »Ich bin traurig, weil ich weine« oder »Ich habe Angst, weil ich weglaufe«. (Also genau entgegen dem alltäglichen Verständnis). James verstand unter solchen körperlichen Veränderungen expressive Verhaltensreaktionen (z. B. Weinen), intentionale Verhaltensweisen (z. B. Weglaufen) und viszerale Prozesse (z. B. Herzrasen).

James-Lange-Theorie der Emotion

Wahrnehmung eines Ereignisses

1. Körperliche Reaktionen (Weinen, Weglaufen, Herzrasen, ...)
2. Empfindung dieser körperlichen Reaktionen = Emotion

Ausgehend von der James-Lange-Theorie ist eine Reihe von Studien angestellt worden. In diese Tradition fallen Bemühungen, peripher-physiologische und viszerale Muster für bestimmte Emotionen zu finden. Von verschiedenen Autoren wurde die These geäußert, dass sich Emotionen hinsichtlich ihrer physiologischen Reaktionen unterscheiden. Die Forschung fragt also nach der »kontextabhängigen Spezifität der physiologischen Reaktion« (Merten 2003). Emotionsspezifische physiologische Profile gelten dabei als ein Hinweis auf das Vorhandensein von distinkten Basisemotionen. Demgegenüber geht die lange Zeit dominante *Zwei-Faktoren-Theorie* von Schachter und Singer (1962) von einer zunächst unspezifischen physiologischen Erregung aus, die erst durch eine situationsbedingte kognitive Interpretation zu gänzlich unterschiedlichen »Gefühlen« führe. Diese Theorie eines unspezifischen Arousal gilt aber mittlerweile als überholt (Scherer & Wallpott 1990).

Auch die so genannte *Facial-Feedback-Hypothese*, der zufolge bestimmte Gesichtsausdrücke Emotionen hervorrufen (oder zumindest mitbedingen), gehört in die physiologische Tradition. Tomkins (1982) geht davon aus, dass das »Facial Feedback« allein eine *hinreichende Bedingung* zur Auslösung einer Emotion darstellt. Demgegenüber geht (Izard 1990) davon aus, dass der Einfluss des Facial Feedback »am größten ist, wenn die gezeigte Emotion mit der Evaluation der Situation [...] und der eigenen Entwicklungsgeschichte emotionaler Selbstregulation vereinbar ist« (Merten 2003, S. 80).

Die sich in den letzten Jahren stark entwickelnde neurobiologische Erforschung der Emotionen (z. B. Damasio 1996, 2011; LeDoux 1998,

2012, 2015; Panksepp 1998; Panksepp & Biven 2012), der zufolge Emotionen als »Hirnzustände« betrachtet werden, gehört schwerpunktmäßig ebenfalls dieser Tradition an.

2.1.3 Appraisal Tradition

In dieser Linie stehen die mit Emotionen verbundenen kognitiven Bewertungsprozesse im Vordergrund des Forschungsinteresses. Dieser Ansatz ist insbesondere bei der Frage der Auslösung von bestimmten Emotionen dominierend: Die individuellen, subjektiven Bewertungsprozesse sind hier die entscheidenden Komponenten dafür, ob und wenn ja welche Emotion in einer Person entsteht (z. B. Scherer 1990, 2001; Frijda 1986, 1996; Lazarus 1991).

Diese emotionspsychologische Tradition geht auf Magda Arnold (1960) zurück, die hinsichtlich der kognitiven Bewertung eines Ereignisses besonders den Schaden oder Nutzen hervorhob, den es für die Person habe. Dabei verstand sie kognitives Appraisal als »direkte, unmittelbare, nichtreflektierte, nichtintellektuelle, automatische Prozesse« (Merten 2003, S. 103). Ein Aspekt, der bei der Kritik an kognitiven Theorien häufig vernachlässigt wird.

Lazarus (1991) stellt in seiner *kognitiv-motivational-relationalen Theorie* die Ziele und Intentionen in den Vordergrund. Eine Emotion als Reaktion auf eine Situation kann nur vor dem Hintergrund verstanden werden, welche Ziele und Intentionen die jeweilige Person bezüglich der Situation hat. Gemeinsam mit den Bewältigungsmöglichkeiten der Person sind ihre Ziele die entscheidende Komponente zum Verständnis der betreffenden Emotion. Vergleichbar zu Ekmans Basisemotionen gruppiert er bestimmte Bewertungsmuster als Kernthemen, sogenannte »core relational themes« bestimmten Emotionen zu. Bekannt wurde der *Lazarus-Zajonc-Streit*. Im Gegensatz zu Lazarus vertrat Zajonc (1980) die Ansicht, dass Emotionen unabhängig von Kognitionen seien: »Preferences need no inferences«. Eine ausführliche Darstellung dieses Disputs geben bspw. Leventhal und Scherer (1987).

Ähnlich dazu ist die immer wieder geführte Debatte, ob primär die Kognitionen Emotionen auslösen oder umgekehrt (vgl. z. B. LeDoux 1998). Deneke (2001) bezeichnet diese Debatte als »überflüssig wie ein Kropf […], wenn man auf neurophysiologischer Ebene die Komplexität und den Wechselwirkungscharakter der Teilprozesse betrachtet, die uns fühlen lassen« (Deneke 2001, S. 109).

> **Bewertungsschritte nach Scherer (2001)**
>
> 1. Bewertung der Relevanz
> 2. Bewertung der Implikationen
> 3. Bewertung des Bewältigugnspotentials (Coping-Potential)
> 4. Bewertung der Angemessenheit hinsichtlich internaler und externaler Standards

Scherer (2001) arbeitete in seinem *Komponentenprozessmodell* aus, welche genauen Schritte ein kognitiver Bewertungsprozess umfasst (▶ Kasten). Aus seiner Sicht entsteht eine Emotion dann, wenn alle fünf Systeme des organischen Funktionierens für einen bestimmten Zeitablauf eine Synchronisation aufweisen. Er unterscheidet dabei die fünf »Subsysteme« (oder »Module«) Kognition, physiologisches Arousal, Motivation, motorischer Ausdruck und subjektives Erleben, welche durch eine kognitive Bewertung beeinflusst würden. Diese Bewertung erfolge in vier Schritten: In dem Schritt der Relevanz werden die Neuheit, die intrinsische hedonische Qualität und die Relevanz für Ziele bewertet. Unter den Aspekt der Bewertung der Implikationen fasst er beispielsweise, wodurch das Ereignis ausgelöst wurde, welche Bedeutung es für eigene Ziele hat und als wie dringlich somit eine direkte Reaktion erscheint. Unter dem Aspekt des Coping-Potenzials werden die Bewältigungsmöglichkeiten der Person verstanden, die bereits Lazarus eingebracht hatte. Bei sozialen Emotionen wie Verachtung, Scham oder Schuld steht außerdem der Aspekt im Vordergrund, inwiefern die Handlung hinsichtlich der Moral, Missbilligung oder Gerechtigkeit zu beurteilen ist.

Für die moderne Psychoanalyse sind die Theorien Scherers insofern von Bedeutung, als sie in die Emotionstheorie des Psychoanalytikers Rainer Krause (2012) eingegangen sind. Wir werden auf seine Ansichten im Kapitel zu Emotionen in der modernen Psychoanalyse eingehen (▶ Kap. 2.2.2). Für eine fundierte Kritik an den Appraisal Theorien zur Erklärung der Emotion siehe Bischof (2009), welcher an dem kognitivistischen Paradigma der akademischen Psychologie, das in den letzten Jahrzehnten vorherrschend war, insgesamt kein gutes Haar lässt.

2.1.4 Sozialkonstruktivistische Tradition

Während besonders in der evolutionsbiologischen und physiologischen Tradition die Suche nach der Universalität bestimmter Emotionen im Vordergrund steht, stehen in der sozialkonstruktivistischen Tradition kulturelle und gesellschaftliche Einflüsse auf das emotionale Erleben im Fokus der Betrachtung. In diesen Theorien werden Emotionen als kulturell geprägte Wahrnehmungs- und Verhaltensmuster verstanden, die wichtige Funktionen im Zusammenleben der sozialen Gemeinschaft erfüllen und deshalb durch ein System von (auch unbewussten, impliziten) Normen und Regeln kontrolliert werden (Harré 1986; Averill 2001).

Dabei stellt sich zunächst die Frage, hinsichtlich welcher Aspekte verschiedene Kulturen voneinander unterschieden werden können. Hofstede (1980) entwickelte vier Dimensionen: Orientierung am Individuum oder der Gruppe (Individualismus/Kollektivismus); das Bestehen von Machtunterschieden zwischen Gruppen (hohe/niedrige Machtdistanz); Präferenzen für Sicherheit oder Risiko (hohe/niedrige Unsicherheitsvermeidung); Ausprägung von Geschlechterrollenerwartungen (Maskulinität/Feminität). In Abhängigkeit von diesen Dimensionen lassen sich Kulturunterschiede hinsichtlich der Auftretenshäufigkeit von Emotionen ausmachen. Aber auch die Einschätzung, inwiefern das Zeigen einer bestimmten Emotion in einer spezifischen Situation für angemessen gehalten wird, variiert zwischen verschiedenen Kulturen. Die diesbezügliche Forschung spricht in diesem Zusammenhang von *display rules*.

Diese sogenannten Kulturdimensions-Studien hatten einen großen Einfluss auf die nach ihr folgende Forschung. Ihnen sind jedoch auch immer wieder methodologische Mängel vorgeworfen worden. Nazarkiewicz (2010) fasst sie zusammen.

Literatur zur vertiefenden Lektüre

Döll-Hentschker, S. (2008): Die Veränderung von Träumen in Psychoanalysen. Affekttheorie, Affektregulierung, Traumkodierung. Frankfurt a. M.: Brandes & Apsel.
Merten, J. (2003): Einführung in die Emotionspsychologie. Stuttgart: Kohlhammer.
Ulich, D., Mayring, P. (2003): Psychologie der Emotionen. 2., überarb. und erw. Aufl. Stuttgart: Kohlhammer.

2 Emotionen

Fragen zum weiteren Nachdenken

- Worin bestehen die grundsätzlichen Unterschiede zwischen den verschiedenen Richtungen der psychologischen Emotionstheorien?
- Welche Emotionstheorien sind hinsichtlich eines interdisziplinären Dialogs für die aktuelle Psychoanalyse von besonderem Interesse?
- Inwiefern lassen sich Spuren der in der Psychologie entwickelten Emotionstheorien im eigenen Emotionsverständnis wiederfinden?

2.2 Psychoanalytische Emotionstheorien

Einführung

Nachdem im vorherigen Kapitel eine Einführung die Emotionstheorien der Psychologie gegeben wurde, stehen hier die diesbezüglichen Auffassungen der Psychoanalyse im Mittelpunkt. Bei der Einleitung in Freuds Theorien wird deutlich, dass er die Emotionen und Affekte zwar für eine zentrale Untersuchungsebene der Behandlungstechnik hielt, ihre Integration in die psychoanalytischen Theorien jedoch vernachlässigt hat. Dies wurde jedoch in der jüngeren Psychoanalyse nachgeholt, auch indem ein offener Dialog mit der Psychologie und Neurowissenschaft gesucht worden ist. Trotz der Annäherungsversuche lassen sich allerdings nach wie vor deutliche Unterschiede zwischen den psychologischen Auffassungen und Theorien der aktuellen Psychoanalyse ausmachen, die am Beispiel des Unbewussten verdeutlicht werden. Abschließend stellen wir Auffassungen zum Schamgefühl aus der Entwicklungspsychologie vor, um an ihnen beispielhaft aufzuzeigen, inwiefern die Psychoanalyse die ihr eigene Haltung auch im heutigen Paradigma der Interdisziplinarität beibehalten sollte.

2.2 Psychoanalytische Emotionstheorien

Lernziele

- Die Diskrepanz in Freuds Theorien zwischen Anerkennung der Bedeutung von Affekten für die psychoanalytische Behandlungstechnik und Vernachlässigung dieser in den Theorien erkennen
- Die hervorgehobene Bedeutung der Untersuchungsebene der Emotionen für die aktuelle Psychoanalyse nachvollziehen können
- Die Unterschiede zwischen deskriptiv unbewussten Emotionen (bzw. dem Kognitiven Unbewussten) und dynamisch unbewussten Emotionen verstehen
- Erkennen, dass die Psychoanalyse aus einer eigenen Haltung und einem bestimmten Menschenbild heraus forscht

Einleitung

Was wir in der Einleitung zu den psychologischen Emotionstheorien geschrieben haben, lässt sich auch auf die Psychoanalyse übertragen: »Niemand kann bestreiten, dass die Psychoanalyse mit den Affekten nichts Rechtes anzufangen wusste und dass sie eine wesentlich gründlichere Untersuchung verdient haben. Wir können zumindest sagen, dass zwischen der marginalen Rolle, die den Affekten in der Theorie der Psychoanalyse zugestanden wird, und ihrer ungeheuren klinischen Bedeutung eine erhebliche Diskrepanz besteht.« (Fonagy et al. 2004, S. 90) Welch große klinische Bedeutung ihnen zukommt, verdeutlicht Krause (1998): »In der Theorie der Technik finden wir eine Fülle von Begriffen, die sich ausschließlich damit beschäftigen: Abreagieren eines eingeklemmten Affektes, des traumatischen Erregungsrestes, damit verwandt Katharsis; affektive Abspaltung; Affektisolierung.« (S. 26) Dabei geht die Unterschätzung der Affekte in den psychoanalytischen Theorien wohl auf Freud zurück (Kruse 2000): Obwohl bereits Freud dieses affektive Erleben in der psychoanalytischen Praxis durchaus beschrieben hat, hat er den Affekten in seinen Theorien nur eine untergeordnete Bedeutung, besonders gegenüber den Trieben, beigemessen (▶ Kap. 2.2.1).

Dies hat sich inzwischen geändert. Heute werden Triebe/Motive von Affekten/Emotionen/Gefühlen überwiegend theoretisch getrennt, und es geht nun eher darum, das funktionale Wechselspiel zwischen Trieben/Motiven, Affekten/Gefühlen, Abwehrprozessen und Symptombildungen zu verstehen. Dabei stellt die Auseinandersetzung mit Affekten und allgemein dem emotionalen Erleben in der modernen Psychoanalyse eines der zentralen Themen dar. Doch beginnen wir – wie seit jeher und wohl noch lange üblich in der Psychoanalyse – bei der Frage, was Freud zu den Affekten zu sagen hatte.

2.2.1 Freud und die Affekte

Obwohl in der klinischen Arbeit von Psychoanalytikern unbewusste »Gefühle« (z. B. unbewusste Schuldgefühle, unbewusste Aggression usw.) von je her eine große Rolle spielen, existiert bis heute keine einheitliche psychoanalytische Emotionstheorie. Dies liegt darin begründet, dass Freud in seiner Theoriebildung dem Trieb die zentrale Bedeutung beimaß und Emotionen, Affekte und Gefühle im Wesentlichen als abgeleitete Größen betrachtete (vgl. Kruse 2000). Zwar finden sich durchaus auch differenzierte Aussagen über den Affekt bei Freud:

»Was ist nun im dynamischen Sinne ein Affekt? Jedenfalls etwas sehr Zusammengesetztes. Ein Affekt umschließt erstens bestimmte motorische Innervationen oder Abfuhren, zweitens gewisse Empfindungen, und zwar von zweierlei Art, die Wahrnehmung der stattgehabten motorischen Aktionen und die direkten Lust- und Unlust-Empfindungen, die dem Affekt, wie man sagt, den Grundton geben. Ich glaube aber nicht, daß mit dieser Aufzählung das Wesen des Affektes getroffen ist« (Freud 1916–17, S. 410).

Doch das geforderte »Wesen des Affektes zu treffen« zählte für Freud insgesamt nicht zu den vordergründigen Zielen seiner Theoriebildung. Seine Affekttheorie lässt sich in zwei Phasen unterteilen (▶ Kasten: Angsttheorien Freuds), stand jedoch mit fortdauernder Entwicklung seiner Theorien zunehmend im Schatten der Triebtheorie.

In seiner *ersten Angsttheorie* hatte Freud Affekte und Triebe zunächst als weitestgehend äquivalent betrachtet (Kernberg 2014, S. 138 f.). In dieser »toxikologisch« genannten Angsttheorie wird die Angst noch als *Korrelat aufgestauter Sexualenergie* gesehen. Wie Freud (1985) schreibt: »Verdrängung führt zur Angst« (S. 42 f.). Wilhelm Reich machte dieses Verständnis der Angst zur Grundlage seiner therapeutischen Überlegungen und entwickelte die Körperpsychotherapie, losgelöst von der Psychoanalyse, aufbauend auf dieser ersten Angsttheorie (Thielen 2011).

2.2 Psychoanalytische Emotionstheorien

Ab 1915 betrachtete Freud Affekte als Entladungsvorgänge von Triebregungen. Er bezeichnete in diesem Zusammenhang deshalb *Affekte als Triebderivate*. Das angehängte »Derivat« kommt dabei vom lateinischen »derivare«, was so viel wie »ablegen« heißt. Später etablierte sich auch der Begriff »Triebabkömmlinge«. Das Zentrale sind also die Triebe, welche jedoch selbst stumm bleiben. Sie können als das Motivationssystem zwischen Körper und Seele nur durch Affekte und Vorstellungsrepräsentanzen erkannt werden (Freud 1915b). Kernberg (2014) sieht den Grund für diese Auffassung Freuds in der damals innerhalb der Neurobiologie vorherrschenden James-Lange-Theorie (▶ Kap. 2.1.2). Fast zeitgleich hatten William James (1884) und Carl Lange (1885) unabhängig voneinander Gefühle als Begleiterscheinungen körperlicher Vorgänge konzeptualisiert. Kernberg (2014, S. 139) argumentiert, dass Freud, zu Beginn seiner wissenschaftlichen Laufbahn selbst Neurophysiologe, dieser zur damaligen Zeit vorherrschenden Theorie der Neurophysiologie in seinen Vorstellungen gefolgt sei.

Die Angsttheorien Sigmund Freuds

1. Angst als Korrelat aufgestauter Sexualenergie
→ Angst als Folge der Verdrängung
2. Bedrohlicher Triebimpuls löst Signalangst aus, sodass das Ich Abwehrmechanismen anwendet
→ Angst als Ursache der Verdrängung

Erst sehr viel später, in seiner *zweiten Angsttheorie* gesteht Freud den Affekten, insbesondere der Angst, einen von den Trieben in gewisser Weise unabhängigen Status ein (Freud 1926). Zu diesem Wandel veranlasste ihn die Kritik seines Schülers Otto Rank (1924): »Die Rank'sche Mahnung, der Angstaffekt sei, wie ich selbst zuerst behauptete, eine Folge des Geburtsvorganges und eine Wiederholung der damals durchlebten Situation, nötigte zu einer neuerlichen Prüfung des Angstproblems« (Freud 1926, S. 299). In der Arbeit *Hemmung, Symptom und Angst* (Freud 1926) führt Freud »Angst als Folge eines kognitiven Urteilsaktes ein, nämlich der Einschätzung der eigenen Stärke, im Vergleich zur Größe der Gefahrensituation, wobei diese Einschätzung auf wirklich gemachten Erfahrungen beruhen soll« (Krause 1998, S. 26). Die Angst dient dem Ich

2 Emotionen

nun als *Signal zur Mobilisierung von Abwehrmechanismen*; man spricht deshalb an dieser Stelle von der sogenannten *Signalangst*. Das zuvor eingeführte *Strukturmodell der Psyche* aus Es, Ich und Über-Ich (Freud 1923a) ermöglichte es Freud also, sein Interesse von dem Verdrängten zum Verdrängenden zu richten. Der Affekt wird nun nicht mehr als Folge der Verdrängung angesehen, sondern als ihre Ursache. Wird das Ich durch gefährliche Triebregungen bedroht, die verboten sind, löst dies eine Signalangst aus. Das Ich versucht anschließend, durch *Abwehrmechanismen* diesen bedrohlichen Triebimpuls zu verdrängen.

Wie Anna Freud (1936), Tochter von Sigmund, betont, besteht hierin ein Wandel im psychoanalytischen Verständnis: »Eine Wendung der Arbeitsrichtung in den Schriften Freuds (...) hat dann die Beschäftigung mit dem Ich von dem Odium des Unanalytischen befreit und das Interesse für die Ich-Instanzen ausdrücklich in den Mittelpunkt der Aufmerksamkeit gerückt« (S. 8). In diesen Auffassungen Sigmund Freuds lässt sich der Beginn der psychoanalytischen *Ich-Psychologie* festmachen.

Seitdem ist der Affekt der Angst kein bloßes Epiphänomen von Triebregungen, sondern hat bedeutsame Funktionen innerhalb der unbewussten Dynamik. Er ist das zentrale Signal zur Auslösung von Abwehrmechanismen. In diesem Sinne spielt Freuds zweite Angsttheorie für psychoanalytische Vorstellungen bis heute eine entscheidende Rolle in der Erforschung der Abwehrmechanismen. Wir gehen mit Blick auf die Frage des Unbewusstmachens von Emotionen auf diese Forschung im Kapitel zu unbewussten Emotionen näher ein (▶ Kap. 2.2.3).

Bei Freuds Theorie ist zu berücksichtigen, dass er den Begriff der Angst in einem recht weiten Sinne verwendet und die Angst somit mit allen unlustvollen Affektsignalen gleichgesetzt werden kann (Krause 1983). Doch obwohl Freud die klinische Bedeutung anderer Affekte durchaus erkannte, hat er andere Affekte als die Angst in seinen Theorien weitestgehend vernachlässigt. Dies hat die moderne Psychoanalyse inzwischen nachgeholt (▶ Kap. 2.2.2).

Zwar meinte Freud (1926), dass Affekte wie Angst eine biologische Notwendigkeit seien, dennoch hat sich in der Psychoanalyse lange die Vorstellung erhalten (teilweise bis heute, z. B. Zepf 2000), dass keine evolutionär entstandenen, biologisch vorgeprägten Emotionen existieren, sondern dass sich die diskreten Emotionen durch Sozialisationserfahrungen aus der undifferenzierten Lust-Unlust-Matrix entwickeln. Wie wir oben dargestellt haben, ist diese Ansicht durch die psychologische

Forschung unter dem Stichwort der »Primäraffekte« oder »Basisemotionen« inzwischen widerlegt worden (▶ Kap. 2.1). In moderne psychoanalytische Affekttheorien sind diese empirischen Befunde inzwischen integriert worden.

2.2.2 Emotionen in der modernen Psychoanalyse

Wie wir oben dargestellt haben, sind Affekte bei Freud größtenteils Epiphänomene von Triebprozessen. Obwohl es schon früh eine Reihe von Ansätzen gab, Affekte von Trieben theoretisch zu trennen (Überblick in Döll-Hentschker 2008), setzte sich die Hauptströmung, derzufolge Affekte Abkömmlinge oder Ableitungen von Trieben sind, lange Zeit immer wieder durch. Dementsprechend lässt sich sagen, dass sich in der Psychoanalyse lange Zeit mit den Affekten zu wenig befasst wurde, wie Merton Gill beklagt:

»Rückblickend ist es ein Rätsel, dass der Affekt nie eine direktere Rolle in der psychoanalytischen Motivationstheorie gespielt hat. Zwischen Trieb und Affekt hat in der psychoanalytischen Theorie immer eine enge Verbindung bestanden. Für Freud war der Affekt die eine der beiden Triebrepräsentanzen und die Vorstellung die andere. Warum wurde auf den Affekt nicht näher eingegangen?« (Gill 1997, S. 202).

Diese Vernachlässigung der Affekte wurde in den letzten gut zwanzig Jahren aufgehoben, wie Mertens (1994) am Beginn dieser Entwicklung feststellt: »Von vielen Psychoanalytikern unbemerkt, hat sich in den letzten Jahren somit eine kleine Revolution ereignet: Affekte, und nicht die Triebe, sind die uranfänglichen Bausteine des psychischen Lebens.« (S. 10) Mittlerweile überwiegen die Arbeiten, die *Affekte nicht als bloße Triebabkömmlinge, sondern als eigenständige Phänomene* betrachten (vgl. Westen 1997).

Inzwischen hat die weitgehende Anerkennung der biologischen Präformierung von Affekten innerhalb der Psychoanalyse sogar zu einer Tendenz geführt, »die Triebtheorie ganz durch eine Emotionstheorie zu ersetzen« (Kruse 2000, S. 67). Auch wenn man der starken Konnotation des Wortes »ersetzen« im Zitat Kruses nicht zustimmen mag,[29]

---

29 Wir diskutieren am Ende unseres Buches die Möglichkeit einer Re-Integration des Triebkonzepts in die moderne Psychoanalyse.

ist dennoch unzweifelhaft, dass sich die moderne Psychoanalyse eingehend mit den Affekten befasst. Für die Affekttheorie der modernen Psychoanalyse, die Erkenntnisse aus der Psychologie und den Neurowissenschaften berücksichtigt, waren besonders die Arbeiten von Rainer Krause (1990, 1993, 1997, 1998, 2012) und Otto F. Kernberg (1991, 2014) prägend.

Verbindung mit psychologischer Emotionsforschung

Krause geht für die Konzeptualisierung einer Affekttheorie von einer Kritik an den oben dargestellten Affekttheorien Freuds aus. Aus seiner Sicht ist die Auffassung bezüglich der Affekte von Freud in zwei wesentlichen Punkten zu kritisieren (Krause 1998, Kap. 1.4):

1. Affekte werden ausschließlich als Folge einer Dysregulation der Triebe gesehen
2. Dem Affekt wird keine primäre soziale Zeichenfunktion zugesprochen

Als Beispiel für diese beiden Kritikpunkte führt Krause an, dass Freud das »soziale Lächeln« und das »freudige Glucksen« von Säuglingen nicht berücksichtige. Diese beiden Phänomene zeigen – so Krause – jedoch, dass von Geburt an keine Dysregulation der Triebe vorliegen muss, damit sich Affekte bilden. »Die Kleinkinder lächeln und glucksen eben dann, wenn es keine Triebbedürfnisse im Freud'schen Sinne zu regulieren gibt« (Krause 1998, S. 25). Außerdem ließe sich am Beispiel des »Glucksens« und »Lächelns« darstellen, dass Freud hinsichtlich der Affekte die soziale Dimension völlig vernachlässigt habe. Affekte werden bei Freud nicht als soziale »Handlungsziele« gesehen, die (auch) die Funktion haben, mein Gegenüber zu beeinflussen oder mit ihm in eine Beziehung zu treten.
Die Studien der Emotionspsychologie und Säuglingsforschung nach dem Tod Freuds zeigten hingegen, dass bereits die Affekte des Säuglings eine Zeichenfunktion an die Pflegeperson haben, um ihr die Regulierung der zu Grunde liegenden Beziehungs- und Triebwünsche anzuzeigen. »Diese Signale seien also keineswegs – wie Freud […] meinte – bloße Abfuhr von Triebspannung, sondern bereits ein symbolisierender Akt mit einer spezifischen Information über die Art der Dysregulation und

2.2 Psychoanalytische Emotionstheorien

die Art des Wunsches zur Abhilfe« (Krause 1998, S. 38). Krause fasst deshalb zusammen: »Wiederum haben wir das Problem, daß auf der Ebene der Metatheorie weitgehend falsche Theoreme zu finden sind, die sich, ähnlich wie die Triebtheorien, durch die Negierung des sozialen Anteils kennzeichnen lassen« (ebd., S. 26). Das Problem dieser Negierung sieht Krause besonders darin, dass »man aber ohne die Berücksichtigung der Affekte keine Psychotherapie und keine Psychoanalysen betreiben« kann (ebd.). Wir werden auf diesen Punkt der Bedeutung der Affekte für die psychotherapeutische Praxis in Kapitel 2.4 ausführlich eingehen.

Aufgrund seiner Auseinandersetzung mit der psychologischen Affektforschung unterscheidet Krause zwischen sechs verschiedenen Affekt-Subsystemen, von ihm auch »Module« genannt. Für ihn sind diese sechs Subsysteme auch die entscheidende Ebene, aufgrund der er die genauen Begrifflichkeiten unterscheidet. Der »Affekt« wird in seinem Verständnis durch die ersten drei Ebenen abgedeckt, also durch die expressive, physiologische und motivationale Komponente. Im Wesentlichen ist der Affekt also eine »körperliche Reaktion ohne bewusste Repräsentanz und Erleben derselben«. Von »Gefühl« spricht Krause, sobald eine im weitesten Sinne bewusste Wahrnehmung dieser drei körperlichen Komponenten hinzukommt (4. Komponente) – jedoch »ohne daß damit notwendigerweise eine korrekte erlebnismäßige Zuordnung zur Selbst- oder Objektstruktur oder gar eine verbalsprachliche Benennung einhergehen muß« (S. 28). Wenn diese beiden Aspekte hinzukämen, sei es gerechtfertigt, von »Empathie« zu sprechen. Krause versteht unter dem Prozess der Empathie also einen Prozess, der alle sechs Subsysteme einschließt (▶ Abb. 2.1).

occuring emotions	experienced emotions
1: Neuro-physiologische Komponente 2: Motorisch-expressive Komponente 3: Motivationale Komponente (Handlungsbereitschaft in Willkürmotorik)	4: Die Wahrnehmung der körperlichen Korrelate 5: Die Benning und Erklärung der Wahrnehmungen 6: Die Wahrnehmung der situativen Bedeutung
	Erlebtes Gefühl **Wahrnehmung der Bedeutungsstruktur**

Abb. 2.1: Emotionale Subsysteme (modifiziert nach Krause 2012)

2 Emotionen

Affekte in der Objektbeziehungstheorie

Kernberg bezieht in seine Überlegungen zu einer psychoanalytischen Affekttheorie ebenfalls die Erkenntnis der funktionalistischen Emotionspsychologie (▶ Kap. 2.1) und der Affektiven Neurowissenschaften (▶ Kap. 1.2) ein, dass es eine Anzahl voneinander unterscheidbarer Basisemotionen oder Primäraffekte gibt, die angeboren sind: »Freud beschrieb das Unbewusste im Sinne von Trieben wie Libido und Aggression. Heutzutage würden wir das anders beschreiben, denn heute weiß man, dass ihr Ursprung in Affektsystemen liegt, die genetisch gegeben sind und sich neurobiologisch ausdrücken, was zu Freuds Zeiten vollkommen unbekannt war. In dieser Beziehung muss von einem modernen neurobiologischen Standpunkt aus die gesamte Triebtheorie Freuds umgeordnet werden« (Kernberg: Interview im STANDARD am 24.11.2015). In gewisser Weise hält Kernberg jedoch an Freuds (letzter) Triebtheorie fest: Er geht davon aus, dass sich diese verschiedenen, angeborenen Affekte im Laufe der frühen Kindheit in zwei Stränge bündeln würden: »Die Affekte selbst werden verdichtet und laufen in zwei Strängen emotionaler Erfahrungen zusammen: das erotische Begehren auf der einen und mörderischer Haß auf der anderen Seite« (Kernberg 2001, S. 23). Aus diesen beiden Strängen bilden sich anschließend die Triebe: Eros und der Todestrieb. Im Sinne Kernbergs sind Affekte somit nicht mehr die Abkömmlinge von Trieben, sondern stattdessen *die Triebe Abkömmlinge der frühesten Affekte* (▶ Kap. 1.3.2). Wir diskutieren am Ende dieses Bandes die Kernberg'sche Ansicht einer Bündelung von Affekten vor dem Hintergrund der Erkenntnisse der empirischen Säuglingsforschung und Entwicklungspsychologie (▶ Kap. 3 und 4).

In der Theorie Kernbergs spielen Affekte außerdem die zentrale Rolle bei der Bildung der psychischen Struktur und der Phantasie. Kernberg steht mit diesem Gedanken der Formierung der Struktur durch die Affekte in der Tradition der psychoanalytischen Objektbeziehungstheorie; bezüglich dieses Gedankens besonders in der Tradition von Edith Jacobson (Kernberg 2014, S. 139 f.). Die psychische Struktur wird gemäß psychoanalytischer Objektbeziehungstheorie besonders *von den frühen Lebenserfahrungen mit emotional bedeutsamen Bezugspersonen* gebildet. Diese Bezugspersonen werden auch in ihr – Freud folgend – als *Objekte* bezeichnet, wenn man von ihrem Niederschlag in der Psyche des

2.2 Psychoanalytische Emotionstheorien

Kindes spricht. Ein solches Objekt spiegelt sich in der Psyche wider, es entsteht ein Bild von ihm. Dabei handelt es sich nicht um eine Eins-zu-eins-Abbildung, da die Umformung in der Phantasie »dazwischenfunkt«. Die Frage, wie stark dieses Bild von der tatsächlichen Bezugsperson und ihrem Verhalten aufgrund der Phantasie-Intervention abweicht, ist innerhalb der Objektbeziehungstheorie eine kontrovers diskutierte. Einig ist man sich hingegen in der Bezeichnung dieser Bilder der Objekte, also von Interaktionen mit nahen Beziehungspersonen: Man spricht von *Objektrepräsentanzen*. Außerdem besteht daneben ein Bild von dem eigenen Selbst. Neben dieser Objektrepräsentanz wird deshalb von einer *Selbstrepräsentanz* gesprochen. Im Zusammenhang mit Kernbergs Affekttheorie ist nun der dritte Gedanke entscheidend, wie Selbst- und Objektrepräsentanz die Beziehungserfahrung in der Psyche abbilden können: Sie werden durch einen Affekt miteinander verbunden. Damit also die bedeutsame Beziehungserfahrung in der Psyche repräsentiert werden kann, muss das Selbstbild (die Selbstrepräsentanz) mit dem Bezugspersonen-Bild (der Objektrepräsentanz) durch das Gefühl während der Interaktion verbunden werden. Anders gesagt: Der Affekt färbt diese Bilder.

Aufgrund der drei Komponenten spricht Kernberg auch von *Selbst-Objekt-Affekt-Einheiten*. Aus Sicht der Objektbeziehungstheorie wird die psychische Struktur maßgeblich durch diese Selbst-Objekt-Affekt-Einheiten gebildet, sodass diese das künftige Erleben mitbestimmen. Hierdurch haben die Affekte in modernen psychoanalytischen Konzeptualisierungen eine zentrale Rolle eingenommen.

Die Funktionen der Affekte

Aufgrund der Annahme ihrer phylogenetischen Präformierung räumt Kernberg den Affekten selbst eine wichtige motivierende Funktion zu. Ganz so weit wie Dornes (1997), der anregt, »Affekte und nicht Triebe als primäre Motivationssysteme« zu betrachten (S. 42), geht Kernberg zwar nicht, jedoch haben für ihn Affekte selbst – und nicht nur wie bei Freud die Triebe – eine drängende Kraft.

2 Emotionen

> **Funktionen von Affekten (nach Mentzos 2012)**
>
> 1. Indikatoren des momentanen Zustands (»rote Lämpchen«)
> 2. Motivierende Funktion
> 3. Kommunikationsmittel im Austausch mit anderen

Mentzos (2012) geht ebenfalls von einer motivierenden Funktion der Affekte aus (▶ Kasten). Daneben haben Affekte aber noch zwei weitere Funktionen: Sie dienen als Indikatoren des inneren Zustands. Mentzos spricht deshalb von der Funktion »roter Signal-Lämpchen«. Außerdem sind nach Mentzos Affekte drittens als *Kommunikationsmittel* im Austausch mit anderen von zentraler Bedeutung. Um den anderen zu beeinflussen, drückt sich mein Affekt (unbewusst oder bewusst) auf verschiedenen Ebenen aus: Beispielsweise in der Mimik, in der Stimme oder der Körperhaltung. Seitdem die Psychoanalyse mit ihrer intersubjektiven Wende (Ermann 2014) die Einflüsse der zwischenmenschlichen Beziehungen auf die Psyche angemessen würdigt, kann sie auch diesen kommunikativen Aspekt der Affekte zunehmend berücksichtigen.

Unserer Ansicht nach sind Affekte jedoch weder mit Motiven gleichzusetzen, noch sind sie Repräsentanzen oder Bausteine ebendieser. Wir verstehen in Relation zu hierarchisch übergeordneten, biologisch verankerten Motivsystemen *Affekte als Werkzeuge der Motive* (vgl. Benecke 2002, 2014). Je nach aktiviertem Motivsystem und situativen Bedingungen stellen Affekte mehr oder weniger adäquate Werkzeuge zur Bewältigung der Situation im Hinblick auf das jeweilige Motiv dar. Es ließe sich bezüglich des Bildes eines »Werkzeugs« kritisch einwenden, dass dieser Begriff einen Nutzer impliziere, der das Werkzeug bewusst und intentional verwende. Wir verstehen den Begriff des Werkzeugs jedoch metaphorisch und betonen, dass damit die unbewusste Dimension der Emotionen keineswegs vernachlässigt werden soll, sondern dass vielmehr auch den unbewussten affektiven Prozessen eine Psycho-Logik zugeschrieben werden kann, da eben auch die unbewussten Prozesse klar eine Funktionalität aufweisen.

2.2.3 Unbewusste Emotionen?

Die Frage nach der Unbewusstheit von Emotionen reicht – wie so oft – bis zu Freud zurück. Für ihn war die Frage, ob Emotionen überhaupt unbe-

2.2 Psychoanalytische Emotionstheorien

wusst sein könnten, von Interesse, »denn schließlich ist die Eigenschaft bewußt oder nicht die einzige Leuchte im Dunkel der Tiefenpsychologie« (Freud 1923a, S. 245). Bereits in seinem ersten Hauptwerk, der *Traumdeutung* (Freud 1900), hatte Freud den Fokus für die Psychoanalyse gelegt: »Das Unbewusste ist das eigentlich reale Psychische«. Mit dieser Akzentuierung eines Unbewussten stand er im Übrigen – entgegen häufiger Behauptungen – nur am Ende einer langen Reihe von Philosophen, Schriftstellern und Physiologen (Danzinger 2013). Trotzdem kommt Freud eine besondere Rolle zu:

»Das Verdienst von Freud besteht darin, dass er wohl als erster das Konzept des Unbewussten für die Erklärung klinischer Zustände heranzog. Sein weiteres Verdienst liegt darin, dass er ihm eine eigenständige Theorie, die Psychodynamik bzw. die Tiefenpsychologie, unterlegte und es in einer Wissenschaftssprache, der Metapsychologie, formulierte. Damit war Freud zwar nicht der ›Entdecker‹ des Unbewussten. Er war aber derjenige, der das Unbewusste auf eine empirisch begründete wissenschaftliche Basis stellte und es damit für die Forschung und Behandlung nutzbar machte« (Ermann 2008b, S. 40).

Hinsichtlich der vermeintlichen Unbewusstheit von Emotionen lassen sich in Freuds Werk ebenfalls wie so oft – widersprüchliche Ansichten finden: In seiner Schrift *Das Unbewußte* (Freud 1915a) hält er unbewusste Emotionen per definitionem für ausgeschlossen: »Zum Wesen eines Gefühls gehört es doch, daß es verspürt, also dem Bewußtsein bekannt wird. Die Möglichkeit einer Unbewußtheit würde also für Gefühle, Empfindungen, Affekte völlig entfallen« (S. 276). Hier steht er in einer Linie mit der damaligen Psychologie, für die unbewusste Emotionen wie lebende Leichen und trockenes Wasser waren (vgl. James 1884). Der Kliniker Freud räumt zwar ein: »Wir sind aber in der psychoanalytischen Praxis gewöhnt, von unbewußter Liebe, Haß, Wut usw. zu sprechen« (Freud 1915a, S. 276), doch erlaube diese Beobachtung nicht, in der Theorie unbewusste Emotionen anzunehmen. Ausgehend von seiner oben dargestellten Konzeptualisierung der Affekte als Triebabkömmlinge sei nach Freud nicht davon auszugehen, dass der Affekt ins Unbewusste verdrängt werde. Schließlich entspreche »dem unbewußten Affekt ebendort nur eine Ansatzmöglichkeit, die nicht zur Entfaltung kommen durfte. Streng genommen und obwohl der Sprachgebrauch tadellos bleibt, gibt es also keine unbewußten Affekte, wie es unbewußte Vorstellungen gibt« (ebd., S. 277).

2 Emotionen

Auch in seiner späteren Arbeit *Das Ich und das Es* (Freud 1923a), befasst sich Freud mit einer Möglichkeit der Verdrängung von Emotionen: »Abgekürzter, nicht ganz korrekterweise sprechen wir dann von unbewußten Empfindungen« (S. 250). »Nicht korrekt« sei diese Bezeichnung, weil das Bewusstwerden von Gefühlen auf direktem Weg geschehe und nicht wie bei Vorstellungen nur über Worte möglich sei. Doch trotzdem betont Freud hier: »Empfindungen sind entweder bewußt oder unbewußt« (ebd.).

Ausgehend von diesen widersprüchlichen Auffassungen Freuds bestand in der Psychoanalyse seit jeher die Frage, ob Emotionen verdrängt werden und damit unbewusst gemacht werden können. Beispielsweise der französische Psychoanalytiker Jacques Lacan vertrat bei seiner »Rückkehr zu Freud« dessen frühe Auffassung, dass im Unbewussten keine Affekte zu finden seien. Die moderne Psychoanalyse sieht dies weitestgehend anders. Besonders für aktuelle Auffassungen zu innerpsychischen Abwehrmechanismen spielen im Unbewussten wirkende Emotionen eine zentrale Rolle.

Frühe Unbewusstheit von Emotionen

Angesichts der Ergebnisse der modernen Säuglingsforschung, die ein reichhaltiges, differenziertes affektives Ausdrucksverhalten schon beim Kleinkind dokumentiert, hat sich heute die Ansicht weitgehend durchgesetzt, dass der Mensch mit einer biologisch vorgeprägten emotionalen Grundausstattung auf die Welt kommt. Dass von der Affektausdrucksfähigkeit eines Kleinkindes auf das Vorhandensein des entsprechenden Gefühls geschlossen werden kann, wurde verschiedentlich kritisiert (z. B. Sroufe 1979; LeDoux 2015). Entsprechend der Unterscheidung innerhalb des Emotionssystems in *occuring* und *experienced* emotions, machen die Kritiker einer initialen Konkordanz von Gesichtsausdruck und Gefühl das Vorhandensein eines Ich- bzw. Selbstbewusstseins zur Voraussetzung eines emotionalen Erlebens. So unterschieden bspw. Lewis und Brooks-Gunn (1978) zwischen »emotional state« und »emotional experience«, wobei Letzteres ein Ich-Bewusstsein zur Voraussetzung hat, was nach Meinung der Autoren erst mit neun Monaten gegeben ist. So könnten Säuglinge zwar emotionale Zustände *haben*, aber keine Gefühle *erleben*. Für Basch (1976) beginnt echtes emotionales Erleben

2.2 Psychoanalytische Emotionstheorien

erst im Alter von 1,5 Jahren, da er dies von dem Erwerb der Symbolfunktion abhängig macht. Auch für Moser (1983) können die Komponenten 1 bis 3 des Emotionssystems (occuring emotion, ▶ Abb. 2.1) aktiviert sein, ohne dass damit das Erleben eines Affektes einhergeht: »Das Kind ist wohl fähig zum Ausdruck von Affekten, man nimmt jedoch nicht an, dass bereits ein Prozess des Erlebens von Affekten vorliegt« (ebd., S. 9).

Dornes (1993) geht dagegen davon aus, »dass die Konkordanz von Ausdruck und Gefühl der primäre, nicht erlernte Zustand ist« (S. 121). Für diese Sichtweise sprechen mehrere Argumente: Während die Ausdruckskomponente eines Affektes Signalfunktion hat, hat die Erlebenskomponente eine motivierende Funktion und schafft Handlungsdispositionen. Im Falle einer Diskonkordanz von Ausdruck und innerem Zustand würde die dem Ausdrucksverhalten entsprechende, zu adaptivem Verhalten motivierende Komponente fehlen. Zum anderen würde das Objekt zu »falschen« Pflegehandlungen veranlasst, da ein Zustand signalisiert wird, der nicht vorhanden ist. Eine solche Konstellation scheint evolutionär höchst unwahrscheinlich, da der adaptive Wert des Affektsystems eingeschränkt wäre. Die Studien an schwer misshandelten oder vernachlässigten Kindern (Gaensbauer 1982a, 1982b; Gaensbauer & Hiatt 1984) zeigen, dass sich der Affektausdruck, abweichend von der normalen zeitlichen Entwicklung, in diesen Fällen entsprechend den gemachten Erfahrungen entwickelte und als angemessene, ontogenetisch adaptive emotionale Reaktion in entsprechenden Situationen betrachtet werden kann. Zudem sind die mimischen Affektexpressionen der Kleinkinder begleitet von anderen, zum gezeigten Affekt passenden Verhaltensweisen.[30]

Es scheint also deutlich, dass *schon in frühester Kindheit eine adaptiv sinnvolle, differenzierte Innenwelt emotionaler Zustände* besteht. Die Frage, ob und in welcher Form von einem emotionalen *Erleben* gesprochen werden kann, ist eher eine terminologische, wenn z. B. argumentiert wird, dass Erleben ein Ich-Bewusstsein zur Voraussetzung hat. Auch wenn im frühen Säuglingsalter die Fähigkeit zur

---

30 Das Ärgergesicht wird von schlagenden Arm- und tretenden Fußbewegungen begleitet, das Trauergesicht von einer zusammengesunkenen Körperhaltung usw.

2 Emotionen

selbstreflexiven Wahrnehmung noch nicht entwickelt ist, und damit auch noch kein selbstreflexives, bewusstes Erleben von Affektzuständen, so ist doch klar, dass emotionale Erfahrungen in irgendeiner Form gespeichert werden, sonst wären die gemachten Erfahrungen bis zur Ausbildung des Ich-Bewusstseins für die psychische Entwicklung irrelevant. Zudem können die Entwicklung des Ich-Bewusstseins und der Aufbau der Repräsentanzenwelt nicht getrennt von emotionalen Erfahrungen gesehen werden (Stern 1992; Izard 1994; Emde 1983; Zepf 1997a). Vielmehr zeigt die Mentalisierungstheorie der modernen Psychoanalyse diesbezüglich grundlegende Abhängigkeiten auf (▶ Kap. 2.3).

Das emotionale Geschehen vor der Ausbildung der Sprachfunktion muss also insofern als unbewusst angesehen werden, als die Voraussetzungen für ein *selbstreflexives* Erleben nicht gegeben sind. Nichtsdestotrotz finden diese Erfahrungen ihre Niederschläge im »emotionalen Erfahrungsgedächtnis« (Roth 2001, S. 372) und bestimmen ganz entscheidend das psychische Geschehen auch in späteren Lebensphasen (Beutel 2002). Wir werden auf diesen Aspekt in den Ausführungen zu unserem Integrationsmodell am Ende des Buches ausführlich zurückkommen (▶ Kap. 3).

Deskriptiv unbewusste Emotionen

Für zahlreiche Kognitions- und Emotionsforscher ist das Vorhandensein von unbewussten Emotionen ein Widerspruch in sich, da eine Emotion immer eine bewusste Erfahrung oder ein subjektives Gefühl voraussetzen würde. Die traditionale emotionspsychologische Sichtweise definiert Emotionen immer als subjektive Erfahrungen, die selbstverständlich ein Bewusstsein voraussetzen (James 1884; Clore 1995).

Eine wesentliche Entwicklung innerhalb der Kognitionspsychologie stellte die Konzeption von Kihlstrom (1999) eines *kognitiven Unbewussten* dar, unter dem er eine Reihe psychologischer Phänomene zusammenfasste, bei denen kognitive Prozesse in Abwesenheit von bewusster Wahrnehmung stattfinden. Kihlstrom und andere Vertreter dieses Modells haben sich dabei insbesondere auf die Analogie zum impliziten Gedächtnis gestützt, wo Effekte früher gelernter Wörter, die aber nicht mehr aktiv erinnert werden, beobachtet werden können. Kihlstrom schlägt aus

2.2 Psychoanalytische Emotionstheorien

diesem Grund vor, das »emotionale Unbewusste« und die »impliziten Emotionen« als korrespondierende Begrifflichkeiten für unbewusste affektive Reaktionen zu benützen (Kihlstrom 1999; Kihlstrom et al. 2000).

Einige der stärksten Belege für das Vorhandensein von unbewussten Emotionen stammen aus Untersuchungen zum subliminalen affektiven *priming*, also der wiederholten Darbietung affektiven Materials unterhalb der bewussten Wahrnehmungsschwelle. Zajonc, der zahlreiche dieser Studien durchgeführt hat, spricht ebenfalls von »unconscious emotions« (Zajonc 2000, S. 32), betrachtet aber im Wesentlichen die Verursachung (causation) und Zuschreibung (assignment) des Affektes als unbewusst; der affektive Zustand selbst scheint auch für Zajonc weiterhin eine bewusste Erfahrung vorauszusetzen (Berridge & Winkielmann 2003).

Demgegenüber gehen aktuelle Entwicklungen in den Neurowissenschaften noch einen Schritt weiter, wie der Psychoanalytiker Böker (2006) in einer Auseinandersetzung mit der Neuropsychoanalyse festhält: »Eine Dissoziation zwischen unbewussten Emotionen und bewusstem Gefühl wird durch neue Entwicklungen in den Affektiven Neurowissenschaften unterstützt. Aufgrund von Verhaltenstests konnten die neuronalen Korrelate von »unbewussten Angstprozessen [...], unbewusstem Lustgefühl [...] und anderen unbewussten Emotionen [...] aufgezeigt und von den neuronalen Korrelaten der entsprechenden bewussten Gefühle unterschieden werden« (S. 286). Dementsprechend definiert der Neurobiologe LeDoux (1998) »Emotionen als unbewusste Prozesse [...], denen manchmal bewusste Inhalte entspringen« (S. 290; vgl. auch LeDoux 2015). Trotz ihrer weitgehenden Unbewusstheit finden diese emotionalen Prozesse in nahezu jeder Alltagssituation statt und beeinflussen unser Denken und Handeln. Die regulierende und verhaltenssteuernde Bedeutung dieser unbewussten Emotionen wird erst dann sichtbar, wenn sie ausfallen.

Die dramatischen Auswirkungen auf das Verhalten von Patienten mit Läsionen der entsprechenden Hirnregionen (z. B. des Stirnlappens und der Amygdala) wurden u. a. von Damasio (1996, 2000) beschrieben. Die Patienten sind nicht nur gefühlskalt, sondern verhalten sich äußerst unvernünftig, z. B. vermeiden sie Gefahren nicht mehr, betragen sich rücksichtslos und verlieren allgemein die Fähigkeit, aus den Konsequenzen ihres Verhaltens zu lernen. Solche Patienten sind durchaus zu kog-

2 Emotionen

nitiven Einsichten über ihr Verhalten in der Lage; diese Einsichten können aber nicht in die Tat umgesetzt werden, weil ihnen die emotionale Relevanz fehlt. Umgekehrt lässt sich bei Patienten, die unter einer läsionsbedingten anterograden Amnesie leiden, nachweisen, dass sie durchaus in der Lage sind, neue Fertigkeiten zu erlernen und im prozeduralen Gedächtnis zu speichern. Aber auch bei gesunden Versuchspersonen kann durch Emotionen gesteuertes prozedurales Lernen erfolgen, ohne dass ihnen etwas davon zu Bewusstsein gelangt (Bechara et al. 1997, zitiert nach Roth 2001).

Im Alltagsleben beinhalten Emotionen in erster Linie die subjektive Bewertung einer sozialen Situation. Gleichzeitig hat jede Emotion eine motivationale Komponente (sie gibt die Richtung der Handlung vor). Über das Ausdrucksverhalten (z. B. Mimik) werden diese inneren Bewertungen und Handlungsabsichten dem Sozialpartner wahrnehmbar, der nun wiederum darauf emotional reagiert und seine Intentionen und sein Handeln entsprechend darauf abstimmen kann. Von diesen Regulierungsprozessen wird allenfalls nur ein kleiner Teil bewusst, das meiste bleibt unbewusst. Solche interaktiven Abstimmungsprozesse wurden u. a. von Bänninger-Huber (1996), Merten (1996) und Steimer-Krause (1996) untersucht. Dabei konnte gezeigt werden, dass auch sehr kurze mimisch-affektive Ereignisse (mit einer Dauer von weniger als 0,3 sec) zu spezifischen Reaktionen beim Interaktionspartner führen. Weder diese mimischen Verhaltensweisen noch der systematische Zusammenhang mit den Reaktionen sind den Interaktanden bewusst, und werden auch von ungeschulten Beobachtern nicht wahrgenommen (im Überblick: Merten 2003; Benecke 2014).

Über die Existenz und Wirkung unbewusst ablaufender emotionaler Prozesse besteht also heute kein Zweifel. Bei diesen Prozessen ist allerdings erst einmal unklar, ob sie lediglich *deskriptiv* unbewusst sind und damit dem Bewusstsein prinzipiell zugänglich wären. Zum Verständnis menschlichen Verhaltens reicht aber unseres Erachtens die Annahme von deskriptiv unbewussten, impliziten, prozeduralen, emotionalen Prozessen nicht aus, bzw. muss das Konzept um eine psychodynamische Komponente erweitert werden. Psychodynamisch heißt, dass die unbewusst ablaufenden Prozesse der Regulierung von inneren Konflikten dienen, und die Unbewusstheit dieser Regulierungen inklusive der darin wirkenden Emotionen ein Ziel dieser Regulierungen darstellt.

2.2 Psychoanalytische Emotionstheorien

Dynamisch unbewusste Emotionen

Ein in der Psychoanalyse zentrales Konzept zum Verständnis menschlichen Verhaltens, nicht nur des neurotischen, ist das der Abwehr bzw. der Abwehrmechanismen. Traditionell werden sie dem unbewussten Teil des Ichs zugeschrieben (Freud 1926), und sorgen dafür, dass (Trieb-)Konflikte unbewusst gemacht werden. Die nun unbewussten Anteile der abgewehrten Triebregung können nur noch in entstellter Form als Ersatzbildungen (z. B. Symptomen) an die Bewusstseinsoberfläche gelangen. Freud (1926) nahm dabei an, dass Abwehrmechanismen immer durch Angst bzw. Unlust ausgelöst werden: Ein verpönter Triebimpuls erzeugt ein Angstsignal, und die Angst mobilisiert die Abwehr. Bei einer stabilen Abwehr wird weder der Impuls noch die Angst bewusst. Wir haben diese »zweite Angsttheorie« Freuds oben näher beschrieben (▶ Kap. 2.2.1).

Die *Palette Abwehr auslösender unbewusster Affektsignale* wurde mit der Zeit erweitert, z. B. um depressive Affekte (Brenner 1982), Kränkung (Hoffmann 1987) oder Scham (Wurmser 1990). König (1996) nimmt an, dass alle Affekte und Stimmungen Abwehrmechanismen auslösen können. Diese Tendenz innerhalb der modernen Psychoanalyse führen Rudolf und Henningsen (2013) zu der Definition: »Da es im psychodynamischen Zusammenspiel immer wieder um das Zusammenspiel von psychischen Substrukturen geht, wird immer dort, wo eine Unlust bereitende Tendenz durch eine andere überdeckt oder ausgeglichen wird, von Abwehr gesprochen« (S. 70). Eine gegebene Situation (real oder in der Phantasie) aktiviert eine spezifische Repräsentanz; dabei ausgelöste Affekte (z. B. Angst, Wut, Kränkung) mobilisieren dann Abwehrprozesse (innerpsychische und/oder Handlungsoperation). Diese prozedurale Abfolge kann durchaus mit dem impliziten Gedächtnis in Verbindung gebracht werden. Im Unterschied zu anderen Handlungsprozeduren, wie beispielsweise dem Autofahren, die deskriptiv unbewusst sind und prinzipiell wieder bewusstwerden können, *ist die Unbewusstheit des Geschehens bei Abwehrvorgängen gerade das Ziel der Operation*. Die an der Auslösung von Abwehr beteiligten oder selbst abgewehrten Affekte sind dann zwar unbewusst, aber deshalb nicht verschwunden – sie wirken weiterhin im dynamischen Unbewussten. Die abgewehrte konflikthafte Repräsentanz wirkt fort als eine Art Eingangsfilter, als Folie für die unbewusste Interpretation einer je gegebenen Situation, wodurch die

2 Emotionen

Notwendigkeit zur Abwehr bestehen bleibt – die unbewussten Emotionen *triggern* die inneren Abwehroperationen.

Dabei ist zu beachten, dass Abwehrmechanismen ubiquitäre Phänomene sind und nicht nur bei psychisch Kranken vorkommen.[31] Ebenso, wie das Wirken impliziter Gedächtnissysteme nicht direkt beobachtet werden kann, sondern aus dem Verhalten (z. B. der Geschwindigkeit und Fehlerquote bei der Absolvierung bestimmter Aufgaben) erschlossen werden muss, kann auch das Wirken dynamisch unbewusster Emotionen nur erschlossen werden.

Im Grunde dienen alle in der klinischen Literatur beschriebenen Abwehroperationen dem Unbewusstmachen von Emotionen. Schon Freud (1915a, S. 277) sah das »eigentliche Ziel« der Abwehr in der »Unterdrückung der Affektentwicklung«. Neuere psychoanalytische Ansätze gehen aber im Gegensatz zu Freud davon aus, dass die abgewehrten, unbewusst gemachten Affekte, wie die abgewehrten Vorstellungen auch, im dynamischen Unbewussten bestehen bleiben (Zepf 1997a, 2000). Dabei spielen sich die Abwehroperationen entweder rein innerpsychisch oder auch interaktionell ab, indem die Sozialpartner in die Abwehrprozesse mit einbezogen werden[32] – bedenkt man die interaktionellen Folgen von durch Abwehr verändertem Verhalten, dann sind immer beide Bereiche betroffen.

2.2.4 Identität im Zeitalter der Interdisziplinarität

Wie an den obigen Kapiteln bereits deutlich wird, steht die moderne Psychoanalyse einem von Neugierde und gegenseitigem Interesse geprägten Dialog mit anderen Wissenschaften und klinischen Verfahren inzwischen wesentlich offener gegenüber als in der Vergangenheit. Wir begrüßen diese zunehmend interdisziplinäre Ausrichtung, sehen jedoch auch die Gefahr,

---

31 König (1996) nennt zu jedem der über dreißig beschriebenen Abwehrmechanismen ein bewusstes oder vorbewusstes Pendant im »normalen« Alltagsverhalten.
32 Bänninger-Huber (1996) beschreibt die interaktive Regulierung von Schuldgefühlen in Psychotherapien. Merten (1996) und Steimer-Krause (1996) beschreiben interaktive Regulationsprozesse zwischen schizophrenen Personen im Gespräch mit Gesunden.

2.2 Psychoanalytische Emotionstheorien

dass hierin genuin psychoanalytische Herangehensweisen, Auffassungen und Grundhaltungen verloren gehen könnten. Oder anders gesagt, bleibt dennoch eine der Psychoanalyse eigene *Identität* bestehen. Am Beispiel der Emotionstheorien möchten wir deshalb abschließend aufzeigen, dass sich die psychoanalytische Theorie in einem wesentlichen Aspekt von den anderen Wissenschaften und klinischen »Schulen«, die Theorien zu psychischen Prozessen aufstellen, unterscheidet. Einer von uns (CB) hat an anderer Stelle dargelegt, dass trotz zunehmender Gemeinsamkeiten »der größte Unterschied« zwischen psychodynamischen Therapeuten und solchen, die in der »dritten Welle« der KVT stehen, auch heute noch in dem Aspekt der grundlegenden *Haltung* gegenüber dem Patienten besteht (vgl. Benecke 2016). Diese Differenz in der Haltung drückt sich aus unserer Sicht jedoch nicht nur auf praktisch-klinischer, sondern auch auf konzeptuell-theoretischer Ebene aus. Wir möchten dies am Beispiel entwicklungspsychologischer und psychoanalytisch-pädagogischer Theorien zur emotionalen Entwicklung in der frühen Kindheit und Herausbildung einer eigenständigen *Identität* aufzeigen.

Wie wir in Kapitel 1.3.2 herausgearbeitet haben, wird in aktuellen psychoanalytischen Motivationstheorien hervorgehoben, dass die Entwicklung einer eigenen Identität und eines gesunden Selbstwertgefühls zentrale Entwicklungsaufgaben sind. An der Ausbildung dieser aus psychoanalytischer Sicht bedeutenden Motive ist in der emotionalen Entwicklung der Kindheit besonders das *Schamgefühl* beteiligt. Die Entwicklung der sozialen Emotionen allgemein – also Scham, Schuld, Stolz und Neid – in der Vorschulzeit ermöglicht es dem Kind, den Balanceakt zwischen der Verinnerlichung gesellschaftlicher Normen und der Ausprägung einer eigenständigen Identität zu meistern (Tangney & Dearing 2002). Der Scham kommt dabei aus psychoanalytischer Perspektive besonders in der Kindheit die entscheidende Rolle zu, eine Verletzung der Selbstgrenzen anzuzeigen und damit eine *Entwicklung des Selbstwertgefühls* zu ermöglichen (Hilgers 2006). Entwicklungspsychologische Theorien zur Entwicklung des Schamgefühls fokussieren stattdessen stärker seine Rolle hinsichtlich der Internalisierung sozialer Regeln und gesellschaftlicher Normen.

Eines der verbreitetsten Bücher der Entwicklungspsychologie zur Entwicklung von Emotionen und ihrer Regulation ist das 2006 von Manfred Holodynski herausgegebene Grundlagenbuch. Holodynski erklärt bezüglich der Entwicklung sozialer Emotionen, dass die »negativen selbst-

2 Emotionen

bewertenden Emotionen Schuld und Scham [...] an den Konfliktstellen [entstehen], an denen das kindliche Selbermachenwollen auf die entschiedene Missbilligung der Bezugspersonen stoßen (sic!)«[33]. Er spricht deshalb davon, dass »sozialer Ausschluss als Ausgangspunkt der Scham« diene. Diesen Ausgangspunkt könne man, so erläutert Holodynski, erzieherisch nutzen. Sobald ein Kind dazu gebracht werden soll, »etwas zu tun, was es tun kann, aber nicht tun will, was es aber tun soll« könne die Bezugsperson zum »Mittel des Beziehungsabbruchs« greifen. Das Kind erfahre nun, »dass sie es buchstäblich vor die Tür setzt [...] und ihm dadurch zu verstehen gibt, dass sie das Kind jetzt nicht mehr ›lieb‹ habe«. Dieses Erziehungsmittel sei so »wirkungsvoll«, weil das Kind in diesem Alter noch »existentiell« von seiner Bezugsperson abhängig sei. »Sein Bindungsmotiv ist in höchstem Maße aktualisiert, aber gerade die Bindungsperson verweigert jegliche Hilfe [...]. Das Kind ist der Situation allein und hilflos ausgeliefert und erlebt sich als Objekt elterlicher Willkür, die gegen seine Person als Ganzes gerichtet ist. Denn das Kind wird ja als Person ausgeschlossen.«

Holodynski versteht also genau, welch existentieller Bedrohung das Kind, welches »durch heftiges, trotziges oder auch flehentliches Schreien die Wiederherstellung der Bindungsbeziehung einklagt«, mit diesem Erziehungsmittel ausgesetzt wird. Er verdeutlicht: »Im Kern jedoch hat das Kind erfahren müssen, dass es in der Situation gegenüber seiner Bezugsperson klein, verstoßen und ohnmächtig war«. Dass es sich bei dieser Art der pädagogischen Interaktion um ein bewusst intendiertes Vorgehen handelt, um Kinder »in einer gewünschten normgeleiteten Form« zu erziehen, macht Holodynski im Folgenden klar: »Es ist unklar, wie viele solcher Ausschlussepisoden ein Kind erleben *muss*, um daraus die Erfahrung zu extrahieren, dass es nicht mehr vorbehaltlos wertgeschätzt wird, sondern dass es den Forderungen der Bezugsperson entsprechen *muss*. Nur so kann es die Wertschätzung wiedererlangen – andernfalls droht ihm der *Bindungsabbruch*« (Hervorhebung von uns). Er ergänzt: »Wir gehen davon aus, dass solche Ausschlusserfahrungen die Basis für die Entstehung von Scham darstellen«.

---

33 Alle nun folgenden Zitate entstammen Holodynski, 2006, S. 126–133. Der Lesbarkeit wegen verzichten wir darauf, für jedes Zitat die genaue Seitenzahl anzugeben.

2.2 Psychoanalytische Emotionstheorien

Neben dem »Bindungsabbruch« könne die Bezugsperson die Entwicklung der Scham in diesem Alter jedoch auch durch ein anderes Erziehungsmittel nutzen: »Eine ähnlich wirksame Methode der Beschämung ist es, wenn man Kinder für ihr normverletzendes Verhalten lächerlich macht«. Damit gebe man ihnen zu »verstehen, dass sie in dem, wie sie sich verhalten gerade nicht wie Erwachsene handeln, sondern wie ein kleines Baby, das dafür gehänselt wird. Auch dieses Lächerlichmachen ist letztlich ein Ausschluss aus der Gemeinschaft, auf den die Kinder mit Scham reagieren«. Durch diese Art der Erziehung und damit eine Entwicklung der Scham werde eine »Internalisierung von Leistungsnormen und damit eine genuine Selbstbewertung« ermöglicht. Dies bereite Kinder auf den »Übergang in die Grundschule« vor, »werden doch die Kinder in der Schule erstmals – jedenfalls in Deutschland – systematisch mit Leistungsmaßstäben konfrontiert und auch untereinander in ihren Leistungen verglichen, sodass Erfolg und Misserfolg bedeutsam werden«.

Wir gehen zum Abschluss dieses Kapitels ausführlich auf diesen Unterpunkt ein, da er am Beispiel der Schamentwicklung darzustellen vermag, wie stark in der heutigen Entwicklungspsychologie aufgrund der zugrundeliegenden *Haltung* nach wie vor die Meinung verbreitet ist, dass sanktionierende Gewalt ein nötiges und legitimes Mittel zur vermeintlichen Förderung der emotionalen Entwicklung darstelle. Die psychoanalytische Pädagogik setzt sich seit vielen Jahrzehnten gegen diese Form der Erziehung ein. So bezeichnet Margret Dörr, Vorsitzende der Kommission »Psychoanalytische Pädagogik« der Deutschen Gesellschaft für Erziehungswissenschaft, die dargestellten Ansichten Holodynskis als »schwarze Pädagogik« (persönliche Mitteilung 2015). Aus Sicht der Psychoanalyse ist in der Entwicklung mit dem Auftauchen des Schamgefühls besonders sensibel umzugehen, weil kein anderes Gefühl so direkt an der Bildung einer eigenen Identität beteiligt ist (vgl. Benecke & Peham 2007). Erikson (1966) hebt hervor, dass ein falscher Umgang mit der Scham das noch nicht fest etablierte *Urvertrauen* behindern könne. Doch der Psychoanalytiker Volker Langhirt (2012) kommt in einer Arbeit, die die Entwicklung der Scham aus der Perspektive der aktuellen psychoanalytischen Pädagogik untersucht, zu dem ernüchternden Schluss, »dass alte Formen der Beschämung, wie z. B. die Prügelstrafe zwar seltener geworden sind, dadurch aber subtilere Formen sich zunehmend in der Gesellschaft etablieren, die auf effektives Funktionieren innerhalb dieses gesellschaftlichen Rahmens abzielen« (S. 320). Statt

2 Emotionen

solcher pädagogischer Mittel sieht die psychoanalytische Pädagogik, auch gegen die gesellschaftlichen Forderungen, eine Ich-Stärkung des Kindes als ihr Hauptziel jeder pädagogischen Tätigkeit an (Bittner 2010). Durch die von Holodynski kritiklos vorgestellten Erziehungsmittel der Beschämung wird diese jedoch massiv beeinträchtigt. Besonders der von Holodynski beschriebene »Bindungsabbruch« stellt hinsichtlich der Entwicklung des Schamgefühls eine gefährliche Methode dar, wie der Psychoanalytiker Schore (2007) verdeutlicht: »Im Zustand der Scham wünscht der Mensch nichts dringlicher als [...] sich mit anderen zu verbinden und die Bezogenheit, die vor der problematischen Situation bestand, wiederherzustellen« (S. 165). Das Auftreten von Scham verdeutlicht eine große Unsicherheit des Kindes bezüglich der erwünschten Kongruenz eigener Bedürfnisse mit gesellschaftlichen Ansprüchen. Deshalb führt eine Pädagogik, die Beschämung nutzt, unweigerlich dazu, dass das Kind seine Gefühle nicht als Regulatoren eigener Bedürfnisse und Motive versteht, sondern zunehmend die eigene emotionale Entwicklung an gesellschaftliche Normzwänge anpasst. Orange et al. (2001) erklären: »Frühe, wiederkehrende fehlerhafte Einstimmungen der Betreuungsperson vermitteln dem Kind die unbewußte Überzeugung, daß unbefriedigt bleibende entwicklungsbedingte Sehnsüchte und reaktive Gefühlszustände Manifestationen eines verabscheuungswürdigen Defekts oder eines inhärenten inneren Böseseins darstellen« (zitiert nach Langhirt 2012, S. 325). Doch handelt es sich bei den von Holodynski dargestellten Erziehungspraktiken nicht nur um »wiederkehrende fehlerhafte Einstimmungen« gegenüber dem Kind, sondern vielmehr geht es um »elterliche [...] Willkür, die gegen seine Person als Ganzes gerichtet ist« (Holodynski 2006, S. 127). Die Auswirkungen einer solchen Erziehung benennt der Psychoanalytiker Wurmser 1990 als *Urscham*, die eine Grundüberzeugung im Kind entstehen lässt: »Ich bin nicht geliebt worden, weil ich im Kern nicht geliebt werden kann – und ich werde nie geliebt werden« (S. 158).

Demgegenüber hat die psychoanalytische Pädagogik hinsichtlich der emotionalen Entwicklung für jede Altersphase die autonome Subjektbildung des Kindes zum Ziel; auch wenn diese gegen bestehende gesellschaftliche Verhältnisse durchgesetzt werden muss. So stellt der von Holodynski ins Feld geführte Umstand, dass die Grundschule von »Leistungsmaßstäben« bzw. »Erfolg und Misserfolg« (S. 132) geprägt sei, für die psychoanalytische Pädagogik kein normatives Argument,

2.2 Psychoanalytische Emotionstheorien

sondern vielmehr einen zu hinterfragenden Zustand dar. Sie versteht sich seit Jahrzehnten als gesellschaftskritisch, was man von der Entwicklungspsychologie überwiegend mitnichten behaupten kann. Langhirt (2012) betont diesbezüglich: »Eine Pädagogik, die sich einer pychodynamischen Sichtweise verpflichtet fühlt, wehrt sich dagegen, Scheitern im Erziehungsprozess zu sanktionieren und die Subjektbildung vor dem Hintergrund gesellschaftlicher Anpassungsleistungen zu erfüllen« (S. 322).

Glücklicherweise gab der deutsche Gesetzgeber hinsichtlich der Ansichten zur Scham im Entwicklungsprozess mittlerweile der psychoanalytischen Pädagogik Recht. 2003 konkretisierte das Bundesministerium für Familie in einem Kommentar zum Paragraphen 1631, das die Gewaltfreiheit der Erziehung gewährleistet und 2000 im Bundestag verabschiedet worden war:

»Über das Verbot körperlicher und seelischer Misshandlungen hinaus wird nunmehr jede Art von Gewalt in der Erziehung verboten [...]. Dieses Recht umfasst nicht nur körperliche, sondern auch psychische Formen von Gewalt wie z. B. Liebesentzug oder die öffentliche Bloßstellung des Kindes. Jegliche Sanktionierung, die dazu geeignet ist, das Kind in seinem Ehr- und Schamgefühl zu verletzen, stellt eine unzulässige Form von Gewalt dar.« (§ 1631 Abs. 2 Satz 2 BGB n.F.; Bundesministerium für Familie 2003, S. 4)

An den Ausführungen zur emotionalen Entwicklung in der Kindheit wird deutlich, dass die psychoanalytische Wissenschaft zu grundsätzlich anderen Auffassungen gelangen kann als die Psychologie. Wir haben in Kapitel 2.2.3 herausgearbeitet, dass bezüglich der Untersuchung unbewusster Emotionen psychologische und neurowissenschaftliche Theorien bei der Beschreibung *deskriptiver* unbewusster Emotionen stehenbleiben, während innerhalb der Psychoanalyse stattdessen *dynamische* Prozesse bezüglich der Emotionen für besonders bedeutend gehalten werden. So lassen sich die von Holodynski beschriebenen Erziehungspraktiken der Beschämung als prototypische Beispiele bezeichnen, wie emotionales Erleben aufgrund von Erfahrungen in der Kindheit verdrängt werden muss und damit dynamisch unbewusste Emotionen entstehen. Emotionen, die die Nichterfüllung eigener Bedürfnisse anzeigen, müssen abgewehrt und ins Unbewusste verdrängt werden, sobald sie gegen gesellschaftliche Ansprüche – psychoanalytisch gesagt: gegen Über-Ich-Forderungen – gerichtet sind. Dadurch werden die Emotionen zu dynamisch unbewussten, die ohne regulierende Kontrolle und damit gewissermaßen im Untergrund auf psychische Prozesse wirken.

Aus psychoanalytischer Perspektive lässt sich neben dieser dynamischen (bestimmte affektive Themen bestehen aufgrund früher Verdrängung im dynamischen Unbewussten) außerdem eine strukturelle Folge beschreiben, die sich durch die von Holodynski kritiklos vorgestellte emotionale Entwicklung einstellt: Statt eines offenen, mentalisierenden Umgangs mit der eigenen Emotionalität etabliert sich ein strikter Hüter vor den Toren des Bewusstseins, den Sandler und Sandler (1985) als *zweite Zensur* bezeichnen. Dieser Zensor verhindert einen Übergang von unbewussten Inhalten in das Bewusstsein, weil sie ein Gefühl der Beschämung auslösen (▶ Kap. 3.3). Das in der modernen Psychoanalyse herausgearbeitete Motiv zur Selbstwertregulation und Identitätsbildung (▶ Kap. 1.3.2) kann dadurch nicht hinreichend ausgebildet werden; stattdessen wird mittels vorschneller Aktivierung des Schamgefühls eine rigorose Ausrichtung auf äußere Normzwänge gefördert, die einen *reflektierend-bewussten Umgang mit eigenem motivational-affektiven Erleben verhindert.*

Außerdem lässt sich anhand dieses Beispiels aufzeigen, dass ein grundsätzlicher Unterschied zwischen Psychoanalyse und Psychologie hinsichtlich der Haltung gegenüber dem »Forschungsgegenstand« besteht. Auch wenn der Mensch bei beiden gleichermaßen im Zentrum des Forschungsinteresses steht, besteht der Hauptaspekt einer psychoanalytischen Herangehensweise nicht darin, eine objektivierbare und damit zum Untersuchungsobjekt degradierende Sichtweise einzunehmen, sondern vielmehr zielt genuin psychoanalytische Forschung darauf ab, die Subjektwerdung des Einzelnen durch ein empathisches Verstehen vor dem Hintergrund der individuellen Biographie zu stärken. Bei aller gewünschten Interdisziplinarität sollte auch eine moderne Psychoanalyse diese ihr eigene Haltung bewahren und weiterhin zum Ausgangspunkt ihrer Wissenschaft nehmen.

Literatur zur vertiefenden Lektüre

Kernberg, O. F. (2001): Affekt, Objekt und Übertragung. Aktuelle Entwicklungen der psychoanalytischen Theorie und Technik. Gießen: Psychosozial.
Krause, R. (2012): Allgemeine psychodynamische Behandlungs- und Krankheitslehre. Grundlagen und Modelle. 2., vollst. überarb. und erw. Aufl. Stuttgart: Kohlhammer.

Fragen zum weiteren Nachdenken

- Welche Aspekte hat die moderne Psychoanalyse durch eine Abkehr von Freuds Triebtheorie zugunsten einer Wertschätzung der Emotionen verloren?
- Bei der Beschreibung welcher psychischen Phänomene wäre es auch für die Psychologie von Interesse, das Konzept dynamisch unbewusster Emotionen einzubeziehen?
- Inwiefern stellt die Annäherung an eine empirische, objektivierende Forschung für die moderne Psychoanalyse eine Herausforderung dar, die ihr eigene Haltung gegenüber dem »Untersuchungsgegenstand« nicht zu verlieren?

2.3 Emotionsregulation

Einführung

Im vorherigen Kapitel haben wir herausgearbeitet, dass die Ebene der Emotionen für die aktuelle Psychoanalyse eine zentrale Rolle einnimmt. In den beiden folgenden Kapiteln (▶ Kap. 2.3 und 2.4) steht die Fähigkeit zur *Regulation* emotionalen Erlebens und Verhaltens im Fokus. In den verschiedenen therapeutischen »Schulen« steht diese Fähigkeit inzwischen im Zentrum des Interesses, und auch in der psychologischen Forschung ist sie von zunehmendem Interesse. Für die moderne Psychoanalyse stellen wir am Beispiel der Mentalisierungstheorie dar, wie sich die Fähigkeit zur Emotionsregulation in der frühen Kindheit entwickelt und inwiefern sie einen wesentlichen Aspekt der psychoanalytisch beschriebenen strukturbezogenen Ich-Funktionen darstellt. Abschließend wird deutlich, dass die empirischen Erkenntnisse der Psychotherapieforschung die hervorgehobene Bedeutung der Fähigkeit zur Emotionsregulation für die Entstehung von Psychopathologien und ihre therapeutische Behandlung aufzeigen.

2 Emotionen

Lernziele

- Die verschiedenen Ebenen, auf denen Emotionen reguliert werden können, voneinander unterscheiden können
- Psychodynamische Abwehrmechanismen aus dem Blickwinkel der Emotsregulation beschreiben können
- Die Grundzüge der Entwicklung der Emotionsregulation in der frühen Kindheit nachvollziehen können
- Verbindungen zwischen der Entwicklung der Fähigkeit zur Emotionsregulation und der Ausbildung des Strukturniveaus erkennen
- Lernen, inwiefern die Emotionsregulation für die Ausbildung psychischer Störungen zentral ist und warum ihre Berücksichtigung im therapeutischen Prozess eine grundlegende Bedingung für den Behandlungserfolg darstellt

Einleitung

Wie an dem obigen Kapitel bereits deutlich wird, wird in einer adaptiven Emotionsregulation eine der wesentlichen psychischen Fähigkeiten gesehen. In diesem Kapitel werden wir zunächst aufzeigen, dass die Emotionsregulation nicht nur in der Psychoanalyse, sondern auch in anderen klinischen Theorien mittlerweile die zentrale Untersuchungsebene darstellt. Anschließend werden psychoanalytische Abwehrmechanismen beschrieben, die offensichtlich mit der Regulation von Affekten zusammenhängen. Dabei versuchen wir darzustellen, dass auch weitere psychoanalytische Abwehrmechanismen, die zunächst nicht im Kontext der Regulation von Affekten besprochen worden sind, im Sinne der Emotionsregulation verstanden werden können. Doch nicht nur die pathologische Seite ist für die moderne Psychoanalyse interessant: Unter dem Begriff der »mentalisierten Affektivität« befasst sie sich mit Ansichten dazu, wie eine gesunde Fähigkeit zur Emotionsregulation optimalerweise aussieht. Die Mentalisierungstheorie beschreibt auch, wie eine Entwicklung der Emotionsregulation in der frühen Kindheit gelingen kann. Abschließend gehen wir auf die Diskussion ein, inwiefern diese Fähigkeit zur Emotionsregulation den Kern der strukturellen Fähigkeiten ausmacht.

2.3 Emotionsregulation

2.3.1 Ebenen der Emotionsregulation

Waren die verschiedenen psychotherapeutischen Schulen über lange Zeit des letzten Jahrhunderts stark zerstritten, scheinen sie sich in dem Punkt der Bedeutung der Emotionsregulation für die Ausbildung und Aufrechterhaltung psychischer Störungen inzwischen einig zu sein (vgl. auch Benecke 2014). Doch wie beim Emotionsbegriff gibt es auch bezüglich der Emotionsregulation keine einheitliche Konzeptualisierung. Der aktuell vielleicht bedeutendste Forscher in der kognitiven Psychologie für dieses Thema, James Gross, versteht Emotionsregulation in einem weiten Sinne (▶ Kasten).

> **Definition Emotionsregulation**
>
> »Emotionsregulation beinhaltet alle bewussten und unbewussten Strategien zur Verstärkung, Aufrechterhaltung oder Abschwächung einer oder mehrerer Komponenten einer emotionalen Reaktion« (Gross 2001, S. 215; Übers. CB).

Anhand dieser Definition werden drei der vier wesentlichen Unterscheidungsmerkmale der Emotionsregulation deutlich:

1. Gross unterscheidet in seiner Definition bestimmte »Strategien« von der ursprünglichen »emotionalen Reaktion«. Die meisten Konzepte der Emotionsregulation gehen von einem solchen *zweiphasigen Prozess* aus (z. B. Eisenberg & Spinrad 2004; Cole et al. 2004): Erst entsteht eine gewissermaßen pure unregulierte Emotion; anschließend setzen absichtsvolle, willentliche und zielgerichtete Versuche ein, um die aktivierte Emotion zu modulieren, sozusagen zu managen. Demgegenüber gehen andere Autoren davon aus, dass Regulierungsprozesse ein intrinsischer Teil des emotionalen Erlebens sind und entsprechend keine »unregulierten« Emotionen das bewusste Erleben erreichen. Diese Ein-Faktoren-Theorien sehen eine nicht klar zu trennende Interdependenz der Entstehung bzw. des Ausdrucks von Emotionen und ihrer Regulation (z. B. Campos et al. 2004; Thompson et al. 2008). Für die Psychoanalyse spielen beide Betrachtungsweisen eine Rolle. Einerseits geht es im therapeutischen Prozess darum,

Strategien zu erlernen, mit denen emotionale Reaktionen beeinflusst werden können. Andererseits sind beispielsweise bei Selbst-Objekt-Affekt-Einheiten (Kernberg 2014) und allgemein prozedural-dynamischen Regulierungsprozessen die Entstehung und der Ausdruck einer Emotion unweigerlich mit seiner Regulation verbunden.

2. Hier wird außerdem eine weitere Differenzierung bezüglich der Emotionsregulation deutlich. Sie lässt sich hinsichtlich der Frage festmachen, ob instrumentelle, bewusste Strategien eingesetzt werden oder die Regulation unterhalb der Bewusstseinsschwelle abläuft (deskriptiv und dynamisch unbewusst). Manche psychologische Autoren betonen, dass nur die bewusste Beeinflussung von Emotionen als Emotionsregulation anzusehen sei: »In brief, we are arguing that goal orientation and intent should be a part of the definition of emotion self-regulation and that not all reactions in emotional situations should be considered as types of emotion regulation« (Eisenberg & Spinrad 2004, S. 337). Ihrer kognitivistischen Tradition folgend hat sich in der psychologischen Forschung bislang »der große Anteil der empirischen Studien eher mit Prozessen der willkürlichen ER beschäftigt« (Barnow 2012, S. 112). Aus psychodynamischer Perspektive wird hingegen postuliert, dass *ein Großteil der Emotionsregulationsprozesse unbewusst* abläuft, indem mit der Aktivierung unbewusster Affekte automatisch Abwehrprozesse einsetzen (Benecke & Dammann 2003).[34] Jedoch werden innerhalb der Psychoanalyse auch bewusste Regulationsstrategien berücksichtigt (siehe unten bei »Ein Systematisierungsversuch« sowie Tabelle 2.1). In den letzten Jahren zeigt sich auch in der psychologischen Forschung die Tendenz, den impliziten Emotionsregulationsstrategien eine stärkere Bedeutung beizumessen (Gyurak et al. 2011; Etkin et al. 2015).

3. Die Regulation von Emotionen umfasst nicht nur die Abschwächung dieser. Besonders im nicht-wissenschaftlichen, alltäglichen Verständnis von Emotionsregulation wird häufig unterschätzt, dass Emotionsregulation auch die Verstärkung oder Beibehaltung emotionaler Prozesse beinhaltet. In der klinischen Praxis wird dieser Aspekt

---

34 Dass die Unbewusstheit emotionaler Prozesse eher der »Normalfall« ist, wird auch von neurobiologischer Seite beschrieben (z. B. Roth, 2001; LeDoux, 2015).

2.3 Emotionsregulation

beispielsweise in der *Mentalisierungsbasierten Therapie* (MBT) hervorgehoben: »Wichtig ist, dass Regulation eben nicht nur Einschränkung des Affektes bedeutet, sondern manchmal auch eine zeitweise Verstärkung in Kontexten, wo eine Verstärkung vom Individuum gewünscht wird oder situativ angemessen ist, z. B. Traurigkeit während einer Beerdigungszeremonie« (Taubner 2015, S. 60). Besonders aktuelle Ansätze der humanistischen Psychotherapie wie die *Emotionsfokussierte Therapie* (EFT; Greenberg 2006) betonen, welche Rolle die Verstärkung »primärer Emotionen« für den therapeutischen Fortschritt haben kann.

4. Als weiterer Punkt lässt sich die Unterscheidung zwischen intrapsychischen und interpersonellen/handelnden Emotionsregulationsstrategien hinzufügen. In der bisherigen Forschung wurden nahezu ausschließlich intrapsychische Regulationsstrategien berücksichtigt; doch in den letzten Jahren zeigt sich zunehmend auch ein Interesse an der Erforschung interpersoneller Emotionsregulationsprozesse (vgl. Gross 2015, S. 359). Bei unserer folgenden Systematisierung der Emotionsregulation spielt diese Unterscheidung eine bedeutende Rolle.

Auch wenn insgesamt durchaus unterschiedliche Auffassungen bezüglich der Emotionsregulation bestehen, deren Widersprüchlichkeit wir hier nur kurz anreißen konnten; einig sind sich alle dennoch darin, dass Emotionsregulation auch scheitern kann, dass sie eine zentrale Rolle in den frühen Bindungsbeziehungen und damit in der Entwicklung der psychischen Struktur spielt (▶ Kap. 2.3.4) und dass die Kompetenz zur Emotionsregulation einen wichtigen Aspekt psychischer Gesundheit darstellt (z. B. Barnow 2012; Benecke 2014).

Ein Systematisierungsversuch

Im Folgenden soll versucht werden, die Vielzahl von beschriebenen Emotionsregulationsprozessen etwas zu systematisieren (▶ Tab. 2.1). Ausgehend von den oben dargestellten Unterscheidungsebenen teilen wir Emotionsregulationsstrategien hinsichtlich zweier Aspekte: unbewusst vs. bewusst und intrapsychisch vs. handelnd/interpersonell. Weil die klinische Ebene für die Psychoanalyse besonders bedeutend ist, stellen wir für die einzelnen Quadranten beispielhaft Strategien oder Instrumente vor, die im klinischen Setting ihre Anwendung finden.

2 Emotionen

Tab. 2.1: Versuch einer Systematik der Regulationsformen (Benecke 2015)

	handelnd/interpersonell	intrapsychisch
unbewusst/ automatisch	habituelle Handlungsregulation; implizite Beziehungsmuster	Abwehrmechanismen; experiential avoidance
bewusst/ reflexiv	Coping; volitionale Handlungsregulation	kognitives Reappraisal; reflexive Emotionsregulation

Unbewusste, automatische Regulationsformen: In diesen Bereich fallen spontane Aktionen und Handlungen, die sich außerhalb der bewussten Wahrnehmung und ohne begleitende Reflexionen abspielen, ebenso wie unbewusste kognitive Operationen.

- Die *unbewusste, handelnde* Emotionsregulation umfasst eine »automatisch bestimmte Handlungstendenz für Anpassungsreaktionen im Notfall« (Scherer 1996, S. 306; vgl. auch Fonagy et al. 2004). Das heißt, es handelt sich hier eher um eine emotionale Verhaltens- oder Handlungssteuerung (vgl. Gross 2001), wobei die Handlungen dann wieder auf die Emotionen zurückwirken. Dazu können auch Muster im Beziehungsverhalten gerechnet werden, bei denen beispielsweise die jeweiligen Interaktionspartner zu bestimmten Handlungen »gebracht« werden (sollen), die einen regulierenden Effekt auf die Emotionen des Subjekts hat (Bänninger-Huber 1996). Auch die vom Arbeitskreis OPD (2006) beschriebenen »Lösungsmodi« unbewusster Konflikte können weitgehend hier angesiedelt werden: Die Konflikte sind mit für das jeweilige Individuum unerträglichen Affekten verknüpft, und die in den Lösungsmodi beschriebenen Verhaltensweisen und Beziehungsmuster dienen der »Abwehr« dieser Affekte, sodass die Lösungsmodi als komplexe, habituelle Emotionsregulationsstrategien verstanden werden können (vgl. Benecke 2014). Ein weiteres prominentes psychodynamisches Beispiel besteht in dem Abwehrmechanismus der *projektiven Identifikation:* Hier werden nicht ertragbare Affekte in ein Gegenüber (bspw. den Therapeuten) »ausgelagert«, sodass diese nicht von einem selbst sondern stattdessen (durch interaktive Prozesse induziert) von der betreffenden Person erlebt werden. Sie stellen ein zentrales Element der Borderline-Persönlichkeitsstörung

2.3 Emotionsregulation

dar (Kernberg 2014) und werden im Sinne der unten beschriebenen Mentalisierungstheorie als Folge präödipaler Störungen aufgefasst (Taubner 2015); gleichzeitig eröffnet die projektive Identifikation die Möglichkeit, sie für den therapeutischen Veränderungsprozess zu nutzen, indem der Therapeut die in ihm induzierten Affekte mental verarbeiten kann (Ogden 1988).

- Auf *unbewusster intrapsychischer* Ebene können die meisten der in der Psychoanalyse beschriebenen *Abwehrmechanismen* angesiedelt werden, auf die wir im nächsten Unterkapitel ausführlicher eingehen (▶ Kap. 2.3.2). Aus heutiger Sicht besteht ihre Funktion besonders darin, das Erleben unangenehmer bzw. unerträglicher Affekte zu verhindern. Auch wenn Freud sie größtenteils hinsichtlich des Schutzes von bedrohlichen Triebimpulsen interpretiert hat, bezeichnete er die »Unterdrückung der Affektentwicklung« auch als »das eigentliche Ziel« (Freud 1915a, S. 277). Oder in den Worten der modernen Psychoanalyse: Abwehrmechanismen sind im Wesentlichen unbewusste intrapsychische Prozeduren, die automatisch ablaufen, um motivationale Impulse und damit verknüpfte Affekte aus dem Bewusstsein fernzuhalten.

In der psychologischen Forschung zur Emotionsregulation standen – einhergehend mit den Folgen der kognitiven Wende – die impliziten Strategien lange Zeit im Schatten der expliziten. Jedoch zeichnet sich in den letzten Jahren ein Wandel ab, sodass impliziten Prozessen inzwischen ein größeres Forschungsinteresse entgegengebracht wird (vgl. Barnow 2012; Gyurak et al. 2011; Etkin et al. 2015). Weil dieser Wandel von besonderem Interesse für die zukünftige Psychoanalyse ist, werden wir am Ende dieses Kapitels darauf zurückkommen.

Im verhaltenstherapeutischen Kontext wurde das Konzept der *experiential avoidance* beschrieben, was eine Vermeidung von negativen Gefühlen, anderen inneren Erfahrungen, Erinnerungen und Körperempfindungen bezeichnet (Sloan 2004). Auch ihre Funktion besteht darin, unangenehme Affekte nicht erleben zu müssen. Sie ist allerdings insofern dysfunktional, als sie als ein Hauptfaktor für die Aufrechterhaltung psychischer Störungen angesehen werden kann (vgl. Benecke 2014).

Solche unbewussten, automatischen Mechanismen und Muster, ob intrapsychisch oder interpersonell/handelnd, können überwiegend als *prozedural-dynamische Regulierungsprozesse* verstanden werden:

2 Emotionen

prozedural entsprechend dem impliziten bzw. prozeduralen Gedächtnis, also als neuronal gebahnte Abläufe. Seit Sterns (1992) Einführung des *impliziten Beziehungswissens* wird in der Psychoanalyse hinsichtlich dieser Gedächtnisform die Bedeutung des Körpers berücksichtigt. Seit Damasio (1996) nimmt auch die »Mainstream«-Neurowissenschaft zunehmend wahr, dass prozedurales Gedächtnis vor allem Körpergedächtnis bedeutet. *Dynamisch* sind die oben beschriebenen Regulierungsabläufe in dem Sinne, dass sie eine regulierende Funktion in Bezug auf negative Affektzustände haben, sie ins dynamische Unbewusste abdrängen und dort zu halten versuchen. In diesem Punkt besteht ein maßgeblicher Unterschied zwischen psychologischen und psychoanalytischen Konzeptualisierungen. Während die Psychologie unbewusste Prozesse lediglich beschreibt (deskriptiv), erkennt die Psychoanalyse die Bedeutung des Unbewusstmachens bestimmter Themen für die Psyche in ihrer emotionsregulierenden Funktion (dynamisch) an (Benecke 2014; (▶ Kap. 2.2.3).

Bewusste, reflexive Regulationsformen: Auf der bewussten, reflexiven Ebene der Emotionsregulation finden sich Reaktionsweisen, die sich im Verlauf der Evolution durch eine »Entkoppelung instinktiver Reizreaktionskontingenzen« entwickelt haben (Scherer 1996, S. 306). Dadurch entsteht eine Art *mentaler Puffer* mit einer Latenzzeit, während der der Mensch aus einer großen Auswahl von möglichen Reaktionsweisen eine angemessene Strategie »aussuchen« kann. Bei der Emotionsregulation auf dieser »höheren« Ebene nimmt das Individuum seine eigenen Emotionen bewusst wahr und kann gleichzeitig bzw. kurz danach den Gefühlszustand beeinflussen (Fonagy et al. 2004; Gross 2001).

- Im Verständnis der kognitiven Psychologie kann eine *handelnd-interpersonelle* Regulation besonders durch bewusst eingesetztes Coping geschehen. Lazarus und Folkman (1984) beschreiben sogenanntes *Problem-focussed Coping*, das sich auf die emotionsauslösenden, situativen Bedingungen richtet, verbunden mit der Suche nach alternativen Handlungsmöglichkeiten und Versuchen, die Situation zu verändern. In ihrem *Stressmodell* wird diese Coping-Ebene der bewussten Beeinflussung der Stress auslösenden Situation von den Strategien abgegrenzt, die ihre intrapsychische Reaktion auf die Situation verändern. Holodynski et al. (2013) nennen die *volitionale Hand-*

2.3 Emotionsregulation

lungsregulation, die auf »intentional erzeugten Vorstellungen eines in der Zukunft liegenden, erstrebenswerten Zustands beruht, dessen Erreichung zum Ziel der Handlung wird und das aktuelle Handeln im Hier und Jetzt ausrichtet« (S. 199) – diese Handlungen haben wiederum einen regulierenden Effekt auf die aktuellen Emotionen. Bewusstes Ablenkungsverhalten, das u. a. in der interpersonellen Emotionsregulation von Säuglingen von Bedeutung ist (vgl. Holodynski 2006), kann hier ebenfalls angesiedelt werden. Das Problem bei der Anwendung dieser Strategie im Erwachsenenalter besteht allerdings darin, dass eine Auseinandersetzung mit der Emotion nicht erfolgt, sondern absichtlich vermieden wird.

- Als *bewusste, intrapsychische* Prozeduren wurden verschiedene Regulierungen beschrieben, welche im psychotherapeutischen Kontext sicher die größte Bedeutung der vier hier unterschiedenen Arten aufweisen. Holodynski (2006) spricht von einer *reflexiven Emotionsregulation*, die ein Gewahrwerden und eine Vorausschau in Bezug auf die eigenen Emotionen und Motive voraussetzt und sich damit erst im Grundschulalter entwickelt. Die verhältnismäßig späte Entwicklung dieser Strategie ist auch damit zu erklären, dass die Fähigkeit zur exekutiven Kontrolle des Verhaltens (*effortful control*) sich erst in diesem Alter entwickelt, wie die berühmt gewordenen sogenannten »Marshmallow-Experimente« (Mischel et al. 1989) zeigen konnten. Erst dann besteht die Möglichkeit, Aufmerksamkeit und Verhalten aktiv zu initiieren, zu hemmen und/oder zu modulieren. Die Entwicklung reflexiver Regulationsformen ist eng mit der Sprachentwicklung verknüpft (Holodynski et al. 2013). Auch das bewusste Unterdrücken des Emotionsausdrucks oder -erlebens (»suppression«), das in den Forschungen des eingangs erwähnten James Gross eine herausragende Rolle spielt, gehört in diesen Bereich, wobei die Unterdrückung des Ausdrucks auch eine interpersonelle Komponente beinhaltet.
Gross (2001) nennt außerdem das *cognitive reappraisal* (neben der Unterdrückung die zweite bedeutende Strategie in vielen seiner Forschungsarbeiten), welches in kognitiv-behavioralen Therapieformen die Hauptstrategie zur therapeutischen Veränderung darstellt. An der therapeutischen Bedeutung dieser Strategie wird in den letzten Jahren jedoch zunehmend Kritik geäußert. Einerseits aufgrund neurowissenschaftlicher Studien, die den Einfluss des dorsolateralen Prä-

frontalcortex auf die Amygdala bezweifeln (vgl. Roth & Strüber 2014).[35] Andererseits aufgrund von Erkenntnissen der Psychotherapieforschung, die zeigen konnte, dass eine KVT desto weniger (!) erfolgreich war, je häufiger kognitive Umbewertungsstrategien angewendet wurden (Castonguay et al. 1996; Hayes et al. 1996). Als entscheidender Prädiktor für therapeutischen Erfolg kristallisierte sich in vielen Studien vielmehr die emotionale Erlebenstiefe, das sogenannte *emotional experiencing*, heraus.[36] In einem vielbeachteten Review fasst Kazdin (2007) zusammen: »Perhaps we can state more confidently now than before that whatever may be the basis of changes with CT, it does not seem to be the cognitions as originally proposed.« (S. 8) In der KVT insgesamt wird das cognitive reappraisal deshalb im Rahmen der »dritten Welle« zunehmend durch Konzepte der emotionalen Aktivierung wie *Achtsamkeit* und *Akzeptanz* (z. B. Heidenreich & Michalak 2009) oder die sogenannte *Detached Mindfulness* (Wells 2011) abgelöst. Auch Siegels (2011) *Mindsight* ist diesen Konzepten zuzuordnen. Bei diesen Ansätzen handelt es sich nicht, wie häufig fälschlicherweise angenommen wird, um Entspannungstrainings, sondern sie integrieren Ansichten und Praktiken aus dem Buddhismus mit aktuellen psychologischen Erkenntnissen und entwickeln darauf aufbauende therapeutische Modelle. »Achtsamkeit ist die Bewusstheit, die sich einstellt, wenn wir in einer besonderen Weise auf Erfahrung achten: mit Absicht (die Aufmerksamkeit wird absichtlich auf bestimmte Aspekte der Erfahrung gerichtet), im gegenwärtigen Moment (wenn wir in Gedanken in die Vergangenheit oder in die Zukunft gehen, kommen wir wieder in die Gegenwart zurück) und ohne zu werten (der Prozess ist von einem Geist der Akzeptanz von allem, was auftaucht, getragen).« (Crane 2011, S. 22) Im System der Operationalisierten Fertigkeitsdiagnostik (Stenzel & Rief 2011) werden entsprechende Strategien zur »Emotionsregulation« und »Stressbewältigung« diagnostisch erfasst. Psychodynamische Konzepte, die diese bewussten reflexiven Strategien abbilden, finden sich z. B. im Konzept der *mentalisierten Affek-*

---

35 Für eine neurowissenschaftliche Gegenposition hierzu siehe jedoch auch LeDoux (2015).
36 Eine Zusammenfassung der Studien hierzu in Benecke, 2014, S. 637–640.

2.3 Emotionsregulation

tivität (Fonagy et al. 2004), auf das wir im übernächsten Abschnitt näher eingehen werden. Zur Diagnostik dieser bewussten reflexiven Strategien sind im psychodynamischen Kontext verschiedene Instrumente geeignet, z. B: Die *Skala psychischer Kompetenzen* (Huber 2006) unterscheidet in der Skala zur *Affektregulation* zwischen »unkontrollierten Affektstürmen« auf der einen und »übermäßiger Kontrolle« auf der anderen Seite und hinsichtlich der Skala *Impulsregulation* zwischen »Zügellosigkeit« und »übermäßiger Hemmung«. Trotz ausgezeichneter Reliabilitäts- und Validitätswerte spielt sie jedoch in der klinischen Praxis bisher eine eher untergeordnete Rolle. Zur Diagnostik häufiger eingesetzt werden die vom Arbeitskreis OPD (2006) beschriebenen affektbezogenen »strukturellen Funktionen« (wie »Affektdifferenzierung«, »Affekttoleranz« oder »die emotionale Kommunikation nach innen«), auf die wir in Kapitel 2.3.4 näher eingehen.

Im psychodynamischen Kontext wird unter »Reflexivität« aber nicht nur die allgemeine kognitive Reflexionsfähigkeit verstanden. Vielmehr geht es hier um ein vertieftes, auch emotional verankertes Verständnis, um »emotionale Einsicht«. Der Unterschied wird z. B. in den Dimensionen der OPD-Strukturachse (Arbeitskreis OPD 2006) abgebildet, die eine reine »kognitive Wahrnehmungsfähigkeit« von der Fähigkeit unterscheidet, mit sich selbst und seinem Inneren in einen »emotional lebendigen Kontakt« zu treten, wodurch gemäß der Mentalisierungstheorie ein vertieftes Gefühl von Verstehen, von Sinnhaftigkeit und Kongruenz entsteht.

Implizite/explizite ER und ihre Verbindung zur Psychoanalyse

Die reflexiven, intrapsychischen Formen der Emotionsregulation gelten allgemein als »reif« und »adaptiv«. Dabei sind sich aktuelle psychotherapeutische Ansätze, humanistische, kognitiv-behaviorale wie psychodynamische, inzwischen weitestehend einig: Kennzeichnend für eine gesunde, adaptive Emotionsregulation ist, dass das Individuum die eigenen Emotionen (auch sehr negative) zunächst bewusst erleben und aushalten kann, ohne sofort »Gegenmaßnahmen« ergreifen zu müssen. Ob man es nun »Achtsamkeit« (Heidenreich & Michalak 2009) oder »mentalisierte Affektivität« (Fonagy et al. 2004) nennt, im *Primat der emotionalen Akzeptanz vor einer direkten behavioralen Veränderung* besteht die Grundidee einer therapeutischen Entwicklung im Sinne der Emotionsregulation. Oder in den nahezu poetischen Worten des Gründers der EFT, Leslie Greenberg: »Man kann von einem Ort erst abreisen, nachdem man bei ihm angekommen ist« (vgl. Greenberg 2006). Standen lange Zeit diese reflexiven, intrapsychischen Formen der Emotionsregulation im Zentrum der psychologischen Forschung, zeichnet sich in den letzten Jahren ein zunehmender Wandel ab, der an den Arbeiten des eingangs vorgestellten James Gross deutlich wird. Gyurak et al. (2011) konstatieren in einem Überblicksartikel: »because emotions are quick and fast-changing phenomena, emotion regulation in its implicit forms has the advantage of being more efficient and effortless than explicit regulation«. Außerdem zeigt das Forschungsteam um Gross, dass besonders bei psychopathologischen Prozessen, v. a. hinsichtlich Angststörungen und Depressionen, implizite Emotionsregulation wichtiger zu sein scheint als explizite (Etkin et al. 2010; Ehring et al. 2010). Etkin et al. (2015) stellen Unterschiede in neuronalen Korrelaten hinsichtlich der beiden Emotionsregulationsarten heraus: Während implizite Emotionsregulation eher mit einer Aktivierung des ventralen Präfrontalcortex (vPFC) einhergeht, lässt sich während der Anwendung expliziter Strategien die erhöhte Aktivierung des dorsolateralen Präfrontalcortex (dlPFC) beobachten. Der dlPFC ist dabei Teil des sogenannten *frontoparietalen exekutiven Netzwerks*, das insgesamt mit expliziter Emotionsregulation zusammenhängt (Kohn et al. 2014).[37] Etkin et al. (2015) führen diese neurowissenschaftlichen Erkenntnisse zu der Modellierung, dass der Hauptunterschied zwischen den Emotionsregulationsarten darin besteht, dass explizite Emotionsregulation des frontoparietalen exekutiven Netzwerks *internale Modelle* voraussetzt, sodass im Arbeitsgedächtnis die der Person bekannten Informationen bezüglich der betreffenden Situation repräsentiert werden. Demgegenüber setzt implizite Emotionsregulation diese kognitive Kontrolle nicht voraus, läuft automatisch, unwillkürlich und damit unbewusst ab. Etkin und

---

37 Zu diesem Netzwerk gehören – neben dem dlPFC – besonders der ventrolaterale PFC (vlPFC) und der Parietalcortex. Auch dieses Netzwerk hemmt während der Emotionsregulation die Aktivität von Amygdala, Insula und PAG. (Etkin et al. 2015)

Kollegen (2015) vermuten deshalb, dass in einem Großteil aller Situationen die implizite Emotionsregulation sich zeitlich vor der Anwendung expliziter Strategien ereignet.

Diese jüngeren Forschungen zur Emotionsregulation sind für die Psychoanalyse von besonderem Interesse. Rice und Hoffmann (2014) veranlassen die dargestellten neueren Arbeiten der Forschungsgruppe um Gross »to the idea that implicit ER processes may be similar to the psychodynamic concept of defense mechanisms, particularly defenses against unpleasant emotions«. Auch Gross (2015) benennt diese Parallelen zwischen den aktuellen Auffassungen zur impliziten Emotionsregulation und Freuds Kernannahmen bezüglich der Verdrängung. Für die zukünftige Psychoanalyse ist dabei besonders interessant, inwiefern diese intrapsychischen Prozesse mit der implizit-prozeduralen Repräsentation motivational-affektiver Konflikte zusammenhängt (▶ Kap. 4). Erste neuropsychoanalytische Studien zu dieser Frage legen die Vermutung nahe, dass mit der Hemmung unbewusster, psychodynamischer Konflikte besonders eine erhöhte Aktivität derjenigen kortikalen Regionen assoziiert ist, welche die implizite Emotionsregulation beeinflussen (Schmeing et al. 2013; Kehyayan et al. 2013). Eine weitere Erforschung eines solchen Abgleichs der impliziten Emotionsregulation mit psychodynamischen Konflikten und Abwehrmechanismen ist jedoch nötig.

Demgegenüber lassen die von Etkin et al. (2015) angestellten Überlegungen zur Bildung internaler Modelle, die sie als Voraussetzung für eine explizite Emotionsregulation ansehen, eindeutig Parallelen zu exekutiven Prozessen erkennen, die in der aktuellen Psychoanalyse in der *Mentalisierungstheorie* (Fonagy et al. 2004) beschrieben werden. In der Mentalisierungstheorie werden auch implizite Aspekte der Emotionsregulation berücksichtigt, jedoch besteht die zentrale Fähigkeit auf dem Weg zur *mentalisierten Affektivität* darin, einen mentalen Raum zu schaffen, der die Wirkung affektiver Impulse »puffert« und dadurch ihre Kontrolle ermöglicht.

In den folgenden Kapiteln befassen wir uns mit dieser Integration. Zunächst stellen wir im Folgenden beispielhaft vor, inwiefern die in der Psychoanalyse beschriebenen Abwehrmechanismen im Sinne der Emotionsregulation verstanden werden können (▶ Kap. 2.3.2) und gehen daraufhin ausführlich auf die angesprochene Mentalisierungstheorie ein (▶ Kap. 2.3.3).

2.3.2 Affektregulierung[38] – psychoanalytisch betrachtet

Wie wir im Kapitel zu »dynamisch unbewussten Emotionen« bereits angedeutet haben, wird die Regulation unangenehmer Affekte von der Psychoanalyse im Kontext der Abwehrmechanismen beschrieben (▶ Kap. 2.2.3). Einige Abwehrmechanismen werden dabei seit Längerem mit dem affektiven Erleben und ihrer psychodynamischen Funktion in Zusammenhang gebracht. Bezüglich dieses Zusammenhangs lassen sich vier verschiedene Pfade unterscheiden:

1. Unangenehme Affekte können selbst einen (kognitiven) Abwehrvorgang auslösen.
2. Affekte können das Ergebnis von »gelungenen« Abwehrmechanismen sein.
3. Affekte können das Ergebnis eines gescheiterten Abwehrprozesses sein, sozusagen ihr »Abfallprodukt«.
4. Affekte können der Abwehr anderer schmerzlicher Affekte, die vom bewussten Erleben ferngehalten werden müssen, dienen.

Der letzte Punkt stellt ein häufiges Muster bei Patienten mit strukturellen Störungen dar. Besonders wenn die strukturellen Beeinträchtigungen mit traumatischen Affekten und diffusen Affektzuständen verbunden sind, werden andere Affekte als Abwehrmechanismus eingesetzt, um die traumatischen und diffusen Affektzustände daran zu hindern, in das Erleben zu gelangen. Die häufig anzutreffende destruktive und zum Agieren neigende Affektivität von Patienten mit strukturellen Störungen, z. B. Patienten mit Borderline-Persönlichkeitsstörung, hat demnach in erster Linie identitätsreparierende Funktion und dient der Abwehr der un-

---

38 In der psychoanalytischen Tradition ist der Begriff »Affektregulierung« verbreiteter als der der »Emotionsregulation«, welcher in der psychologischen Forschung verwendet wird. Hiermit soll allerdings nicht zum Ausdruck gebracht werden, dass keine Schnittmenge zwischen beiden Konzepten bestehen würde. Aus unserer Sicht wäre vielmehr eine Integration der in beiden Wissenschaften gesammelten Erkenntnisse zur Affektregulierung/Emotionsregulation mehr als fruchtbar!

2.3 Emotionsregulation

erträglichen Diffusität (vgl. auch Green 1979; Dulz 1999; Benecke et al. 2011a; Dammann et al. 2011).

Auf deutlich besserem Strukturniveau finden sich weitere Abwehrmechanismen, die mit Affekten zusammenhängen: Bei der *Reaktionsbildung* beispielsweise werden Gefühle und die damit verbundenen Handlungsimpulse durch ihr Gegenteil abgewehrt, z. B. »indem der Person gegenüber, die einen aggressiv machen könnte, Gefühle besonderer Sympathie oder starken Mitleids erzeugt werden« (König 1996, S. 28). Die abgewehrte unbewusste Emotion findet meist dennoch ihren Ausdruck, z. B. in der Form, dass das aus der Reaktionsbildung resultierende Verhalten von den Interaktionspartnern als quälend überfürsorglich erlebt wird oder sogar tatsächlich schädigende Auswirkungen hat (siehe z. B. Krause 1998, S. 234).

Eng verwandt mit der Reaktionsbildung ist die sogenannte *Affektersetzung*. Laut Moser (1978) kann z. B. Aggression der Angstabwehr und Angst der Aggressionsabwehr dienen. Krause (1998, S. 245 f) beschreibt die Blockierung von Scham durch die Einnahme von damit unvereinbaren Körperhaltungen, z. B. eine chronische Triumph- oder Stolzhaltung, und betrachtet das als eine Form der Reaktionsbildung. Durch die engen Wechselwirkungen zwischen emotionalen und kognitiven Prozessen wird auch die Möglichkeit der Abwehr eines Affektzustandes durch einen anderen Affekt verständlicher. Dabei wird nicht einfach ein Affekt durch einen anderen ersetzt, so dass man Ersteren nicht mehr empfinden muss. Vielmehr werden mit der Mobilisierung eines Affektes eben auch bestimmte kognitive Repräsentanzen aktiviert.

So ist aus der klinischen Erfahrung bspw. bekannt, dass Scham durch Wut abgewehrt werden kann. Scham ist mit einer bestimmten, defizitären Selbsteinschätzung verbunden, Moser und von Zeppelin (1995) zufolge mit einem beeinträchtigten »Kern-Selbst« (▶ Kap. 2.2.4). Durch die Mobilisierung von Wut wird gleichzeitig eine Selbstrepräsentanz aktiv, in der das Subjekt über Handlungsmacht verfügt: Jemand anderes kann nun als Urheber des Selbstwertdefizites erscheinen, und dieser andere kann jetzt, wenn auch vielleicht nur in der Phantasie, bekämpft werden. Diese Affektersetzung ist dadurch funktional, dass Wut – Moser und von Zeppelin (1995) zufolge – mit einem intakten Kern-Selbstempfinden verbunden ist. Die Wut repariert das beschämte Selbst also kurzfristig bzw. erzeugt ein Selbstempfinden, das die Beeinträchtigungsempfindung verdeckt.

2 Emotionen

Die Abwehr von Aggression durch Angst findet sich z. B. bei Patienten mit einer Panikstörung. Zentral für diese Patienten wird übereinstimmend die Problematik im Bereich von Abhängigkeit und Autonomie gesehen, verbunden mit ängstlich-anklammerndem, allerdings von unbewussten Ambivalenzen begleitetem Beziehungsverhalten. Es bestehen ausgeprägte Wünsche nach Unabhängigkeit und Autonomie, die aber nicht realisiert werden, da die Patienten dadurch die Bindung der Objekte an sie zu gefährden meinen. Abgrenzung oder gar der Ausdruck von Ärger und Wut führen in der Phantasie der Patienten unweigerlich zum Verlassenwerden durch die gekränkte Person. Die Patienten beschreiben sich als nicht aggressiv. Bewusstseinsfähig ist stattdessen nur die Panik. Die aggressiven Anteile finden allenfalls Eingang in die »Katastrophengedanken«, wie z. B. ausgebaute Phantasien über tödliche Unfälle ihrer Partner oder dergleichen.[39]

Bei der *Rationalisierung* wird versucht, die durch unbewusste Motive bzw. Emotionen generierten Handlungen logisch, »vernünftig« zu begründen. Ist beispielsweise das Bestreben einer höheren beruflichen Vorgesetztenposition durch die unbewusste Angst vor mangelnder Bedeutung motiviert und dient somit der Abwehr von Gefühlen, nicht wertvoll zu sein, dann ist es wahrscheinlich, dass dieser Mensch jegliches selbstständige Handeln seiner Mitarbeiter unbewusst als Herausforderung oder Angriff deutet und entsprechend emotional darauf reagieren wird. Er wird aber i. d. R. nicht sagen können: »Ich erlebe das als Angriff auf meine bröckelige Autorität und habe Angst davor, mich unwert zu fühlen« – stattdessen wird er rationale Begründungen für sein (z. B. aggressiv-restriktives oder entwertendes, also der Abwehr dienendes) Verhalten finden. Die Rationalisierung kann ebenfalls als ein ubiquitäres Phänomen betrachtet werden. Aus einer neurobiologischen Perspektive vergleicht Roth allgemein das bewusste Ich mit einem »Regierungssprecher, der Dinge interpretieren und legitimieren muss, deren Gründe und Hintergründe er gar nicht kennt« (Roth 2001, S. 370).

---

39 In den Behandlungen zeigt sich der vormals unbewusste Zusammenhang von Aggression und Panik in der Weise, dass mit dem Bewusstwerden und psychischen Integrieren der Aggressionen auch die Panikattacken verschwinden (z. B. Milrod et al. 1997).

2.3 Emotionsregulation

Auch der Abwehrmechanismus der *projektiven Identifizierung*, zu dem für die moderne Psychoanalyse wir eine ätiologische Erklärung aus Sicht der Mentalisierungstheorie vorliegt (siehe Taubner, 2015), lässt sich in dieser Aufzählung hinzufügen. Die Funktion dieses psychodynamischen Prozesses liegt darin, die eigenen unerträglichen Affektzustände in eine andere Person »auszulagern« (Projektion). Die andere Person wird anschließend interaktiv dazu gebracht, diese ausgelagerten Affekte selbst zu empfinden, wodurch der Patient sich mit ihnen identifizieren kann (Identifikation). Diese Affekte können dadurch einerseits vom eigenen Erleben ferngehalten werden, und es findet mit ihnen andererseits eine Identifikation und Kontrolle am Anderen statt. Auch die projektive Identifizierung ist ein Abwehrmechanismus, der besonders häufig von Patienten mit starker struktureller Beeinträchtigung eingesetzt wird (Kernberg 2014; Fonagy et al. 2004).

Lassen sich die Emotionen als biologisch vorgeprägte Werkzeuge der Motive bezeichnen, so könnte man die *Abwehrmechanismen* als einen *zweiten Werkzeugkoffer* verstehen, deren Instrumente eingesetzt werden, wenn eine einfache Motivrealisierung aus psychodynamischen Gründen nicht möglich ist. Im »gesunden« Fall kommt es zu stabilen Kompromissbildungen (innerpsychischen und interpersonellen), die sowohl dem Subjekt als auch seinen Sozialpartnern eine, wenn auch oft entstellte, Realisierung bedeutsamer Motive ermöglicht. Auch die oben erwähnten repetitiven Beziehungsmuster sind als Kompromissbildungen, die sowohl die Abwehr als auch das Abgewehrte enthalten, zu verstehen. Letztlich wird die individuelle Persönlichkeit eines Menschen im psychodynamischen Verständnis durch stabile Konfigurationen von Repräsentanzen inklusive Abwehroperationen bestimmt (Hoffmann 1979; König 1992). Psychische Symptome, aber auch Persönlichkeitskonfigurationen können allgemein als Mittel/Lösungen betrachtet werden, bestimmte Vorstellungen und Emotionen unbewusst zu machen bzw. zu halten – gleichzeitig bewirken die unbewussten Vorstellungen und Emotionen die Aufrechterhaltung eben dieser Phänomene. Wir gehen in Kapitel 3.5 anhand eines Beispiels im Rahmen unseres Integrationsmodells auf diesen Gedanken einer Aufrechterhaltung aufgrund psychodynamischer Prinzipien, die sich affekttheoretisch formulieren lassen, ein.

2.3.3 Mentalisierte Affektivität und ihre Entwicklung

Seit ihrer »Geburt« ist die Psychoanalyse eine Wissenschaft, die den frühesten Erfahrungen im Leben eine besondere Bedeutung beimisst. Man kann rückblickend sagen, dass sie mit dieser Überzeugung, dass frühkindliche Erfahrungen das psychische (Er-)Leben als Erwachsener maßgeblich beeinflussen, die Betrachtung von der menschlichen Entwicklung insgesamt stark verändert hat (vgl. bspw. Illouz, 2006). Die psychoanalytischen Entwicklungstheorien waren dabei einem beständigen Wandel unterworfen (Ludwig-Körner 2012). Für die aktuelle Psychoanalyse bildet spätestens seit der Kritik der psychoanalytischen Säuglingsforschung in den 1980er Jahren (vgl. Stern 1992; Emde 1988a, 1988b; Lichtenberg 1991) die *empirische Erforschung des Affekt-Austauschs* zwischen Kind und primärer Bezugsperson die entscheidende Untersuchungsebene. Das zentrale Thema der frühen Entwicklung liegt demnach in einer gelingenden Emotionsregulation: »Mittlerweile sieht es danach aus, als sei die Entwicklung der Fähigkeit, Gefühle wahrzunehmen, zu kommunizieren und zu regulieren, der alles entscheidende Vorgang unserer frühen Kindheit« (Schore 2007, S. 35). Ob diese *Affektabstimmung* (Stern 1992) zu einer gesunden Entwicklung beiträgt, hängt maßgeblich davon ab, wie die primäre Bezugsperson den »interaktiven Affekt-Transfer« (Schore 2007, S. 76) zu gestalten vermag. Durch die empirische Beobachtung von Säuglings-Bezugsperson-Dyaden wissen wir: Eine gelingende Affektregulierung durch die Bezugsperson in den ersten Lebensjahren ist die Voraussetzung für eine gesunde Selbstentwicklung (Fonagy et al., 2004). Andererseits kann eine misslingende Regulation schmerzlich-negativer Affekte des Säuglings zur Ausbildung von Persönlichkeitsstörungen beitragen (Fonagy & Target 2006). Diese Abhängigkeit einer gesunden Selbstentwicklung von der feinfühligen Betreuung einer Bezugsperson wurde in der psychoanalytischen Geschichte bereits von Donald Winnicott (1965) und Heinz Kohut (1971) betont. Schore (2007) fasst treffenderweise zusammen: »Das Kern-Selbst ist somit nonverbal und unbewusst und ruht in Mustern der Affektregulation« (S. 73; vgl. auch Emde 1983).

Dabei ist zu beachten, dass eine Fähigkeit zur *intrapsychischen* Emotionsregulation im Erwachsenenalter von einer »good enough«

2.3 Emotionsregulation

(Winnicott 1951) *intersubjektiven* Emotionsregulation im Säuglings- und Kleinkindalter abhängt: »The general course of emotional development may be described as movement from dyadic regulation to self-regulation of emotion. Moreover, dyadic regulation represents a prototype for self-regulation; the roots of individual differences in the self-regulation of emotion lie within the distinctive patterns of dyadic regulation.« (Sroufe 1997, S. 151) Aus psychoanalytischer Sicht greift Schore (2007) diesen Aspekt aus der Säuglings- und Kleinkindforschung auf und ergänzt hinsichtlich einer Weiterentwicklung der psychoanalytischen Selbstpsychologie: »In der Tat sind die wesentliche Erfahrung und die Definition des Selbst auf internalisierten Selbstobjektfunktionen aufgebaut, die das Auftauchen von komplexeren psychologischen regulatorischen Strukturen erlauben.« (S. 153)

In der modernen Psychoanalyse wird die frühkindliche Entwicklung dieser Fähigkeit zur Emotionsregulation besonders im Rahmen der *Mentalisierungstheorie* beschrieben. In diesem Ansatz wird auf Grundlage empirischer Forschungsergebnisse aufgezeigt, dass die frühkindliche Emotionsregulation in den ersten Jahren durch gelingende Interaktionshandlungen der primären Bindungspersonen mittels *markierter Affektspiegelung* und in *Als-ob-Spielen* abläuft (Fonagy et al., 2004; Taubner, 2015). Auch im Sinne der Mentalisierungstheorie findet demnach zunächst eine grundlegend *intersubjektive* Emotionsregulation statt.

Gelingt diese interaktionale Affektabstimmung zwischen Säugling bzw. Kleinkind und den Bezugspersonen, so kann sich zunehmend die Mentalisierungsfähigkeit ausbilden. Darunter wird die »Fähigkeit [verstanden], sich mentale Zustände im eigenen Selbst und in anderen Menschen vorzustellen« (Fonagy et al. 2004, S. 31). Für die psychoanalytische Mentalisierungstheorie ist dabei grundlegend, dass unter diesen »mentalen Zuständen« auch affektive subsumiert werden. Kognitive und affektive, geistige und gefühlsbezogene Zustände werden somit verbunden und ihre Reflexion hängt von den frühkindlichen Bindungsbeziehungen ab: »Affektregulierung und Mentalisierung sind Prozesse, die sich gegenseitig beeinflussen, da die erfolgreiche Affektregulierung durch Bindungspersonen die Grundlage der Entwicklung von Mentalisierung darstellt« (Taubner, 2015, S. 58). Eine Herausbildung der Mentalisierungsfähigkeit, die in etwa im Alter von fünf Jahren ausgemacht werden kann (Taubner, 2015), ermöglicht dem Kind zusätzlich eine *intrapsy-*

chische Regulation eigener Affekte. Ohne in diesem Buch näher auf die spezifischen Aspekte der Entwicklung der Mentalisierungsfähigkeit in der Kinheit eingehen zu können (siehe hierfür die Einführungen von Allen, Fonagy & Bateman, 2008; Schultz-Venrath, 2013; Taubner, 2015)[40], stellt das durch frühe Interaktionserfahrungen ermöglichte Potential zu mentalisieren auch im Erwachsenenalter einen wichtigen Baustein der Psyche dar.

Fonagy und Kollegen (2004), auf die die Mentalisierungstheorie zurückgeht, gehen von *drei verschiedenen Ebenen der Affektregulation* aus: a) Als grundlegende Basis sehen sie das Herstellen eines Gleichgewichtes des Organismus, also die Ausbildung einer Homöostase. Auf dieser Ebene sind die Affektregulationsprozesse vergleichbar mit denen, die wir oben als handlungsnah und unbewusst beschrieben haben. b) Auf einer zweiten Stufe besteht die Fähigkeit, Affekte kognitiv zu repräsentieren und dadurch Entscheidungsprozesse einleiten zu können. c) Auf der dritten Stufe, die *mentalisierte Affektivität* genannt wird und mit der sich die Mentalisierungs-Theorie am ausführlichsten befasst, kommt ein weiterer Aspekt hinzu. »Das Konzept der ›mentalisierten Affektivität‹ bezeichnet die Affektregulierungsfähigkeit des Erwachsenen, die es ermöglicht, sich der eigenen Affekte bewusst zu sein und den Affektzustand gleichzeitig aufrechtzuerhalten. Diese Affektivität kennzeichnet die Fähigkeit, die Bedeutung(en) der eigenen Affektzustände zu ergründen« (Fonagy et al. 2004, S. 104). Taubner (2015) spricht deshalb auch von »Online-Affekt-Mentalisierung«: »Die Besonderheit ist also, dass der Akteur während der mentalisierten Affektivität auf sein affektives Erleben Bezug nimmt, in diesem Affektzustand verbleibt oder in ihn zurückkehrt« (S. 59). In dieser Hinsicht unterscheidet sich der Mentalisierungsansatz von den oben beschriebenen Emotionsregulationsstrategien, die aus anderen wissenschaftlichen und therapeutischen Richtungen heraus entwickelt worden sind.

---

40 Zur entwicklungspsychologischen Theorien der modernen Psychoanalyse insgesamt siehe auch das von Taubner und Staats (2017) verfasste Buch in dieser Reihe.

2.3 Emotionsregulation

> **Drei Stufen der mentalisierten Affektivität (nach Allen et al. 2008)**
>
> 1. Identifikation:
>   a) Erkennen der Basisemotion
>   b) Erfassen des biographischen Hintergrundes und der Verbindung zu anderen Affekten
> 2. Modulation:
>   a) Verringern, Aufrechterhalten, Verstärken
>   b) Umbewerten der Bedeutung
> 3. Kommunikation:
>   a) Hemmen oder Zulassen des Affekts
>   b) Element eines Dialogs nach innen und außen

Die mentalisierte Affektivität umfasst drei Stufen, auf denen eine Affektregulation gelingen kann (vgl. Allen et al. 2008, Kap. 2):

1. Entwickelt sich ein bestimmter Affekt in Reaktion auf eine Situation, ist für eine erfolgreiche Regulation zunächst eine *Identifikation* des jeweiligen Affektes nötig. Diese umfasst zweierlei: Einerseits zu erkennen, welcher Basisemotion oder sozialen Emotion dieser mentalisierte Affekt zuzuordnen ist. Andererseits wird der Hintergrund des betreffenden Affektes identifiziert und kann verbalisiert werden; also die Bedeutung des Affektes für gegenwärtige Beziehungen, der Grund für sein Auftreten vor dem Hintergrund der eigenen Vergangenheit und seine Verbindung zu anderen Affekten, da häufig verschiedene Emotionen gleichzeitig auf der psychischen Bühne auftreten. Bei der mentalisierten Affektivität geht es also besonders darum, den Sinn des auftretenden Affektes zu entschlüsseln. »Finding meaning is the crux of mental elaboration; fundamentally mentalizing emotion entails making emotion meaningful« (Allen et al. 2008, S. 65; vgl. oben Kap. 2.2.2 die »Module« des Emotionssystems von Rainer Krause 1998).
2. Auf einer zweiten Stufe muss eine *Modulation* des Affektes erreicht werden. Hierbei geht es zunächst um die Regulierung der Intensität, wobei auch im Mentalisierungsbasierten Ansatz berücksichtigt wird, dass diese nicht nur die Verringerung, sondern auch die Aufrechterhaltung oder Verstärkung umfasst. Diese spielen in der Mentalisie-

rungsbasierten Therapie (MBT) besonders dann eine Rolle, wenn im Patienten bislang die Regulationsstrategien der *Unterdrückung* oder *Vermeidung* vorgeherrscht haben. Außerdem wird auf dieser Ebene ein Affekt umgedeutet. Wurden auf Ebene 1 die autobiographischen Hintergründe des aktuellen affektiven Erlebens identifiziert, werden sie nun vor diesem Hintergrund neu bewertet. Dadurch wird die affektive mit der kognitiven Komponente verbunden, was einen Hauptaspekt des Mentalisierungsansatzes insgesamt darstellt (vgl. Taubner 2015).
3. Auf einer dritten Stufe findet abschließend eine *Kommunikation* des wahrgenommenen Affektes statt. Er wird vor anderen, wenn es angemessen ist, zugelassen und ausgedrückt. Allen et al. (2008) betonen dabei, dass ein authentisches Ausdrücken des Affektes, das unmittelbar an das affektive Erleben angeschlossen wird, eine größere Wirkung auf die anderen hat als eine nachträgliche intellektualisierte Kommunikation des Affektes. Jedoch gibt es auch Situation, in denen ein direktes Ausdrücken des Affektes nicht möglich ist, aufgrund der Machtsituation gegenüber seinem Chef beispielsweise oder aus Rücksicht vor einer Grenzverletzung anderer. In diesem Fall wird der Affekt in der Mentalisierungstheorie innerlich ausgedrückt und damit zu einer »kognitiv bewussten Repräsentation« (Taubner 2015, S. 60 f.). Der Affekt wird dadurch »zum Element eines Dialogs mit sich selbst oder anderen« (ebd., S. 61). Auf dieser Stufe wird somit deutlich, dass Affektregulation im Sinne des Mentalisierungsansatzes nicht nur selbstorientiert ist, sondern auch die Berücksichtigung anderer einschließt. Um den eigenen Affekt im Sinne der mentalisierten Affektivität angemessen kommunizieren zu können, muss der mentale Zustand des Gegenübers kongruent erfasst werden, um entscheiden zu können, in welcher Form eine nach außen gerichtete Kommunikation möglich ist oder aber ein Ausdruck nach innen erfolgen sollte. Dieser Aspekt der Erfassung des mentalen Zustandes anderer wird auch als *mind-mindedness* bezeichnet; ein Begriff, für den im Deutschen noch keine Übersetzung gefunden worden ist. Besonders die Fähigkeit von Müttern, die Innenwelt ihres Säuglings kongruent mentalisieren zu können, wird hiermit bezeichnet.

Wie sich anhand ihrer Bedeutung für die Emotionsregulation zeigt, kann Mentalisierung als eine der zentralen psychischen Fähigkeiten bezeichnet werden. Schultz-Venrath (2013) hebt in seinem *Lehrbuch Mentalisieren* hervor: »Insofern kann man die Mentalisierungsfähigkeit zu den komplexen Ich-Funktionen rechnen« (S. 79). In der Psychoanalyse werden diese grundlegenden Fähigkeiten unter dem Begriff der *Struktur* zusammengefasst und bspw. in der *OPD* erfasst. Der psychische Umgang mit Emotionen variiert in Abhängigkeit von diesen strukturellen Fähigkeiten, wie wir im Folgenden darstellen.

2.3.4 Affekte und psychische Struktur

Wie wir am Ende des Motivationsteils ausgeführt haben, besteht eine der Kernannahmen der Psychoanalyse darin, dass sich psychopathologische Symptome aufgrund von Konflikten bilden (▶ Kap. 1.3 und Kap. 1.4). Mit der Einführung seines Strukturmodells ebnete Freud (1923a) jedoch den Weg für eine zweite grundlegende Betrachtungsweise. Seit der Ich-Psychologie, die die im Strukturmodell eingeführte Instanz des Ich in den Blick nahm, beschreibt die Psychoanalyse *Bündel von Fähigkeiten*, die für die psychische Entwicklung grundlegend sind und damit die psychische Struktur insgesamt ausmachen. Kohut entwickelte im Rahmen der Selbstpsychologie das psychoanalytische Verständnis insofern, als die strukturellen Fähigkeiten häufig der Aufrechterhaltung des Selbstwertes dienen. Dies bedeutet, dass zur ätiologischen Beschreibung mancher Patienten nicht nur ein bestimmter Grundkonflikt (oder mehrere) entscheidend sind. Vielmehr ist das klinische Syndrom entstanden, weil dem Patienten bestimmte psychische Grundfähigkeiten nicht (ausreichend) zur Verfügung stehen. In der Psychoanalyse spricht man dann von einer sogenannten *strukturellen Beeinträchtigung*, die sich häufig aufgrund maladaptiver Beziehungserfahrungen in der frühen Kindheit gebildet hat. Eine solche ist besonders für etliche Patienten mit Persönlichkeitsstörungen kennzeichnend.

Die oben beschriebene Fähigkeit zur Mentalisierung kann als eine wichtige Teilkomponente des Strukturkonzepts angesehen werden, weil ihre Ausbildung in der frühen Kindheit die weitere Entwicklung der Psyche stark beeinflusst. Entwickelt ein Kind aufgrund der gelingenden Emotionsregulation seiner Bezugspersonen eine hohe Fähigkeit zur Mentalisierung, ist insgesamt von einem höheren Strukturniveau auszugehen, und die Wahrscheinlichkeit einer Ausbildung klinischer Symptome oder sogar psychischer Störungen im Erwachsenenalter nimmt ab. Am Beispiel der oben erläuterten *mentalisierten Affektivität* wird auch deutlich, dass die Fähigkeit zur erfolgreichen Regulation eigener Emotionen eine wichtige Komponente, wenn nicht gar den Kern der psychischen Struktur ausmacht. Wie in Kapitel 2.3 deutlich wird, nimmt die Fähigkeit zur Emotionsregulation in nahezu allen klinischen Theorien inzwischen eine zentrale Rolle ein (vgl. Benecke 2014). Es verwundert deshalb nicht, dass sich auch in den aktuellen Theorien der anderen klinischen Ansätze Ideen wiederfinden, die dem Strukturkonzept der Psychoanalyse ähnlich sind (Benecke 2016).

Dementsprechend wurde für die aktuelle Version des *Diagnostic and Statistical Manual of Mental Disorders* (*DSM-5*) bezüglich des Abschnitts zu Persönlichkeitsstörungen eine Neukonzeptualisierung diskutiert. Aufgrund der hohen Komorbiditätsrate zwischen den unterschiedlichen Persönlichkeitsstörungen wurde vorgeschlagen, die bisherige kategoriale Einteilung in deutlich unterscheidbare Persönlichkeitsstörungen zu ersetzen. Stattdessen sollte eine dimensionale Klassifikation eingeführt werden, die die Diagnose einer Persönlichkeitsstörung von der *Beeinträchtigung im Funktionsniveau der Persönlichkeit* abhängig macht (Kriterium A). Die Beeinträchtigung des Funktionsniveaus wird mit der *Level of Personality Functioning Scale* (LFPS) ermittelt (Bender et al. 2011; Zimmermann et al. 2013), welche psychische Fähigkeiten in den vier Funktionsbereichen Identität und Selbststeuerung (Selbst) bzw. Empathie und Nähe (interpersonell) misst. Die Diagnose einer Persönlichkeitsstörung würde primär somit nicht kategorial hinsichtlich ihrer inhaltlichen Manifestierung getroffen werden. Stattdessen wäre die allgemeine strukturelle Fähigkeit entscheidend – unabhängig davon, in welche Persönlichkeitsstörungs-Kategorie der Patient letzten Endes eingeordnet wird. Diese Einteilung erfolgte anhand der Ausprägung bestimmter Persönlichkeitsmerkmale (Kriterium B). Der Alternativvorschlag wurde (leider) nicht in den Hauptteil des DSM-5 aufgenommen, aber zur weiteren Forschung empfohlen. Die *Levels of Personality Functioning Scale* weist starke inhaltliche Parallelen zur OPD-Strukturachse auf, was nicht weiter verwundert, da bei ihrer Konstruktion die vorliegenden psychodynamischen Strukturinstrumente Pate gestanden haben (Zimmermann 2014; Berberich & Zaudig 2015). Für eine ausführliche Vorstellung dieses Alternativvorschlags zur Diagnostik der Persönlichkeitsstörungen siehe Zimmermann et al. (2013).

2.3 Emotionsregulation

Bezüglich der *Strukturachse der OPD* (Arbeitskreis OPD 2006) liegt inzwischen eine Vielzahl von Studien mit hohen Reliabilitäts- und Validitätswerten vor (Zimmermann et al. 2012). Die Strukturachse beschreibt vier Funktionsbereiche, die jeweils einen Innenbezug (nach innen auf das Selbst gerichtet) und einen Außenbezug (nach außen auf die Objektwelt gerichtet) haben, wodurch sich acht Strukturdimensionen ergeben. Jede Dimension wiederum wird durch drei Items näher beschrieben (▶ Tab. 2.2. In Abhängigkeit von der Ausprägung dieser *basalen psychischen Fähigkeiten* wird hinsichtlich einer Gesamteinschätzung des *Strukturniveaus* zwischen vier verschiedenen Stufen unterschieden (von »1: gut integriert« bis »4: desintegriert«).

Tab. 2.2: Strukturdimensionen der OPD-2. Hervorhebung der Items, die sich direkt auf emotionale Prozesse beziehen

Selbstwahrnehmung und Objektwahrnehmung	
Selbstreflexion	Selbst-Objekt-Differenzierung
Affektdifferenzierung	Ganzheitliche Objektwahrnehmung
Identität	Realistisches Objekterleben

Selbstregulierung und Regulierung des Objektbezugs	
Impulssteuerung	Beziehungen schützen
Affekttoleranz	Interessenausgleich
Selbstwertregulierung	Antizipation

Kommunikation nach innen und außen	
Affekte erleben	Kontaktaufnahme
Phantasien erleben	**Affektmitteilung**
Körperselbst	**Empathie**

Bindung an innere und äußere Objekte	
Internalisierung	Bindungsfähigkeit
Introjekte nutzen	Hilfe annehmen
Variable Bindungen	Bindung lösen

Die Items der Strukturdimensionen verdeutlichen, inwiefern auch im OPD die strukturellen Fähigkeiten mit der Fähigkeit zu einer erfolgreichen Emotionsregulation zusammenhängen. Die in Tabelle 2.2 hervorgehobenen Items mit unmittelbarem Bezug zur Emotionsregulation

2 Emotionen

weisen außerdem starke Parallelen zu den in Kapitel 2.3.3 dargestellten Aspekten der Mentalisierungsfähigkeit auf. Die *Affektdifferenzierung* in der Dimension der *Selbstwahrnehmung* beschreibt beispielsweise eine Fähigkeit, die bezüglich der mentalisierten Affektivität der untersten Stufe der »Kommunikation« des Affektes entspricht: Einen auftauchenden Affektzustand eindeutig zuordnen und benennen zu können.

Die Dimension der *Selbstregulierung* ist insgesamt stark von der erlernten Fähigkeit abhängig, eigene Affekte und Impulse zu kontrollieren. Hier kann eine strukturelle Beeinträchtigung in zweierlei Richtung bestehen: erstens, wenn eine zu rigide Kontrolle des emotionalen Erlebens und Ausdrucks erfolgt (Übersteuerung) oder zweitens, wenn es aufgrund einer fehlenden Kontrolle zu Affektdurchbrüchen kommt (Untersteuerung). Auch auf der Stufe der »Modulation« der mentalisierten Affektivität wird diese Bipolarität berücksichtigt. Gelingt eine angemessene Steuerung eigener Affekte und Impulse im Sinne der Selbstregulierung nicht, ist entsprechend auch die *Regulierung des Objektbezugs* beeinträchtigt, sodass die angemessene Gestaltung eigener Beziehung nicht möglich ist.

In der Dimension der *Kommunikation nach innen und außen* drückt sich die Verbindung zu den Affekten besonders im Objektbezug aus. Ein strukturell reifes Verhalten drückt sich hier dadurch aus, dass eigene Affekte in Abhängigkeit von der jeweiligen sozialen Situation mitgeteilt werden (Affektmitteilung) und andersherum die Äußerungen Anderer hinsichtlich ihres emotionalen Erlebens interpretiert werden können (*Empathie*). Diese Aspekte beschreibt bezüglich der mentalisierten Affektivität die höchste Stufe der *Kommunikation*. Voraussetzung hierfür ist, dass zunächst ein innerer Raum geschaffen werden kann, in dem die *Affekte erlebt* und mit Phantasien bzw. körperlichen Wahrnehmungen verbunden werden können. Erst nach einem solchen inneren Dialog bezüglich der aufkommenden Affekte kann eine Abschätzung hinsichtlich der Kommunikation nach außen erfolgen. Die Mentalisierungstheorie prägte hierfür den Begriff *mentaler Puffer* (vgl. aber schon bspw. Heigl-Evers et al. 1993).

Hinsichtlich der Items zur letzten Dimension der *Bindung an innere und äußere Objekte* wird der Bezug zur Emotionsregulation zunächst nicht offensichtlich. Die Voraussetzung dafür, eine stabile, aber variable Bindung an andere Personen entwickeln zu können, besteht darin, sichere Repräsentanzen eigener Bindungserfahrungen aus den frühen Beziehun-

2.3 Emotionsregulation

gen ausgebildet zu haben. In der OPD sind für jedes Strukturniveau einerseits die zentralen Ängste sowie andererseits weitere affektive Aspekte, wie grundlegende affektive Erlebens- und Regulierungsqualitäten, beschrieben.

Gemäß OPD besteht die zentrale Angst von Menschen mit *guter* struktureller Integration darin, »die Zuneigung des Objekts zu verlieren«. Insgesamt können Affekte hier differenziert wahrgenommen werden, es überwiegen positive Affekte, die negativen Affekte haben eine große Variabilität und können ebenfalls wahrgenommen und situationsangemessen ausgedrückt werden. Dadurch ist die Kommunikation mit diesen Menschen belebend, interessant und fruchtbar.

Auf *mäßigem* Strukturniveau besteht die zentrale Angst darin, ein oder das wichtige Beziehungsobjekt zu verlieren. Die Angst ist vor allem deshalb schwer zu bewältigen, weil das Objekt (also die bedeutsame Bezugsperson) nicht um seiner selbst willen geliebt wird, sondern weil es für die Patienten eine regulierende Funktion erfüllt. Es wird zum Beispiel als »Versorgungsstation« gebraucht oder zur Stabilisierung des Selbstwerts über ein »Bewundern« – je nach dominantem Konfliktthema. Die mit den individuellen Konflikten verknüpften Affekte werden unbewusst als unerträglich empfunden und müssen abgewehrt werden, was auf diesem Strukturniveau meist auch gelingt. Dadurch wird eine affektive Stabilität erreicht, allerdings um den Preis einer Rigidität und Ausblendung wichtiger Aspekte des Selbst. Negative Reaktionen der Anderen auf das eigene Tun werden übertrieben vorgestellt. Insgesamt können Affekte auf diesem Strukturniveau nur eingeschränkt wahrgenommen werden. Sie werden meist »übersteuert«, was dazu führt, dass die Kommunikation mit anderen Menschen erschwert ist.

Die zentrale Angst bei *geringer* struktureller Integration ist, dass das Selbst durch den Verlust eines guten Objekts oder durch ein böses inneres Objekt zerstört wird. Die vorherrschende Abwehr ist durch Spaltungsmechanismen geprägt. Affekte werden hier schnell überflutend und unerträglich, da sie nicht gesteuert werden können. Dadurch lösen sie rasch impulsives Verhalten aus oder müssen gänzlich vermieden werden, was sich in ebenfalls schwer erträglichen Leerezuständen äußert. Affektive Phantasien werden schnell als Gewissheit erlebt, was wiederum die Affektintensitäten steigert. Es wird davon ausgegangen, dass die oftmals heftigen und leidvollen Affektzustände jeweils andere, für den Patienten in diesem Moment noch bedrohlichere Zustände, abwehren (Clarkin et al. 2001).

2 Emotionen

Die zentrale Angst bei struktureller *Desintegration* ist als Furcht vor einer symbiotischen Verschmelzung von Selbst- und Objektrepräsentanzen mit der Folge eines Selbstverlustes charakterisiert. Weitere Aspekte beschreiben z. B. ein Ausgeliefertsein an heftige, nicht ausgestaltete emotionale Zustände, die nicht benannt werden können, oder auch eine affektive Unbeteiligtheit im Sinne einer Dissoziation. Es finden sich sogenannte »Fragmentierungsängste« als die Furcht davor, sich aufzulösen oder auseinanderzufallen. Das *Erleben der Ich-Störung selbst* stellt hier die Hauptquelle der Angst dar, die oft nur noch durch psychotische Realitätsverzerrungen, z. B. Wahnbildung, beantwortet werden können.

Auf den unterschiedlichen Strukturniveaus nehmen Affekte üblicherweise sehr unterschiedliche Qualitäten an, dergestalt, dass sie mit sinkendem Strukturniveau immer archaischer, drängender und überflutender werden. Löst eine gegebene Situation bei guter Struktur vielleicht leichten Ärger aus, wird daraus auf mäßigem Niveau schnell Wut, bei geringer Integration Hass, und bei Desintegration Vernichtung. Je geringer das Strukturniveau, desto »entmischter« werden die Affektqualitäten. Daraus ergeben sich wichtige behandlungstechnische Aspekte.

2.4 Emotionen und Emotionsregulation bei psychischen Störungen

Aus psychodynamischer Sicht besteht nicht nur ein enger Zusammenhang zwischen dem Strukturniveau und dem emotionalen Erleben bzw. der Emotionsregulation, sondern psychische Störungen sind insgesamt durch Abweichungen im Emotionssystem gekennzeichnet. Dies betrifft (1) das Repertoire bzw. die Differenziertheit und die Intensität erlebter Emotionen, (2) emotionale Kommunikationsprozesse, (3) Prozesse der Emotionsregulation.

2.4.1 Emotionales Erleben

Neben der Tatsache, dass etliche psychische Störungen gewissermaßen qua definitionem Abweichungen im emotionalen Erleben aufweisen, na-

2.4 Emotionen und Emotionsregulation bei psychischen Störungen

mentlich bei Affektiven Störungen oder Angststörungen (aber auch so gut wie alle anderen Störungen enthalten emotionsbezogene Aspekte in ihren diagnostischen Kriterien), liegt eine Vielzahl an Studien vor, die Besonderheiten des emotionalen Erlebens bei unterschiedlichen psychischen Störungen zeigen. Allgemein erleben Menschen mit psychischen Störungen negative Emotionen häufiger und intensiver und positive Emotionen seltener und weniger intensiv als psychisch Gesunde (z. B. Benecke et al. 2008). Neben dieser generellen Veränderung gibt es aber auch Hinweise auf störungs*typisches* Emotionserleben.

So unterscheidet sich das subjektive Emotionserleben von Patienten mit *Depressionen* signifikant von Patienten mit anderen Störungen durch reduziertes Erleben von Interesse und Freude sowie durch erhöhte Werte im Erleben der passiven negativen Emotionen (Trauer, Angst, Scham, Schuld, Leblosigkeit, Einsamkeit, diffuse Angst und Hilflosigkeit), aber auch durch erhöhte Werte von Wut und Reizbarkeit (Benecke 2014).

Zwangssymptomatik, insbesondere mit Kontaminationsängsten und Waschzwängen, zeigt eine Verbindung mit Ekel (Übersichten bei Berle & Phillips 2006; Brady et al. 2010)[41]. Es besteht ein direkter Zusammenhang zwischen *disgust sensivity* und Zwangssymptomatik (Moretz & McKay 2008; Williams et al. 2012). Einige Studien zeigen bei Zwangspatienten erhöhtes Ärgererleben, das aber nicht zu einem Ärgerausdruck führt (Radomsky et al. 2007; Moscovitch et al. 2008), Moritz et al. (2011) fanden erhöhte Werte für *latente Aggression* bei Zwangspatienten.

Auch bei *Essstörungen* fanden mehrere Studien erhöhte Werte für *Ärger*-Erleben, bei gleichzeitig starker Ärgersuppression (Geller et al. 2000; Waller et al. 2003; Fox & Harrison 2008); neben Ärger wird auch Trauer stark unterdrückt (Espeset et al. 2012); Ärger wird als die »schwierigste« Emotion erlebt und auch von den Patientinnen oftmals direkt mit Essstörungsverhalten assoziiert (Coggins & Fox 2009). Des Weiteren scheint *Ekel* eine bedeutsame Rolle zu spielen (Troop et al. 2000; Troop et al. 2002), der sich spezifisch auf *body* und *food* bezieht. Auch Scham wurde mit Essstörungen in Verbindung gebracht: Es fand sich erhöhtes Schamerleben im Vergleich zu anderen Störungen (Skarderud 2007); erhöhte *Scham* in Bezug auf den eigenen Körper und Essverhalten

---

41 Ebenso mit Zwangssymptomen mit einem religiösen Fokus (Berle & Phillips 2006).

zeigte sich prädiktiv für Essstörungspathologie (Burney & Irwin 2000). Skarderud (2007) fand Hinweise dafür, dass die Essstörung auch eine Quelle von Stolz (auf die eigenen Kontrollfähigkeiten und das Dünnsein) sein kann. Diese Beispiele machen deutlich, wie eng eine spezifische Emotionalität mit der jeweiligen Symptomatik verknüpft sein kann.

Andererseits findet sich auch stark eingeschränktes emotionales Erleben, was mit dem Begriff *Alexithymie* (»Seelenblindheit« bzw. »keine Worte für Gefühle«) beschrieben wurde (Marty & M'uzan 1978; Nemiah & Sifeneos 1970). Alexithymie wurde als eine spezielle Persönlichkeitsstruktur bei Patienten mit *psychosomatischen Erkrankungen* und *somatoformen Störungen* verstanden. Wesentliches Merkmal ist die Unfähigkeit, Gefühle wahrzunehmen und mit Worten zu beschreiben. Operationalisiert wird Alexithymie meist mittels der *Toronto-Alexithymie-Skala* (TAS; Kupfer et al. 2001) oder mittels der *Levels of Emotional Awareness Scale* (LEAS; Lane & Schwartz 1987; Subic-Wrana et al. 2001; ▶ Kasten).

Levels of Emotional Awareness Scale (LEAS)

Lane und Schwartz (1987) beschreiben fünf *levels of emotional awareness*, die unterschiedliche Grade von Komplexität und Integriertheit der Repräsentanz von Emotionen abbilden: 1) bodily sensations, 2) action tendencies, 3) single emotions, 4) blends of emotion, und 5) combination of blends. Alexithymie wird als Phänomen verstanden, in dem die impliziten bzw. körperlichen affektiven Prozesse (Level 1 und 2) nicht mit der expliziten bzw. bewussten Ebene der Wahrnehmung (Level 3 bis 5) verknüpft werden können.

Das Alexithymie-Konzept blieb nicht unumstritten (siehe Hoppe 1989; Weidenhammer 1986; Gündel 2009). Heute wird weder davon ausgegangen, dass Alexithymie spezifisch für Patienten mit Psychosomatosen oder somatoformen Störungen ist, noch, dass es sich um eine notwendige Voraussetzung dafür handelt (Ermann 2007). Alexithymie wird mittlerweile mit dem Konzept der Mentalisierung in Verbindung gebracht (z. B. Gündel 2009; Taylor & Bagby 2013) und daher eher als unspezifischer Vulnerabilitätsfaktor angesehen. Andererseits liegen etliche Studien vor, die besonders ausgeprägte Defizite in der Fähigkeit, die eigenen Gefühle differenziert wahrzunehmen und zu beschreiben, bei Patienten mit

2.4 Emotionen und Emotionsregulation bei psychischen Störungen

psychosomatischen und somatoformen Störungen finden (z. B. Subic-Wrana et al. 2005; Stonnington et al. 2013).

2.4.2 Nonverbale, emotionale Kommunikation

Besonders für den emotionalen Anteil der Kommunikation gilt, dass er größtenteils nonverbal und unbewusst abläuft. Bereits vor 30 Jahren war Burgoon (1985) zu dem Schluss gekommen, dass 60 % der menschlichen Kommunikation über »nonverbale Signale« geschieht. Die Psychotherapieprozessforschung untersuchte entsprechend besonders die nonverbalen, emotionalen Anteile an der Kommunikation. Psychische Störungen wurden dabei insbesondere im Hinblick auf Abweichungen in der Fähigkeit zur Emotionserkennung sowie im mimisch-affektiven Verhalten untersucht.

Defizite in der Fähigkeit zur Emotionserkennung

Es liegt eine große Anzahl von Studien vor, die zeigen, dass Patienten mit psychischen Störungen sich von gesunden Probanden in ihrer Fähigkeit unterscheiden, Emotionen anhand von mimischen Ausdrücken »richtig« zu erkennen (z. B. Kessler et al. 2007; Benecke et al. 2008; Überblick in Benecke 2014), was mit Problemen mit Empathie und Beziehungsgestaltung der Patienten in Verbindung gebracht wird: Wenn das Ausdrucksverhalten des Gegenübers nicht richtig interpretiert werden kann, kann auch das eigene Verhalten nicht entsprechend darauf abgestimmt werden, und es kommt unweigerlich zu Irritationen. Patienten mit somatoformen Störungen weisen besonders ausgeprägte Defizite in der Dekodierungsfähigkeit von Emotionen anhand von Gesichtern auf (Benecke et al. 2008; Beck et al. 2013; Haas et al. 2013), während Patienten mit Essstörungen keine diesbezüglichen Beeinträchtigungen zeigen (Kessler et al. 2007; Benecke et al. 2008).

Abweichendes mimisch-affektives Verhalten

Im Folgenden sollen beispielhaft einige Befunde zum mimisch-affektiven Verhalten bei Patienten mit psychischen Störungen gegeben werden (ausführlicher siehe Peham et al. 2015; Benecke 2014).

2 Emotionen

Bei *depressiven Patienten* findet sich studienübergreifend eine Reduktion des Lächelns (Jones & Pansa 1979; Ellgring 1989, 2005; Trémeau et al. 2005; Renneberg et al. 2005; Troisi & Moles 1999; Berenbaum & Oltmans 1992; Gehricke & Shapiro 2000; Field 1984, 1988; Cohn et al. 1990), häufig verbunden mit Anzeichen aggressiver Affekte, wie Ärger und Verachtung (Ellgring 1989; Troisi & Moles 1999; Berenbaum & Oltmans 1992). Im Vergleich zu gesunden Kontrollprobanden sind die aggressiven mimischen Affektausdrücke (Ärger, Ekel und Verachtung) von Depressiven signifikant häufiger auf die eigene Selbstrepräsentanz als Ganzes gerichtet (Bock 2011), allerdings scheint dies ein unspezifischer Befund bei psychischen Störungen zu sein; psychisch Gesunde zeigen aggressive Ausdrücke eher im Kontext von Schilderungen problematischer Situationen und nicht bezogen auf sich selbst.

In einer experimentellen Studien von Renneberg et al. (2005) zeigten Patienten mit einer *Borderline Persönlichkeitsstörung (BPS)* reduzierte Mimik im Vergleich zu gesunden Kontrollprobanden, aber nicht im Vergleich zu depressiven Patienten. Buchheim et al. (2007) verglichen das mimisch-affektive Verhalten von BPS-Patienten und Gesunden während des Adult Attachment Projective Interviews (AAP, George et al. 1985; George & West 2003). BPS-Patienten zeigten mehr Ekel- und weniger Verachtungsmimik als die Kontrollgruppe. Die Mimik war abhängig vom Bindungsstil: Ekel-Mimik der BPS-Patienten sowie Verachtungsmimik der Kontrollprobanden war besonders häufig in der Kategorie »unverarbeitetes Trauma«. Benecke und Dammann (2004) identifizierten zwei Cluster anhand der Mimik von BPS-Patienten: Eine Gruppe von Borderline-Patientinnen zeigte extrem viel negative Affekte, die andere Gruppe lässt sich eher durch einen weitgehenden Ausfall negativer Affektausdrücke, verbunden mit relativ viel Lächeln, beschreiben.

In einer Studie von Merten und Brunnhuber (2004) zeigten Patienten mit *somatoformen Schmerzstörungen* deutlich mehr aggressive Affekte, insbesondere Verachtungsmimik, als gesunde Kontrollprobanden in einem klinischen Interview; der klinisch geschulte Interviewer übertraf die Patienten allerdings sogar noch in der Häufigkeit dieser Affektausdrücke (in den Interviews mit gesunden Konntrollpersonen zeigte er dieses Verhalten nicht), sodass sich schon innerhalb der ersten fünf Minuten eine sehr negative Interaktionsdynamik zwischen Interviewer und Patienten einstellte. Ebenso fanden Krause und Mitarbeiter einen »Exzess« an mimischer Aktivität sowie viele mimische »Blenden« bei

2.4 Emotionen und Emotionsregulation bei psychischen Störungen

somatoformen Schmerzpatienten im Vergleich zu Gesunden (Sänger-Alt et al. 1989; Steimer-Krause et al. 1990; Hufnagel et al. 1993). Equit und Kirsch (2005) untersuchten das mimisch-affektive Verhalten sowie den Verbalinhalt psychodynamischer Interviews mit *Fibromyalgie*-Patientinnen und gesunden Frauen. Im Vergleich zu den gesunden Frauen zeigen Patientinnen mit Fibromyalgie reduzierte Ärger-Ausdruckshäufigkeiten sowohl im mimischen als auch im sprachlich-affektiven Ausdruck sowie eine geringere Kongruenz zwischen verbalem und nonverbalem Ausdruck. Die Patientinnen zeigten zudem signifikant häufiger Verachtung, weniger häufig echtes Lächeln (Bernardy et al. 2004; Bernardy & Kirsch 2005). In einer diagnostisch gemischten Patientengruppe tendierten Patienten mit hohen Alexithymie-Werten (gemäß TAS) zu reduzierter Affektmimik, die Therapeuten-Mimik war bei diesen Patienten ebenfalls von Verachtung dominiert (Rasting et al. 2005).

Insgesamt zeigen die vorliegenden Studien überwiegend, dass das mimisch-affektive Verhalten bei Patienten mit psychischen Störungen sich von psychisch gesunden Probanden unterscheidet. Eine *Störungsspezifität* der Abweichungen ist allerdings *eher fraglich*: Peham et al. (2015) fanden keine signifikanten Unterschiede in den reinen Häufigkeiten mimischer Affektausdrücke während klinischer Interviews zwischen verschiedenen Patientengruppen (vgl. Peham et al. 2015).

Eine wichtige Differenzierung bei der Analyse der Affektmimik wurde von Bock (2011; Bock et al. 2015; Bock et al. 2016) eingeführt: Bock (2011) entwickelte ein differenziertes *Schema zur Erfassung von Funktionen negativer mimischer Affektausdrücke*. Dabei werden Affektausdrücke daraufhin eingeschätzt, auf wen oder was sie sich beziehen, wobei drei grobe Kategorien unterschieden werden: *interaktiv* (der Affekt richtet sich auf den aktuellen Gesprächspartner), *selbstbezogen* (der Affekt richtet sich auf das Selbst), *objektbezogen* (der Affekt richtet sich auf andere Personen oder Situationen). Die Referenzfelder *Selbst* und *Objekt* werden nochmal unterteilt, und es wird z. B. unterschieden, ob sich ein Ärgerausdruck auf das *Selbst als Ganzes* (Selbst-Gesamt) bezieht oder nur auf einen *Teilaspekt* (Selbst-Aspekt), ebenso bei auf Objekte gerichteten Affekten (Objekt-Gesamt, Objekt-Aspekt). Zudem können Affekte als Imitation oder Illustrierung eingesetzt werden, oder sie tauchen im Kontext von Ironie auf. Bock (2011) entwickelte ein reliables Ratingsystem zur Erfassung dieser verschiedenen Funktionen und untersuchte 2 300 negative mimische Affektausdrücke von 80 Probandinnen (gesunde Frauen und Patientinnen mit verschiedenen psychischen Störungen) in den OPD-Interviews. Während sich die reine Häufigkeit der mimischen Affektausdrücke (anger, disgust, contempt, fear und sadness) nicht zwischen Patientinnen und Gesunden unterschied (vgl. Peham et al. 2015), zeigte die Verwendung der Affekte in den unterschiedlichen Funktionen sehr deutliche Zusammenhänge mit verschiedenen Störungsmaßen, insbesondere auch mit dem Strukturniveau gemäß OPD (Bock 2011; Bock et al. 2016): Patienten mit struktureller Beeinträchtigung zeigten aggressive mimische Affekte vermehrt in *interaktiver* Funktion (also direkt auf den Interviewer gerichtet) sowie vermehrt bezogen auf das *ganze Selbst* und auf das *ganze Objekt* (und nicht auf Teilaspekte). Dies deckt sich gut mit dem Konzept struktureller Störungen, wonach diese Patienten Probleme mit der differenzierten Selbst- und Objektwahrnehmung haben sowie dazu neigen, aggressive Affekte direkt interaktiv zu agieren (Arbeitskreis OPD 2006; Benecke 2014).

2.4.3 Nonverbale, interaktive Emotionsregulation

Interaktive Emotionsregulation geschieht unter Einbeziehung eines Interaktionspartners dergestalt, dass versucht wird, das Gegenüber zu einer bestimmten Reaktion zu bewegen, die wiederum auf die eigene Emotion zurückwirkt. Üblicherweise wird diese Form der Emotionsregulation in ontogenetisch frühen Entwicklungsphasen angesiedelt. Die interaktiven emotionsregulierenden Prozesse zwischen Säuglingen und ihren primären Bezugspersonen sind vielfältig untersucht und beschrieben (Stern 1992; Tronick 1989; Holodynski 2006). Allgemein wird davon ausgegangen, dass sich die emotionsregulierenden Prozesse im Laufe der Entwicklung zunehmend auf die intrapsychische Ebene verlagern (Holodynski 2006). Der Rückgriff auf interaktive Regulierungsstrategien im Erwachsenenalter wird insbesondere von der psychodynamischen Theorienbildung eher mit schwerer (struktureller) Beeinträchtigung in Verbindung gebracht (Heigl-Evers & Ott 2002).

Allerdings findet auch bei psychisch Gesunden interaktive Emotionsregulierung statt. So beschreibt beispielsweise Bänninger-Huber (1996) so genannte *Prototypische Affektive Mikrosequenzen* (PAMs), die dadurch charakterisiert sind, dass eine Person einen intrapsychischen

2.4 Emotionen und Emotionsregulation bei psychischen Störungen

affektiven Regulierungsbedarf hat (z. B. aufgrund eines aufsteigenden Schuldgefühls), woraufhin sie den Interaktionspartner anblickt und lächelt. Lächelt der Interaktionspartner zurück, so trägt dies zur Regulierung des Schuldgefühls bei, sodass von einer »gelingenden« PAM gesprochen wird. Verweigert der Interaktionspartner diese Reaktion führt dies üblicherweise zu einer Erhöhung der affektiven Spannung. Peham (2005) konnte den intensiven »Gebrauch« interaktiver Strategien zur Regulierung von Schuldgefühlen bei psychisch gesunden Paaren nachweisen, wobei die Anzahl der gelingenden PAMs mit der Beziehungszufriedenheit in Zusammenhang stand. Ein Kennzeichen dieser Regulierungen ist, dass sie üblicherweise so gut funktionieren, dass sie den Interaktanten gar nicht bewusstwerden.

Im »gelungenen« Fall entwickelt sich eine dyadische, intersubjektive Beziehungsgestalt, die es beiden Interaktionspartnern erlaubt, ihre eigenen Emotionen unter »Mithilfe« des Gegenübers zu regulieren. Dabei spielen allgemeine affektive Interaktionsregeln eine große Rolle. So hat beispielsweise ein Lächeln bei Blickkontakt eine höchst ansteckende Wirkung; ein »Liegenlassen« eines solchen Lächelns ist in Alltagssituationen grob unhöflich. Die von Bänninger-Huber (1996) beschriebene beziehungsreparierende Funktion des Lächelns bedient sich gerade dieses Umstands. Schwab (2001) zeigte, dass sich Interaktionen zwischen psychisch schwer gestörten Patienten und gesunden Probanden in Alltagsinteraktionen dadurch auszeichnen, dass die Patienten die Lächelangebote ihres Gegenübers signifikant häufiger mit einem sog. »sozialen« Lächeln beantworten. Diese »milde« Abweisung brachte die Interaktionspartner dazu, weiterhin aktive Beziehungsangebote zu machen, wenn auch auf einem reduzierten Niveau, die vom Patienten dann wiederum in gleicher Weise beantwortet wurden, wodurch sich in diesen Dyaden binnen kürzester Zeit dyadische Regulierungsmuster etablierten, die es beiden Interaktionspartnern erlaubten, die Interaktion fortzusetzen (vgl. auch Merten 1996; Steimer-Krause 1996).

Neben der intrapsychischen Emotionsregulationskompetenz kann wohl die Fähigkeit zur interaktiven, wechselseitigen Co-Regulation von Emotionen als ein wesentliches Merkmal psychischer Gesundheit angesehen werden. *Psychische Störung* kann auf einer ganz basalen Ebene durch ein Ineinandergreifen intrapsychischer und interpersoneller Prozesse charakterisiert werden: (1) es stehen nur sehr eingeschränkte (unbewusste) »Schablonen« für Reaktionen auf situative Gegebenheiten zur Verfügung; (2) diese sind mit einer begrenzten Anzahl von Emotionszuständen verbunden, (3) für deren Regulierung nur die immer gleichen Prozesse eingesetzt werden können, (4) was zu den bei Patienten zu beobachtenden maladaptiven Verhaltensweisen führt, (5) die die Interaktionspartner wiederum zu Reaktionen bewegen, (6) die zur Aufrechterhaltung der Störung beitragen, da sie von den Patienten wiederum in der ihnen »vertrauten« Weise interpretiert werden.

2.4.4 Adapative/maladaptive Emotionsregulation und psychische Störungen

Es wurden verschiedene Listen von adaptiven und maladaptiven Emotionsregulierungsstrategien erstellt: maladaptiv deshalb, weil sie mit psychischer Störung einhergehen oder ungünstige Therapieverläufe vorhersagen; adaptiv, wenn Defizite in den jeweiligen Strategien als Risikofaktor für Entstehung und Aufrechterhaltung psychischer Störungen betrachtet werden. Eine gute Übersicht über die Methoden zur Erfassung von Emotionsregulierung findet sich in Dorn et al. (2013).

Als in empirischen Studien relativ konsistent *maladaptiv* in diesem Sinne haben sich folgende »Strategien« gezeigt: *Rumination, Suppression* (des Erlebens; weniger konsistent die Suppression des Emotionsausdrucks) sowie kognitive und verhaltensmäßige *Vermeidung* (Aldao & Nolen-Hoeksema 2010, 2012). Beispielsweise steht hohe *experiential avoidance* in Zusammenhang mit erhöhtem emotionalem Stress und vermehrten negativen Kognitionen (Eifert & Hefner 2003; Feldner et al. 2003; Sloan 2004), mit hoher Rückfallwahrscheinlichkeit bei Suchterkrankung, mit stärkerer Symptomatik/Belastung z. B. bei Angsterkrankungen und nach traumatischen Erfahrungen sowie mit einer schlechteren Therapieprognose (Chawla & Ostafin 2007; Rüsch et al. 2008; Berking et al. 2009), sodass experiential avoidance als dysfunktionale Emotionsregulierungsstrategie angesehen wird (vgl. Fergus & Valentiner 2010; Cohen Kadosh et al. 2014; Lind et al. 2014).

Als *adaptive* Emotionsregulation gelten reflexive Strategien, wie *kognitives Reappraisal* und *Akzeptanz*, sowie, auf der Verhaltensebene, gezieltes *Problemlösen* und aktive Suche nach *sozialer Unterstützung* (z. B. Werner & Gross 2010; Berking & Wuppermann 2012). Die Befundlage zu diesen Strategien ist allerdings widersprüchlich: So

2.4 Emotionen und Emotionsregulation bei psychischen Störungen

finden sich beispielsweise für die reflexiven Strategien Akzeptanz und Reappraisal häufig nur mäßige oder manchmal gar keine Zusammenhänge mit psychischer Störung, bzw. wird dieser Zusammenhang von der gleichzeitigen Verwendung maladaptiver Strategien moderiert, und Akzeptanz und Reappraisal erwiesen sich in einer groß angelegten Untersuchung als nicht prädiktiv für den Symptomverlauf (Aldao et al. 2010; Aldao & Nolen-Hoeksema 2012). In einer aktuellen Studie von Tominaga et al. (2014) zeigte sich das Ausmaß der Alexithymie (gemäß TAS) bei Patienten mit somatoformen Störungen negativ korreliert mit planvoller Problemlösung, Suche nach sozialer Unterstützung und kognitivem Reappraisal, und ging mit schwererer Symptomatik einher.

Exkurs: Ecological Momentary Assessment

In jüngster Zeit werden Zusammenhänge zwischen Emotionsprozessen und Symptomen auch mittels *ecological momentary assessment* (EMA; oder *ambulatory assessment*, AA) erfasst, d. h. dass die Probanden Einschätzungen mehrfach am Tag und über eine längere Zeitspanne (üblich sind zwei Wochen) vornehmen. Anhand der dabei generierten Zeitreihen lassen sich dynamische Abfolgen und Wechselwirkungen z. B. zwischen bestimmten Emotionen, Regulierungsstrategien und Symptombelastungen untersuchen (Übersicht in Trull & Ebner-Priemer 2013). So zeigt eine aktuelle Studie von Goldschmidt et al. (2014), dass Stress bulimischem Verhalten vorausgeht, insbesondere wenn mit negativem Affekt verbunden. Berg et al. (2013) zeigten, dass negative Affekte (Angst, Schuld, Feindseligkeit und Trauer) vor Fressattacken deutlich ansteigen und danach abfallen, was von den Autoren als Hinweis interpretiert wird, dass die Fressattacken zur Regulation dieser negativen Emotionen eingesetzt werden (vgl. Munsch et al. 2012). Smyth et al. (2014) konnten zeigen, dass für Patienten mit Asthma und Arthritis die erlebte soziale Unterstützung einen positiven Effekt auf die Emotionalität und das Stresserleben hat, sowie zu geringerer Symptomatik in stressvollen Situationen führt. Bruehl et al. (2012) fanden für Patienten mit chronischen Schmerzen, dass erhöhter Ärgerausdruck von stärkeren Schmerzen gefolgt wird.

2 Emotionen

In psychodynamischen Konzepten wird weniger auf einzelne Emotionen und Regulierungsstrategien fokussiert (mit Ausnahme der Abwehrmechanismen), sondern es werden stärker übergeordnete Modi oder Fähigkeiten/Funktionen postuliert, die ebenfalls Verbindungen zu Emotionsregulierung sowie zu psychischen Störungen aufweisen. Eine aus psychodynamischer Sicht zentrale Dimension ist die so genannte »strukturelle Integration« oder auch »strukturelle Reife«. Ein Strukturaspekt, der direkt mit Emotionsregulation in Verbindung steht, ist die Abwehr: Die »Reife« bzw. »Unreife« der individuell verwendeten Abwehrmechanismen zeigt substanzielle Zusammenhänge mit Wohlbefinden bzw. Störungsschwere (Mitmansgruber et al. 2011), und Veränderungen der Abwehr durch Psychotherapie hängen mit Symptomverbesserung zusammen (Perry & Bond 2012). Der Arbeitskreis OPD (2006) beschreibt die »Strukturachse« mit einer Reihe von emotionsbezogenen Funktionen (▶ Kap. 2.3.4), deren Beeinträchtigungsgrad signifikant mit der Schwere psychischer Störung zusammenhängt (Benecke et al. 2009; Zimmermann et al. 2012).

Als weiteres stark auf Emotionen und Emotionsregulation bezogenes strukturelles Konzept kann die Mentalisierungsfähigkeit betrachtet werden (Fonagy et al. 2004, ▶ Kap. 2.3). Es liegt eine Vielzahl an Studien vor, die zeigen, dass psychische Störungen mit Einschränkungen der Mentalisierungsfähigkeit einhergehen und dass eine hohe Mentalisierungsfähigkeit als ein Resilienzfaktor in Hinblick auf die Entwicklung von psychischen Störungen gesehen werden kann (z. B. Fonagy et al. 2004; Rothschild-Yakar et al. 2010; Rothschild-Yakar et al. 2013; Katznelson 2014). Mangelnde *emotional reflectiveness* hängt schon bei Kindergarten-Kindern mit ausgeprägten emotionalen und Verhaltensproblemen zusammen (Juen et al. 2009), während hohe emotionale reflectiveness ein starker Resilienzfaktor zu sein scheint, da Kinder mit einer solchen selbst bei Vorliegen ausgeprägter sozioökonomischer Risikofaktoren kein Problemverhalten zeigen (Benecke 2014).

Exkurs: OPD-Befunde und spezifische Störungen

Auch wenn die psychodynamischen Konzepte nicht als störungsspezifisch gedacht sind, sondern allgemeine Vulnerabilitäten darstellen, finden sich doch Häufungen bei bestimmten Störungsgruppen: so ist

2.4 Emotionen und Emotionsregulation bei psychischen Störungen

> laut OPD-Befunden die Borderline-Persönlichkeitsstörung beispielsweise charakterisiert durch den Konflikt zwischen »Abhängigkeit und Individuation« sowie einer »gering integrierten« psychischen Struktur (d. h. es bestehen existenzielle Verunsicherungen im Bindungsbereich, mit einer leicht aktivierbaren negativen Affektivität und einer mangelnden Steuerungsfähigkeit), während bei Patienten mit somatoformen Störungen (sofern keine Komorbidität im Bereich von Persönlichkeitsstörungen vorliegt) typischerweise der Konflikt zwischen »Versorgung und Autarkie« und ein »mäßig integriertes« Strukturniveau dominiert (Benecke 2014), d. h., dass sich das innere psychische Geschehen dieser Patienten vornehmlich um Fragen der »Versorgung« dreht (Wer bekommt wieviel von wem? Wer darf wieviel von wem einfordern? Wer muss wem wieviel geben?), dies aber oft nur über den Körper abgehandelt werden kann, und dass eine affektive Übersteuerung und eingeschränkte Selbst- und Objektwahrnehmung vorherrscht.

Dass maladaptive Emotionsregulierung und strukturelle Beeinträchtigungen nicht lediglich mit psychischer Störung einhergehen (bzw. vielleicht sogar eher Folge psychischer Störungen sind), zeigen verschiedene prospektive Studien: so findet sich beispielsweise maladaptive Emotionsregulation schon vor der Entwicklung depressiver und anderer Symptome (Barnow 2012); der Grad der Mentalisierungsfähigkeit der Eltern ist prognostisch für die Entwicklung der Kinder (Katznelson 2014); die erfolgreiche Etablierung von ER-Skills in der Psychotherapie sagt nachfolgende Symptomverbesserung vorher, aber nicht umgekehrt (Radkovsky et al. 2014); von den zum Behandlungsende erfassten Veränderungsmaßen (Symptomreduktion, Veränderung der interpersonellen Probleme, Umstrukturierung) erlaubte *nur* die *Umstrukturierung* (gemäß Heidelberger Umstrukturierungsskala; Arbeitskreis OPD 2006) eine Vorhersage der Lebenszufriedenheit drei Jahre nach Therapieende (Grande et al. 2009; Rudolf et al. 2012). Zwar mag eine gegebene Psychopathologie auch negative Effekte auf die Emotionsregulierung haben, die vorliegenden Befunde sprechen allerdings klar dafür, dass die beschriebenen emotionalen Prozesse als *echte Vulnerabilitätsfaktoren* anzusehen sind, und entsprechend auch in jeder Psychotherapie bearbeitet werden sollten.

2.4.5 Emotionen im therapeutischen Prozess

Es wurden mehrere Instrumente entwickelt, um psychodynamische Interventionen von denen anderer Verfahren zu unterscheiden (z. B. das *Psychotherapy Prozess Q-Sort*, PQS, Ablon & Jones 1998, 2005; Albani et al. 2000a; oder die *Comparative Psychotherapy Process Scale*, CPPS, Blagys & Hilsenroth 2000, 2002). Bei den *typisch* psychodynamischen Interventionen spielt die Bezugnahme auf bzw. die Bearbeitung von Emotionen eine zentrale Rolle.[42]

In etlichen Studien war ein *hohes Ausmaß prototypisch psychodynamischer Interventionen* prädiktiv für den späteren Behandlungserfolg, und dies innerhalb ganz unterschiedlicher Behandlungsverfahren (Ablon & Jones 1998; Jones & Pulos 1993; Coombs et al. 2002; Ablon et al. 2006; Hayes et al. 1996; Castonguay et al. 1996; Hilsenroth et al. 2003; Owen & Hilsenroth 2011; Slavin-Mulford et al. 2011; Zimmermann et al. 2015). Dabei erwiesen sich meist diejenigen Items, die eine Fokussierung auf Emotionen der Patienten erfassen, als besonders prädiktiv (Coombs et al. 2002; Hilsenroth et al. 2003; Ablon et al. 2006; Diener et al. 2007).

Dies korrespondiert mit Ergebnissen aus Studien, die die Patientenseite des Prozesses und ihren Zusammenhang mit dem Outcome untersucht haben. Übereinstimmend und verfahrensübergreifend zeigt sich, dass insbesondere die *Aktivierung negativer, schmerzlicher Emotionen im (mittleren) Behandlungsprozess* mit späterem Behandlungserfolg assoziiert ist (Hunt 1998; Castonguay et al. 1998; McCullough et al. 1991; Hill et al. 1988; Winston et al. 1993; Pascual-Leone & Greenberg 2007; Pascual-Leone 2009).

Die Aktivierung intensiver negativer Emotionen scheint mit einer Destabilisierung verknüpft zu sein, und beides geht u. a. mit stärkerer therapeutischer *Fokussierung auf Entstehungsbedingungen der gegen-*

---

42 Beispiele aus dem PQS (aus Albani et al. 2008): Item 36 *Der Therapeut weist auf Abwehrmechanismen des Patienten hin, zum Beispiel Ungeschehenmachen, Verleugnung*; Item 50 *Der Therapeut lenkt die Aufmerksamkeit auf Gefühle, die der Patient für inakzeptabel hält (zum Beispiel Wut, Neid oder Aufregung)*; Item 67 *Der Therapeut interpretiert verdrängte oder unbewusste Wünsche, Gefühle oder Überzeugungen*; Item 79 *Der Therapeut spricht eine Veränderung in der Stimmung oder dem Affekt des Patienten an.*

2.4 Emotionen und Emotionsregulation bei psychischen Störungen

wärtigen Probleme einher (Hayes & Strauss 1998; Ablon & Jones 1999). Whelton (2004) findet in seiner Übersicht Hinweise, dass sowohl die *Aktivierung spezifischer relevanter Emotionen* in den Sitzungen als auch die *kognitive Erkundung und Bearbeitung der Bedeutung dieser Emotionen* für therapeutische Veränderungen wichtig sind. Günstig für den späteren Behandlungserfolg scheint ein »moderate amount of expressed emotional arousal« zu sein, während »too much or too little emotion was found to be not helpful« (Carryer & Greenberg 2010). Als Folge steigt im Verlauf von erfolgreichen Behandlungen das Level des *Emotional Experiencing* bzw. des *Emotional Processing* deutlich an (Pos et al. 2003; Watson & Bedard 2006).

Literatur zur vertiefenden Lektüre

Benecke, C. (2014): Klinische Psychologie und Psychotherapie. Ein integratives Lehrbuch. Stuttgart: Kohlhammer.
Fonagy, P., Gergely, G., Jurist, E. L., Target, M. (2004): Affektregulation, Mentalisierung und die Entwicklung des Selbst. Stuttgart: Klett-Cotta.
Gross, J. J. (2015): Handbook of emotion regulation. New York: Guilford.
Taubner, S. (2015): Konzept Mentalisieren. Eine Einführung in Forschung und Praxis. Gießen: Psychosozial.

Fragen zum weiteren Nachdenken

- Ist an der Schnittstelle der Emotionsregulation eine Integration der verschiedenen Therapieschulen langfristig denkbar oder sollte es beim Dialog bleiben?
- In seinen späteren Schriften erklärte Freud den Triebverzicht zur entscheidenden Ebene der Kulturentwicklung. Inwiefern lässt sich heute die Fähigkeit zur Emotionsregulation als entscheidende Bedingung des gesellschaftlichen Prozesses beschreiben?
- Welche unbewussten psychodynamischen Muster habe ich zur Regulation meiner Emotionen ausgebildet? Welche expliziten Techniken wende ich häufig an, um unangenehme Affekte zu regulieren?
- Inwiefern sind meine eingeschliffenen psychischen Prozesse zur Emotionsregulation aus (wiederkehrenden?) Erfahrungen in meinem Leben erklärbar?

2.5 Zwischenfazit zu Emotionen

Zusammenfassend lässt sich sagen, dass die Emotionen sowohl in den Theorien der Psychoanalyse als auch in denen der Psychologie lange Zeit in ihrer Bedeutung unterschätzt worden sind. In der Psychologie ist dies durch die kognitive Wende zu erklären, in deren Folge ein Fokus auf die Erforschung von Funktionen wie Wahrnehmung, Aufmerksamkeit oder Gedächtnis gerichtet worden ist. In der Psychoanalyse hat die jahrzehntelange »Affektvermeidung« in der Theorie einen anderen Hintergrund: Wurde in ihren Fallvignetten zwar von Anfang an ausführlich auf das emotionale Erleben eingegangen, kam es in der theoretischen Auseinandersetzung aufgrund von Freuds Verständnis der Affekte als Triebderivate auch nach seinem Tod zu kurz. Erst mit der zunehmenden Abkehr von der Freud'schen Triebtheorie und einer Öffnung für die Erkenntnisse der Nachbarwissenschaften erhielten die Affekte in den psychoanalytischen Konzeptualisierungen den ihnen zustehenden Raum. Durch die Kritik der empirischen Säuglingsforschung ließ sich außerdem zeigen, dass eine sichere Bindung sich aufgrund gelingender Affektregulation in der frühen Kindheit bildet und die Prävalenz für die Ausbildung einer psychischen Störung senkt. Somit kommen die verschiedenen therapeutischen Schulen inzwischen in der Erkenntnis überein, dass die Fähigkeit zur Regulation negativer Affekte einen wichtigen Hintergrund psychopathologischer Syndrome ausmacht, sodass sich der Kern des psychoanalytischen Strukturniveaus mit der Fähigkeit zur Emotionsregulation beschreiben lässt. In Schores Worten: »Das Kernselbst ruht in Mustern der Emotionsregulation«.

Da die Erkenntnisse, die in den Wissenschaften heraus- und hineingefunden werden, immer von den Entwicklungen in der Gesellschaft um sie herum abhängen und andersherum die wissenschaftlichen Theorien auf die gesellschaftlichen Verhältnisse einen Einfluss haben, stellt sich die Frage, wie sich die »emotionale Wende« in der Psychoanalyse und der Psychologie interpretieren lässt. Mit den Forschungen der Soziologin Eva Illouz, die sie 2004 auf den Adorno-Vorlesungen zu »Emotionen und Kapitalismus« vorgestellt hat (vgl. Illouz 2006), lässt sich fragen: Ist die Emotionalität mit ihrer zunehmenden (auch wissenschaftlichen) Berücksichtigung inzwischen so in den öffentlichen Raum gezerrt worden, dass sie von einem warmen Zufluchtsort im Privaten gegenüber der

2.5 Zwischenfazit zu Emotionen

kalten Luft des Öffentlichen zu einem permanenten Anspruch der öffentlichen Gesellschaft an die Privatperson verkommen ist, den es bei der maßstabsgetreuen Planung der eigenen Selbstverwirklichung geschickt einzukalkulieren gilt? Oder ist die »emotionale Wende« in den Wissenschaften, die den Menschen zu erklären versuchen, stattdessen zu begrüßen, weil sie ein umfassenderes Verständnis vom menschlichen Erleben und Verhalten ermöglicht, das im Kern aus Emotionalität besteht?

3 Psychodynamisches Integrationsmodell der Motivation und Emotion

> **Einführung**
>
> In diesem Kapitel versuchen wir, die oben ausgeführten Versuche zur Erklärung menschlicher Motivation und Emotion in einem Modell zu integrieren. Hierfür nehmen wir die Unterscheidung von Vergangenheits- und Gegenwartsunbewusstem von den Psychoanalytikern Sandler und Sandler zur Grundlage und ergänzen das Unbewusste zusätzlich um eine phylogenetische Ebene. Die in den vorherigen Kapiteln herausgearbeiteten Konzepte zu motivational-emotionalen Prozessen und Inhalten füllen diese verschiedenen Ebenen. Die dynamisch unbewussten Emotionen können nur teilweise mentalisiert werden und münden dann in zielorientierte Handlungen. Demgegenüber bewirkt eine eingeschränkte Fähigkeit zur Emotionsregulation drängendes, ungehemmtes Verhalten. Abschließend werden die Prozesse beschrieben, die verdeutlichen, inwiefern durch intersubjektive Beziehungserfahrungen psychodynamische Muster mittels eines Einbezugs der Emotionsregulation aufrechterhalten werden.

Lernziele

- Erkennen können, inwiefern wir Menschen in motivational-emotionaler Hinsicht phylogenetisch vorgeprägt sind
- Den in der Psychologie entwickelten Unterschied zwischen Verhalten und Handlungen mit den psychoanalytischen Beschreibungen zur Fähigkeit der Emotionsregulation verbinden können

3 Psychodynamisches Integrationsmodell der Motivation und Emotion

- Nachvollziehen können, wie sich mit Hilfe der Emotionsregulation die Aufrechterhaltung psychodynamischer Muster durch Interaktionserfahrungen erklären lässt
- Diskutieren können, inwiefern ein Einbezug der in anderen Wissenschaften entwickelten Konzepte für die Theorien und Modelle der Psychoanalyse Chancen mit sich bringt

Einleitung

Hier wollen wir die verschiedenen Theorien zu Motivation und Emotion, die wir in den vorangegangenen Kapiteln vorgestellt haben, zusammentragen und versuchen, sie in einem Motiv-Affekt-Regulations-Modell zu integrieren. Als Rahmen unseres Modells wählen wir die Beschreibung des Unbewussten durch Anne-Marie und Joseph Sandler. Sandler und Sandler (1985) teilen das Unbewusste in zwei Bereiche, welche sie »wohl als voneinander getrennt betrachten« (S. 807): *Das Vergangenheitsunbewusste und das Gegenwartsunbewusste.* Das Vergangenheitsunbewusste enthält »die ganze Stufenleiter unmittelbarer, drängender Wünsche, Impulse und Reaktionen des Individuums, die früh in seinem Leben entstanden sind« (ebd., S. 802).

Ein entscheidender Punkt, weshalb wir dieses Konzept für geeignet halten, den Rahmen für ein psychoanalytisches Modell der Motivation und Emotion zu geben, liegt in einer weiteren Ausführung hinsichtlich dieser »Stufenleiter«: »Diese Forderungen können ursprünglich triebhafter Natur sein, müssen es aber nicht« (ebd., S. 802). Stattdessen sprechen Sandler und Sandler allgemein von »in der frühen Kindheit gefundene[n] oder erarbeitete[n] Konfliktlösungen [und] durch unangenehme Affektsignale ausgelösten Reaktionsweisen, die Gefahrensituationen vermeiden und Sicherheit erhalten wollen« (ebd., S. 802). In diesem Konzept wird somit die menschliche Motivation nicht ausschließlich auf die psychoanalytischen Triebe im Freud'schen Sinne reduziert, und die Affekte sind nicht bloße Triebakömmlinge. Sandler und Sandler gehen davon aus, dass nicht nur triebhafte Impulse im Freud'schen Sinne einen drängenden Charakter bekommen können, sondern auch andersartige Erfahrungen aus der frühen Kindheit. »Im Vergangenheits-Unbewußten herrschen Konfliktlösungen, die, gerade weil sie zur Bewältigung schmerzlicher Situationen entwickelt wurden, einen imperativen Cha-

3 Psychodynamisches Integrationsmodell der Motivation und Emotion

rakter bekommen, wann immer die mit dem spezifischen Konflikt (oder dem Signal eines unlustvollen Affektes) verbundene Pein oder Angst sich meldet.« (ebd., S. 803)

Sandler und Sandler stellen dem Vergangenheitsunbewussten das Gegenwartsunbewusste entgegen. »Während das Vergangenheits-Unbewußte im Sinn der Vergangenheit agiert und reagiert, beschäftigt sich das Gegenwarts-Unbewußte mit der Aufrechterhaltung des Gleichgewichts hier und heute und betrachtet einen aus dem Vergangenheits-Unbewußten stammenden Impuls als aufdringlich und beunruhigend« (ebd., S. 804). Das Gegenwartsunbewusste stellt also »erwachsene Formen infantiler Wünsche« (ebd., S. 805) dar. Dieser zweite Bereich des Unbewussten ist zwar dem Bewusstsein näher, doch eine *zweite Zensur* verhindert, dass Phantasien und Impulse ungehindert vom Gegenwartsunbewussten in das Bewusstsein gelangen können. Entscheidend für diese Zensur ist die Angst vor Beschämung, denn diese »erwachsene« Form der Zensur »zentriert sich tendenziell um Ängste, ausgelacht, für ›töricht‹, ›verrückt‹, lächerlich oder kindisch gehalten zu werden; im wesentlichen also um Ängste, gedemütigt zu werden« (ebd., S. 806). In diesem Konzept findet sich also die zentrale Annahme wieder, dass der Mensch grundlegend soziale Bedürfnisse nach Wertschätzung und Achtung seiner Person hat.

Will man motivationale und emotionale Prozesse beschreiben, reichen unseres Erachtens jedoch diese Konzepte des Unbewussten, welche die individuelle Prägung berücksichtigen, nicht aus. Auf Ebene der Motivation und Emotion sind Menschen nicht nur aufgrund persönlicher Erfahrungen geprägt, sondern kommen bereits mit evolutionär gebildeten und neurophysiologisch verankerten Systemen auf die Welt. Insofern haben motivationale und emotionale Prozesse immer auch einen stark phylogenetisch geprägten Anteil, den wir mit allen anderen Menschen (und wahrscheinlich auch einigen Säugetieren) teilen. Bereits Freud teilte diese Auffassung, sah er doch in der Triebtheorie das Grenzstück zur Biologie (vgl. Freud 1905). Laplanche und Pontalis (1992) fassen zusammen: »In den meisten Schriften Freuds vor der zweiten Topik wird das Unbewußte dem Verdrängten gleichgesetzt. Halten wir aber fest, daß das nicht ohne Einschränkungen geht; in mehr als einer Arbeit ist eingeräumt, daß es phylogenetische, vom Individuum nicht erworbene Inhalte gibt, die den ›Kern des Unbewußten‹ ausmachen.« (S. 564) Gödde (2005) fügt bezüglich der Abhandlung *Das Unbewußte* (Freud 1915a) hinzu: »Freud unterscheidet hier einen phylogenetisch vererbten und einen ontogenetisch erworbenen Anteil am Unbewussten« (S. 342).

Auch wenn Freud von der Hoffnung einer biologischen Fundierung der psychoanalytischen Konzepte seinerzeit zunehmend abrücken musste, hielt er an der Grundidee einer auch evolutionären Prägung der menschlichen Psyche durchgehend fest. Dies verdeutlicht Freud auch noch in seiner Schrift »Abriß der Psychoanalyse«, welche er kurz vor seinem Tod schrieb, um die aus seiner Sicht zentralen Erkenntnisse der Psychoanalyse zusammenzufassen. In dieser erst posthum veröffentlichten Schrift schreibt er: »Darüber hinaus bringt der Traum Inhalte zum Vorschein, die weder aus dem reifen Leben noch aus der vergessenen Kindheit des Träumers stammen können. Wir sind genötigt, sie als Teil der *archaischen* Erbschaft anzusehen, die das Kind, durch das Erleben der Ahnen beeinflusst, vor jeder eigenen Erfahrung mit sich auf die Welt bringt. Die Gegenstücke zu diesem phylogenetischen Material finden wir dann in den ältesten Sagen der Menscheit und in ihren überlieferten Gebräuchen. Der Traum wird so eine nicht zu verachtende Quelle der menschlichen Vorgeschichte« (Freud 1940, S. 89, Hervorhebung im Original).

Die in der Phylogenese entstandenen Inhalte drücken sich für Freud also sogar im Traum aus, bekanntlich die »via regia« zum Unbewussten. Wir ergänzen die beiden Konzepte des Vergangenheitsunbewussten und Gegenwartsunbewussten von Sandler und Sandler deshalb um eine Ebene, die wir in Anlehnung an Freud »Phylogenetisches Unbewusstes« nennen.

Abbildung 4.1 gibt einen groben Überblick über das Modell. Es lassen sich dabei zwei grundsätzliche Kategorien unterscheiden: Die umrandeten Kästchen stellen regulative *Prozesse* im Sinne der Psychodynamik dar, die die Übergänge zwischen den verschiedenen »Schichten« beschreiben. Demgegenüber fassen wir in den nicht-umrandeten Kästchen bzw. Ellipsen psychische *Inhalte* zusammen, die sich in Abhängigkeit von der jeweiligen Ebene mit verschiedenen Konstrukten füllen lassen. Allerdings ist schon diese Unterscheidung nicht ganz korrekt, da auch den hier als Inhalte bezeichneten Komponenten immer schon (Regulations-)Prozesse inhärent sind, was unten näher erläutert wird.

Auch wenn wir uns angesichts der Komplexität psychischer Prozesse dessen bewusst sind, dass ein solches Modell wie in Abbildung 4.1 sicherlich nur einen Teil der gesamten Wirklichkeit abbilden kann, so soll

3 Psychodynamisches Integrationsmodell der Motivation und Emotion

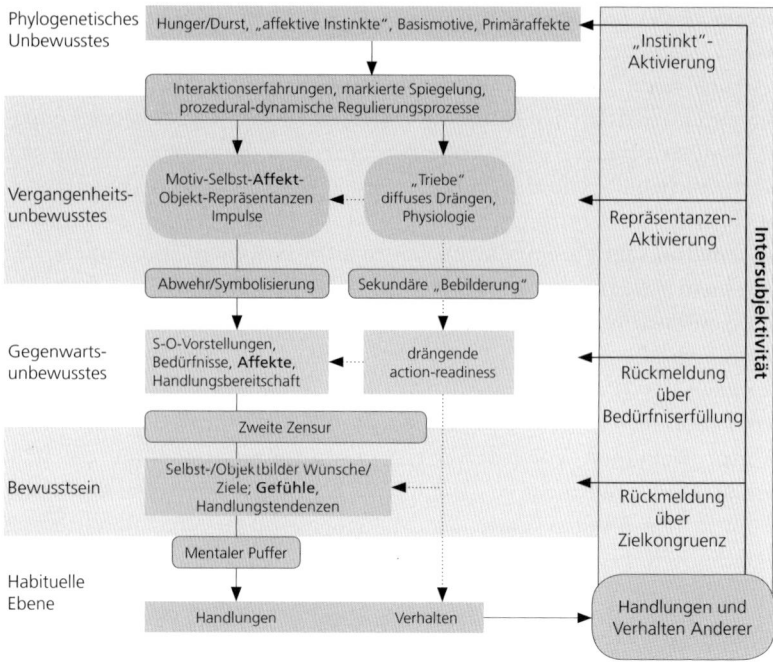

Abb. 4.1: Psychodynamisches Integrationsmodell der Motivation und Emotion

es zumindest einerseits der Veranschaulichung des Zusammenspiels unterschiedlicher Komponenten, Prozesse und Ebenen dienen. Andererseits soll es dazu anregen, diese dynamischen und funktionalen Zusammenhänge genauer zu betrachten. Wir würden uns deshalb freuen, wenn andere an diesem ersten Modellentwurf weiterbasteln würden. Die »Schichten« des Modells sollen nun etwas näher erläutert werden.

3.1 Phylogenetisches Unbewusstes

Freuds Gedanken zur *archaischen* Erbschaft wurden oben schon dargestellt. Christopher Bollas greift diese Vorstellungen auf und spricht von

»ererbten Dispositionen« (vgl. Bollas 1997, 2011). Auch Bollas geht davon aus, dass ein Teil des Unbewussten »schon vor der Geburt vorhanden ist« und dass sich durch diesen Anteil »die Persönlichkeiten voneinander abheben und unterscheiden« (Bollas 1997, S. 20). Es stellt sich die Frage, worin die archaische Erbschaft oder die ererbten Dispositionen bestehen. Wir denken hier in erster Linie an phylogenetisch entstandene Instinkt-, Motiv-, und Affektsysteme. Diese Systeme sind einerseits universell, allen Menschen gegeben; andererseits bestehen individuelle Ausprägungen. Auch das biologisch verankerte Temperament wäre wohl hier anzusiedeln. Diese Systeme stellen eine Art biologische Grundkonstitution dar, die per se unbewusst ist und es im Wesentlichen auch bleibt – sie bilden gewissermaßen den »animalischen Kern« der Persönlichkeit.

Zu der Frage, was das grundlegende Element der Motivation des Menschen sei, hat die Psychoanalyse in ihrer Geschichte schon häufiger seine Hintergründe im Tierreich durchleuchtet. Im Mittelpunkt stand dabei jeweils auch die Suche nach bestimmten Instinkten, die nicht nur in unseren tierischen Vorfahren, sondern auch in uns angelegt sind. Auch nach Freud suchten verschiedene Vertreter der Psychoanalyse den Dialog mit den biologischen Wissenschaften, beispielsweise der Begründer der Ich-Psychologie Heinz Hartmann und John Bowlby, welcher im Rahmen seiner Bindungstheorie das Instinktsystem der Bindung durch einen Austausch mit der Ethologie entwickeln konnte (▶ Kap. 1.2.3).

Auf der Suche nach dem von Freud postulierten »sicheren Fundament der Biologie« steht ein Austausch mit der Ethologie jedoch nicht mehr so hoch im Kurs wie noch vor ungefähr einem halben Jahrhundert. An die Stelle der vergleichenden Verhaltenswissenschaft von Tieren ist die biologische Wissenschaft des Gehirns getreten. Auch im Dialog mit den Neurowissenschaften besteht für die Psychoanalyse ein Interesse daran, was diese aus ihren Forschungen zu Instinkten, basalen Motivsystem und Affekten zu sagen haben.

Mit diesem Thema befassen sich besonders Theoretiker der affektiven Neurowissenschaften, auf deren Theorien die Neuropsychoanalyse besonders eingeht. In dieser Richtung wird der neurophysiologische Hintergrund von Instinktsystemen erforscht, die in ihrer Vorstellung alle Säugetiere miteinander teilen.

Auf dieser »primärprozesshaften« Ebene unterscheidet Panksepp (1998; Panksepp & Biven 2012) zwischen drei verschiedenen Kategorien:

3 Psychodynamisches Integrationsmodell der Motivation und Emotion

Sensorische, homöostatische und emotionale Affekte, wobei die beiden ersten vor allem anzeigen »what the body needs«, während die »emotionalen Affekte« ein grundlegendes, primärprozesshaftes emotionales Hintergrunderleben ermöglichen. Bislang hat er sieben dieser emotionalen Affektsysteme beschrieben: SEEKING, RAGE, FEAR, LUST, CARE, PANIC/GRIEF und PLAY (▶ Kap. 1.2). Panksepp hält diese »emotionalen Affekte« für die menschliche Psyche für zentral. Wir meinen, dass insbesondere für ein Verständnis psychischer Störungen die sensorischen und homöostatischen Aspekte der »primärprozesshaften« Ebene ebenfalls von Bedeutung sind, da sich an diesen Prozessen (Nahrung, Ausscheidung, etc.) eine Reihe klinischer Phänomene festmachen. In unserem Modell stehen »Hunger/Durst« beispielhaft für diese beiden Aspekte der Ebene der Instinkte.

Die Stärke der Konzeptualisierung von Panksepp liegt unseres Erachtens darin, dass er affektive Prozesse aus tief in der Evolution entstandenen Instinktsystemen ableitet. Dieser Ansatz vermag das »archaische Erbe« des Unbewussten, von dem Freud (1940) sprach, ein Stück weit aufzudecken. Panksepp schafft es somit, die Entstehung der Affekte mit einfachen Instinktsystemen zu verbinden, die die Aufrechterhaltung körperlicher Grundbedürfnisse wie Hunger oder Durst regulieren. Auch Antonio Damasio, der zweite wichtigste Vertreter der Affektiven Neurowissenschaften, erklärt die Entstehung affektiver Reaktionen und emotionalen Fühlens aus den homöostatischen Funktionen des Körpers (Damasio 2011). Es ist daher anzunehmen, dass sich die Affekte – weit vor dem Erscheinen der Menschheit – aus den Instinktsystemen heraus entwickelt haben. Aus evolutionspsychologischer Sicht wird angeführt, dass diese evolutionär neueren Mechanismen der Verhaltenssteuerung in dem Sinne »besser« als die Instinkte waren, als dass sie mehr Flexibilität und situative Adaptivität ermöglichen. Die Motivsysteme und Affekte haben die Instinkte dadurch nicht abgelöst, sondern sich eher »oben drauf gesetzt«. In dieser Hinsicht ist Panksepp jedoch der Vorwurf zu machen, in seiner Verwendung der beiden Begriffe »Instinkt« und »Affekt« nicht sonderlich trennscharf zu sein. Seine Stärke, zwischen diesen beiden Ebenen eine Verbindung aufzuzeigen, ist somit zugleich auch eine Schwäche seiner Theoriebildung.

Wie die beiden Systeme (Instinkt und Affekt) phylogenetisch auseinander hervorgegangen sein könnten, erklärt der ethologische Psychologe Norbert Bischof, der gemeinsam mit seiner Frau Doris Bischof-Köhler

3.1 Phylogenetisches Unbewusstes

das »Zürcher Modell sozialer Motivation« entwickelt hat (▶ Kap. 1.1.2). Ihrer Ansicht nach haben sich Emotionen in der Evolution erst nach den Instinkten entwickelt, weil sie eine flexiblere Adaptivität ermöglichten. Ihre Funktion besteht in ihrem Verständnis darin, bei einer Behinderung eines instinktiven, und damit automatischen Verhaltensmusters den Coping-Apparat darüber zu informieren, dass er sich einschalten muss. In dem Moment, in dem Instinkte also auf Barrieren stoßen, entstehen – phylogenetisch gesehen – Emotionen (vgl. Bischof 2009, Kap. 12.4).

In ihrem »Zürcher Modell« unterscheiden sie fünf verschiedene Motivationssysteme: *Bindung/Sicherheit* wird als »eigenständiges primäres Motiv« (Bischof-Köhler 2011, S. 118) verstanden, dessen Aktivierung den Schutz durch nahe Vertraute gewährleistet. Demgegenüber steht das System *Exploration/Erregung*, welches sich in einer Unternehmungslust ausdrückt und zu explorierendem Verhalten anregt. Obwohl Bischof-Köhler und Bischof somit den zentralen Antagonismus der Bindungstheorie in ihr Modell übernehmen, geizen sie insgesamt nicht mit Kritik an Bowlbys Bindungstheorie (vgl. Bischof 2009, S. 418). Ergänzt werden diese beiden Gegenspieler (1) durch das System der *Autonomie*, welches das Bemühen um Selbstständigkeit antreibt, (2) durch das System der *Fürsorge*, welches im Kern eine genetisch verankerte »Anlage zur Hilfsbereitschaft gegenüber nahen Verwandten« (Bischof 2009, S. 406) bedeutet und weiter gefasst »eine Basis für eine biologisch begründbare *altruistische* Motivation« (ebd., S. 453) darstellt, und (3) durch das System der *Sexualität*, welches mit der Fortpflanzung zusammenhängt. In diesem Punkt zeigt sich der wohl größte Widerspruch zu psychoanalytischen Vorstellungen, weil Bischof-Köhler und Bischof die Sexualität stark in ihrer biologischen Hinsicht diskutieren und sogar das Inzesttabu, für Freuds Theorie des Ödipuskonfliktes der zentrale Hintergrund, als evolutionär und nicht im Wesentlichen kulturell geprägt sehen.

Auch im Zürcher Modell gehen die Autoren davon aus, dass sich die angesprochen Instinkt- bzw. Motivationssysteme im Wesentlichen auch bei anderen Säugetieren finden lassen. Das phylogenetische Unbewusste ist also nicht auf den Menschen beschränkt. Sie fügen diesem Anteil jedoch auch spezifisch menschliche Aspekte bezüglich der Motivation hinzu. Zunächst bestehen diese aus motivationalen Neuerwerbungen wie beispielsweise der *Gerechtigkeit*, der *religiösen Sinnsuche* und dem *Eigenwertstreben*, welcher eine Autonomieentwicklung unabhängig von externen, sozialen Bewertungen ermöglicht. Auch zeichnen sich Men-

3 Psychodynamisches Integrationsmodell der Motivation und Emotion

schen dadurch aus, dass sie im Laufe der Evolution Fähigkeiten entwickelt haben, »Instinkte aus der Machtposition bedingungslos fordernder Befehle in den dynamisch reduzierten Status emotionaler Appelle« zu wandeln (Bischof 2009, S. 465).

Die Motivationssysteme von Bischof-Köhler und Bischof weisen viele Ähnlichkeiten zu den sieben affektiven Instinktsystemen von Panksepp auf. Wird das Grundbedürfnis nach Bindung verletzt, so wird im Zürcher Modell das System *Bindung/Sicherheit* aktiviert, während Panksepp von einer dauerhaften Hyperaktivierung seines Systems PANIC/GRIEF ausgeht. Beide vermuten außerdem, dass bei schweren psychischen Störungen eine dauerhafte Hyperaktivierung dieses Systems vorliegt. Die Funktionen von *Exploration/Erregung* sind vergleichbar mit denen, die Panksepp seinem System SEEKING zuweist. Das RAGE-System bei Panksepp erfüllt die Funktion der Selbstbehauptung, für die Bischof-Köhler und Bischof *Autonomie* konzeptualisieren; auch Panksepp versteht mit seinem LUST-System die Sexualität als stark evolutionär geprägt und angeboren, und die beiden Systeme von *Fürsorge* und CARE sind nahezu deckungsgleich. Aus unserer Sicht wäre es für die Psychologie und Psychoanalyse interessant, wenn bei der Erklärung menschlicher Motivation die Ergebnisse der beiden biologischen Wissenschaften der Ethologie und Neurowissenschaften abgeglichen werden würden; wie es seinerzeit Konrad Lorenz und Erich von Holst bei ihrer Begründung der »Verhaltensphysiologie« wagten (vgl. Bischof 2009).

Außerdem lassen sich viele Parallelen zu den postulierten Grundbedürfnissen und Basismotiven finden, die in den klinischen »Schema«-Modellen von bspw. Grawe (1998), Sachse und Kollegen (2009) sowie Young und Kollegen (2005) beschrieben werden. Aus dieser Reihe sind wir auf die Konsistenztheorie von dem Arbeitsteam um Grawe in Kapitel 1.3 näher eingegangen. Auch hier wäre ein gründlicher Abgleich der unterschiedlichen »Listen« höchst wünschenswert, steht aber nach wie vor aus. Ein solcher Dreifach-Abgleich der Motivationskonzepte aus Affektiven Neurowissenschaften, Ethologie und klinischen Theorien hätte jedoch ein sehr hohes Integrationspotenzial.

Eng verknüpft mit den basalen Motivsystemen sind die so genannten Primäraffekte oder Basisemotionen. Während Affekte bei Panksepp gewissermaßen integraler Bestandteil der »affektiven Instinktsysteme« sind, unterscheidet das Zürcher Modell Motiv und Emotion folgendermaßen: Emotionen signalisieren aus dem Soll-/Ist-Wert-Abgleich in

Bezug auf ein gerade aktiviertes Motivsystem dem Organismus die »Lage« nach innen, bringen eine (motivdienliche) Action-Readiness mit sich, aktivieren u. U. den Coping-Apparat und informieren via Emotionsausdruck die Umwelt über den aktuellen inneren Zustand (Bischof 2009; Benecke 2014). Unstrittig scheint die phylogenetisch entstandene und neurobiologische Verankerung der Primäraffekte im Sinne angeborener, voneinander zu unterscheidender Systeme (Ekman 1999). Insofern siedeln wir die Primäraffekte ebenfalls wesentlich in dieser »Schicht« des phylogenetischen Unbewussten an, auch wenn diese Affekte sich später durchaus auch als Gefühle im bewussten Erleben abbilden können.

3.2 Das Vergangenheitsunbewusste

Wie in der Einleitung dargestellt, verstehen Sandler und Sandler unter dem Vergangenheitsunbewussten den psychischen Ort der Wünsche und Impulse, die in frühen Erfahrungen entstehen. Sie betonen dabei, dass diese nicht zwingend triebhaft im Freud'schen Sinne sein müssen, sondern auch aufgrund anderer unangenehmer Affekte eine »imperative Qualität« erhalten können. Seit der Konzeptualisierung der Sandlers hat sich unser Verständnis dieser frühen Beziehungserfahrungen beträchtlich erweitert. Die Säuglingsforschung konnte zeigen, dass die frühesten Interaktionserfahrungen wesentlich die Regulierung belastender Affekte zum Ziel haben (▶ Kap. 2.3.3). Die Bildung der Inhalte des Vergangenheitsunbewussten geschieht aber nicht einfach als verdichtetes Abbild realer Interaktionen, sondern unter Beteiligung »prozedural-dynamischer Regulierungsprozesse« (▶ Kap. 2.3.1; Benecke 2014). Die Interaktionsprozesse selbst sind noch keine prozedural-dynamischen Regulierungsprozesse, aber die innerhalb der Interaktionen stattfindenden Abläufe (interaktive und intrapsychische) *werden* dann zu solchen, sodass die Interaktionen in einem abstrakten Sinne in diesen prozedural-dynamischen Regulierungsprozessen repräsentiert sind. Wie oben beschrieben, gehen Sandler und Sandler (1985) davon aus, dass im Vergangenheitsunbewussten auch die früh entstandenen »Konfliktlösungen« und Bewältigungsreaktionen enthalten sind.

3.2.1 Prozedural-dynamische Regulierungsprozesse

In der psychoanalytischen Objektbeziehungstheorie wurde sich eingehend mit der Frage befasst, wie frühe Interaktionserfahrungen in der Psyche von Kleinkindern repräsentiert werden, die noch nicht in dem Maße zu Sprache und Bewusstsein fähig sind wie Erwachsene. Die Neurowissenschaften haben bezüglich dieser Repräsentanzen untersucht, wie sie ihm Gehirn »gespeichert« werden. Seit Milner (1962) wird das Langzeitgedächtnis in deklarative und nicht-deklarative Anteile unterteilt. Dem deklarativen Gedächtnis werden das sogenannte Weltwissen wie Fakten oder berufliche Kenntnisse (semantisch) und Erinnerungen an persönliche Erlebnisse (episodisch) zugeordnet. Durch ihre Studien konnte Milner zeigen, dass Informationen jedoch auch im Langzeitgedächtnis »gespeichert« werden können, ohne dass das Bewusstsein daran beteiligt sein muss und ohne dass die Informationen in diesen beiden Formen des Langzeitgedächtnisses gespeichert werden müssen. Für ein drittes Langzeitgedächtnis-System prägte sich seit Milner der Begriff des *implizit-prozeduralen Gedächtnisses*, in welchem besonders automatisierte Handlungsabläufe wie beispielsweise Fahrradfahren »gespeichert« werden. Die Gehirnregionen, die mit diesem unbewussten Langzeitgedächtnis-System zusammenhängen, reifen in der Entwicklung des Kindes deutlich früher heran als die deklarativen Gedächtnissysteme, weshalb man inzwischen davon ausgeht, dass die frühen Beziehungserfahrungen im implizit-prozeduralen Gedächtnis repräsentiert sind.

Hatte die kognitive Neurowissenschaft lange Zeit das prozedurale Gedächtnis besonders mit den automatisierten Handlungsabläufen in Verbindung gebracht, ist in der jüngeren Vergangenheit auch die *Repräsentation von frühen Beziehungserfahrungen* in den Fokus gerückt und hat das Verständnis vom Unbewussten verändert (Kandel 2008). Mancia (2006) verdeutlicht: »The discovery of the implicit memory has extended the concept of the unconscious and supports the hypothesis that this is where the affective and emotional –sometimes traumatic – presymbolic and preverbal experiences of the primary mother-infant-relations are stored« (S. 83). Auch Vandekerckhove und Panksepp betonen hinsichtlich des von ihnen sogenannten *anoetischen Bewusstseins* (▶ Kap. 1.2) die implizit-prozedurale Speicherung der affektiven, frühkindlichen Erfahrungen und hebt hervor, dass diese »Erinnerungen« trotz unbewusster Speicherung durch spätere Situationen ausgelöst werden können, sodass

3.2 Das Vergangenheitsunbewusste

sie in veränderter Art und Weise einen Einfluss auf das Bewusstsein ausüben können (vgl. Vandekerckhove & Panksepp 2009, S. 1020).

Der Neuropsychoanalytiker Schore (1994) verbindet diese neurowissenschaftlichen und psychologischen Erkenntnisse bezüglich des implizitprozeduralen Gedächtnisses mit psychoanalytischen Entwicklungstheorien.[43] Schore greift zur Erklärung der frühen und damit prozeduralen Organisation des Selbst die zentrale Idee der Objektbeziehungstheorie auf, dass früheste Beziehungserfahrungen die prägende Größe für die Ausbildung des Selbst sind. Er verbindet sie mit der Erkenntnis, dass diese frühesten Beziehungserfahrungen rechtshemisphärisch im prozeduralen Gedächtnis gespeichert werden, was einen starken Bezug zu körperlichen Prozessen bedeutet. Dabei verdeutlicht auch er die Bedeutung der Emotionsregulation für die frühkindlichen Erfahrungen. Er fasst diese drei Aspekte, also (1) die Ausbildung des Selbst (2) durch die prozedurale Speicherung (3) frühkindlicher Regulationserfahrungen, deshalb in einem Satz zusammen: »The central theme in all of my writings is implicit affect regulation in the organization of the self« (Schore 2011, S. 79).

Wie wir in Kapitel 2.3 dargestellt haben, wird in der modernen Psychoanalyse davon ausgegangen, dass verschiedene Affekte für die Verdrängung ins Unbewusste und allgemein die Auslösung von Abwehrmechanismen verantwortlich sein können. Wurde in der Psychoanalyse die sogenannte Psychodynamik früher besonders mit der triebhaften Besetzung, beschrieben durch Energie-Metaphern, in Verbindung gebracht, hat sich der Fokus inzwischen auf belastende, meist schmerzliche Affekte verschoben. Sogar eher an der klassischen Psychoanalyse und Freud'schen Triebtheorie orientierte Theoretiker gestehen diese Wandlung im psychoanalytischen Verständnis ein (bspw. Zepf 2013; Müller-Pozzi 2008). Wie Abwehrmechanismen im späteren Leben die Funktion ausüben, belastende Affekte auf eine ertragbare Art und Weise zu regulieren und dadurch psychodynamisch wirken, so haben auch die Interaktionsprozesse in der frühen Kindheit die primäre Aufgabe, eine Regulation der affektiven Zustände zu erreichen.

Wir vertreten die Auffassung, dass Abwehrmechanismen grundsätzlich als Aktivierung prozedural-dynamischer Regulierungsprozesse ver-

---

43 Auch von neurowissenschaftlicher Seite aus wird »das prozedurale Unbewusste« mit dem (v. a. deskriptiven) Unbewussten der Psychoanalyse verglichen (siehe Kandel 2008).

standen werden können (vgl. Benecke 2014). Erfahrungen in der frühen Kindheit werden besonders körpernah im implizit-prozeduralen Gedächtnis repräsentiert. Dabei ist zu beachten, dass diese »gespeicherten« prozesshaften Erfahrungen nicht eins zu eins abgerufen werden, sondern ihre Aktivierung vielmehr als »erinnerte« Neuschaffung in der späteren Situation verstanden werden muss. Wenn wir an dieser Stelle von »Erinnerungen« sprechen, sind damit nicht deklarative Gedächtnisinhalte gemeint, sondern eine unbewusste Re- bzw. Neukonstruktion damaliger Erfahrungen und damit die automatische Aktivierung prozedural »gespeicherter« Regulierungsprozesse. Mit der Erweiterung des Verständnisses vom Gedächtnis durch die Betonung prozeduraler Anteile ist es aus unserer Sicht zulässig, auch hier von »Erinnerungen« zu sprechen, obwohl eine Bewusstmachung dieser unbewussten Prozesse im klassischen Sinne des »Aufdeckens« nicht möglich ist; allerdings können die sich wiederholenden Muster erkannt und nun bewusst erfahren werden.

3.2.2 Selbst-Objekt-Affekt-Repräsentanzen und Triebe

Während die prozedural-dynamischen Regulierungsprozesse die *prozessuale* Ebene im Vergangenheitsunbewussten beschreiben, befassen wir uns nun mit den *Inhalten* des Vergangenheitsunbewussten. Wir haben oben gesehen: Die in den frühen Beziehungen ablaufende Emotionsregulation wird im prozeduralen Gedächtnis gespeichert und bildet dort Repräsentanzen. Laut Kernberg werden im Laufe der frühen Kindheit Selbstrepräsentanzen mit Objektrepräsentanzen durch den dominierenden Affekt der Interaktionserfahrungen verbunden. Kernberg spricht von *Selbst-Objekt-Affekt-Einheiten* (▶ Kap. 1.3.2 und 2.2.2). Die Psyche des Kleinkindes, welche noch wesentlich stärker von unbewussten Prozessen geformt wird als im späteren Leben, wird besonders durch diese Selbst-Objekt-Affekt-Einheiten konstituiert. Es werden also nicht äußere Personen in der inneren Welt repräsentiert, sondern die affektiv aufgeladene Interaktion mit ihnen. Laut Sandler und Sandler (1985) finden sich im Vergangenheitsunbewussten »bedrängende Phantasien (…), die sich relativ früh im Leben entwickelt haben, Phantasien von problemlösender, sicherheitgebender, wunscherfüllender Qualität« (ebd. S. 802).

3.2 Das Vergangenheitsunbewusste

Dabei ist zu berücksichtigen, dass diese früh im Unbewussten entstehenden Strukturen nicht dem klassischen Unbewussten der Psychoanalyse entsprechen, sondern vielmehr als *nicht-verdrängtes Unbewusstes* angesehen werden müssen. Dieser Form des Unbewussten wird in der aktuellen Psychoanalyse eine zunehmende Bedeutung beigemessen, wie Bohleber (2013) in einer Neuvermessung des Unbewussten aufzeigt: »Das nichtverdrängte Unbewusste steht nun seit längerer Zeit im Fokus des psychoanalytischen Interesses. Dies vor allem durch die Entdeckung des sog. impliziten/prozeduralen Wissens, das sich in einer vom autobiographischen Gedächtnis getrennten Gedächtnisform niederschlägt«. Er ergänzt hinsichtlich des Inhalts dieses frühen nicht-verdrängten Unbewussten: »Den Inhalt des nicht-verdrängten impliziten Unbewussten bilden vornehmlich die frühen Objektbeziehungen, die sich als Repräsentanzen oder als innere Objekte darin niederschlagen, als körperlich verankerte (embodied) senso-motorische Koordinationen, als Interaktions- und Handlungsschemata, als Phantasien und Erwartungen« (Bohleber 2013, S. 811). Schüßler (2002) beschreibt dies so: »Insbesondere affektiv-prozedurale Regeln und prototypische Erfahrungen werden implizit gespeichert und wirken als Schema und internalisierte Selbst- und Objektbeziehungs-Repräsentanzen ein Leben lang weiter – unabhängig von der Angemessenheit einer derartigen Wahrnehmung und Verarbeitung […]. Derartige implizite Beziehungsschemata beeinflussen unbewußt die Selbstregulation und Beziehungsgestaltung.« (ebd., S. 210)

Aus unserer Sicht lassen sich in den Bereich des Vergangenheitsunbewussten, das sich durch die ersten Beziehungserfahrungen bildet und welches Bohlebers Taxonomie folgend als nicht-verdrängt bezeichnet werden kann, jedoch außerdem die psychoanalytischen Triebe in unserem Verständnis legen. Bereits Sandler und Sandler (1985) weisen in ihrer grundlegenden Arbeit darauf hin, dass die Repräsentanzen im Vergangenheitsunbewussten eine stark »imperative Qualität« aufweisen. Sie sprechen diesbezüglich beispielsweise von »drängenden Wünschen« und »Forderungen« (vgl. Sandler & Sandler 1985, S. 802). Wir sehen in diesem zentralen Aspekt der prozedural gespeicherten frühkindlichen Erfahrungen eine Parallele zu Freuds Auffassung der Triebe, die er als »aus dem Körper in die Psyche drängende Kraft« konzeptualisierte (vgl. Laplanche & Pontalis, S. 525–529). Wir schlagen vor, als *Triebe* diejenigen basalen motivational-affektiven Impulse zu verstehen, die aufgrund misslingender Affektspiegelung weder angemessen reguliert noch mental

3 Psychodynamisches Integrationsmodell der Motivation und Emotion

repräsentiert werden können, und daher zu einer *triebhaften Kraft* im Unbewussten werden. Am Ende dieses Buches gehen wir auf diesen Gedanken ausführlich ein.

Neben diesen nicht-verdrängten »Inhalten« finden sich im Vergangenheitsunbewussten aber natürlich auch diejenigen Impulse, Affekte etc., die im »klassischen« Sinne abgewehrt werden mussten (beispielsweise etwas später in der Entwicklung sanktionierte aggressive Impulse), wobei auch diese nicht »separat« gespeichert sind, sondern ebenfalls verwoben in entsprechenden Selbst-Objekt-Affekt-Repräsentanzen.

Die Selbst-Objekt-Affekt-Repräsentanzen beinhalten also auch die früh erworbenen »Lösungen«, die sich bei entsprechendem »Erfolg« (im Sinne einer Bewältigung oder zumindest Abschwächung allzu belastender Affektzustände) als prozedural-dynamische Regulierungsprozesse etablieren. Bei späterer Aktivierung einer z. B. schmerzlichen Selbst-Objekt-Affekt-Repräsentanz werden automatisch die damit verknüpften Regulierungsprozesse (z. B. bestimmte Abwehrmechanismen und/oder kompensierende Impulse oder Affekte etc.) ebenfalls aktiviert.

3.3 Das Gegenwartsunbewusste

Sandler und Sandler (1985) stellen dem Vergangenheitsunbewussten den Bereich eines Gegenwartsunbewussten gegenüber, in welchem »erwachsene Formen infantiler Wünsche« (S. 805) gebildet werden. Die Hauptfunktion des Gegenwartsunbewussten besteht darin, eine Anpassung der infantilen Wünsche aus dem Vergangenheitsunbewussten an das »Hier und Heute« zu erreichen. Diese infantilen Wünsche können direkt in die Beziehungen der Gegenwart übertragen werden; dann spricht die Psychoanalyse von einem »Prozess der Wiederholung der Vergangenheit in der Gegenwart« (ebd., S. 805). Häufiger ist jedoch, dass die Impulse aus dem Vergangenheitsunbewussten bezüglich des Auftauchens im Gegenwartsunbewussten einen Konflikt auslösen, sodass eine Entstellung und Verzerrung dieses Wunsches nötig wird, um eine Anpassung an das Hier und Heute zu schaffen. Sandler und Sandler (1985) sprechen in Anlehnung an Freud diesbezüglich von einer »zweiten Zensur«.

3.3 Das Gegenwartsunbewusste

3.3.1 Selbst-Objekt-Vorstellungen, Motivkonflikte und sekundäre Bebilderung

Im Gegenwartsunbewussten bestehen nach dieser »Umwandlung« *Selbst-Objekt-Vorstellungen*, die nicht mehr zwingend mit der affektiven »Färbung« der jeweiligen Beziehungserfahrung zusammenhängen müssen. Stattdessen ermöglicht die Symbolisierung ebenfalls kognitive Vorstellungen, die Bilder der Interaktionssequenzen prägen. Diese bildhaften Vorstellungen sind potentiell mentalisierbar und stellen damit in Abbildung 4.1 einen Teil des ersten Pfades motivational-emotionaler Prozesse dar. Im Gegenwartsunbewussten finden sich dann z. B. die (noch relativ unzensierten) Konfliktlösungsmodi gemäß OPD (▶ Kap. 1.3.2). Erst nach einer weiteren prozessualen Veränderung können diese in das Selbstbild oder bewusste »Ziele« und »Pläne« übergehen, die allerdings mit den unbewussten Motivkonflikten nicht deckungsgleich sein müssen (▶ Kap. 1.3).

Demgegenüber können die in den frühen Beziehungen weder reguliert noch markiert gespiegelten Impulse, die daher rein auf prozeduraler und physiologischer Ebene verbleiben, aufgrund nicht entwickelter mentaler Repräsentationen nicht ohne Weiteres in Vorstellungen umgewandelt werden. Diese hier als »Triebe« (▶ Kap. 4) bezeichneten Prozesse können allenfalls sekundär »bebildert« werden, dergestalt, dass Phantasien entwickelt oder entlehnt werden, die dem affektiven Gehalt der prozedural gespeicherten Prozesse eine kognitive Gestalt geben, deren Inhalt aber nichts mehr mit der realen Vergangenheit zu tun haben muss (vgl. Benecke 2006, 2014). Da die drängende Kraft dieser »triebhaften« Impulse aus dem Vergangenheitsunbewussten nicht durch stabile kognitive Mechanismen gewissermaßen eingebunden wird, wirken sie häufiger direkt auf die habituelle Ebene ein. Um dieses Prinzip auszudrücken, entlehnen wir für unser Modell den Begriff der *Action-Readiness* aus der motivationspsychologischen Forschung, ergänzen das Konzept jedoch um ein psychodynamisches Verständnis. Im Verständnis der Psychologie beschreibt die Action-Readiness die Zugänglichkeit der Ausführung eines Verhaltens, und es wird im Sinne der Lerntheorie davon ausgegangen, dass sie besonders durch erlernte Erfahrungen – selbst ausgeführte oder bei Anderen beobachtete – bezüglich dieser spezifischen Verhaltensweise bestimmt wird (vgl. Suri et al. 2015). Aus psychoanalytischer Sicht wird die automatische Aktivierung einer Aktion jedoch besonders durch konflikthafte, unbewusst gespeicherte Beziehungsrepräsentanzen, die nur unzureichend mentalisiert werden können, ausgelöst.

3.3.2 Zweite Zensur

In der Psychoanalyse gibt es bislang keine Einigkeit hinsichtlich der Frage, wie auf den verschiedenen Ebenen des Unbewussten die Repräsentanzen und Bilder der frühen Objektbeziehungserfahrungen konzeptualisiert werden sollen (Benecke 2006). Doch ob man nun von Vorstellung, Repräsentanz oder Abbildung spricht, die Inhalte des Gegenwartsunbewussten können meist nicht ohne Hürde in das Bewusstsein übertreten. An diesem Übertritt hindert sie nach Sandler und Sandler (1985) die *zweite Zensur*. Zentral für diese Blockade, die eine automatische Bewusstwerdung der Inhalte des Gegenwartsunbewussten verhindert, ist die Angst vor Beschämung. »Wenngleich sie [die zweite Zensur] ohne Zweifel auch andere Elemente enthält, so zielt sie im wesentlichen doch darauf ab, Beschämung, Verlegenheit und Erniedrigung zu vermeiden.« (Sandler & Sandler 1985, S. 806)

Die Entwicklung dieser zweiten Zensur ist entsprechend in der Phase zu sehen, in der soziale Emotionen entstehen. »Mit der zunehmenden Fähigkeit des Kindes, beschämende Reaktionen der Umwelt zu antizipieren [...], macht es *sich selbst* zum mißbilligenden Publikum und wird die entsprechende soziale Situation in Form der zweiten Zensur internalisieren.« (ebd. S. 806) Ist dieser Zensor im Laufe der Entwicklung in der Psyche installiert, wirkt er fortwährend als Kontrollinstanz vor den Toren des Bewusstseins: »Nur Inhalte, die dieser internalisierten sozialen Zensur akzeptabel erscheinen, dürfen bewußt werden. Sie müßen vernünftig sein, und nicht lächerlich oder ›töricht‹« (ebd. S. 806). Wir haben in Kapitel 2.2.4 diskutiert, inwiefern eine maladaptive Ausbildung dieser Zensurschranke durch »pädagogische« Maßnahmen in der Kindheit bedingt werden kann.

Hinsichtlich der zweiten Zensur lassen sich zwei Extreme unterscheiden, die beide einer gesunden Entwicklung der Psyche im Weg stehen: 1. wenn die Schranke der zweiten Zensur entfällt oder 2. wenn die zweite Zensur zu restriktiv dabei ist, Inhalte daran zu hindern, in das Bewusstsein zu dringen. Ersteres ist nicht selten bei Patienten mit strukturellen Störungen der Fall; Letzteres findet sich typischerweise bei »neurotischen« Patienten, gemäß OPD wäre das das »mäßige« Niveau der strukturellen Integration. Beide Formen können für die sozialen Beziehungen eine verheerende Wirkung haben, die zusätzlich die verdrängten Muster im Unbewussten aufrechterhält. Wir beschreiben solche »intersubjektiven Teufelskreise« in Kap. 3.5.

3.4 Ebene des Bewusstseins

In der Psychoanalyse wurde lange Zeit eine deutliche Trennung zwischen Unbewusstem und Bewusstsein vorgenommen. Laplanche und Pontalis (1992) schreiben zu dem System des Unbewussten: »Im weitesten Sinne kann man das Unbewußte als einen besonderen ›seelischen Ort‹ annehmen, den man sich nicht wie ein zweites Bewußtsein, sondern als ein System von Inhalten, Mechanismen und vielleicht mit einer spezifischen ›Energie‹ vorstellen muß« (S. 563). Die ins Unbewusste verdrängten Impulse und Triebwünsche drängen zwar permanent ins Bewusstsein, können in Freuds Verständnis aber niemals in dieses gelangen. Die moderne Psychoanalyse vertritt diesbezüglich inzwischen eine andere Auffassung. »Heute wird das Denken in psychischen Orten oder Systemen weitgehend durch ein Denken ersetzt, das ›bewusst‹ und ›unbewusst‹ als unterschiedliche Organisationsgrade seelischen Materials versteht. Von da aus gesehen erscheint es hilfreich, sich ›bewusst‹ und ›unbewusst‹ eher auf einem Kontinuum angesiedelt vorzustellen denn als scharf zu trennende psychische Orte oder Räume« (Bohleber 2013, S. 813 f.). Auch in den Affektiven Neurowissenschaften lässt sich ein solcher Wandel von einer kategorialen zu einer dimensionalen Betrachtungsweise bezüglich der Systeme »bewusst« und »unbewusst« ausmachen (Vandekerckhove & Panksepp 2009; 2011; (▶ Kap. 1.3).

3.4.1 Mentaler Puffer

Aktuelle Ansätze der verschiedenen therapeutischen Schulen gelangen inzwischen zu der Erkenntnis, dass die Fähigkeit zur bewussten Regulation eigener Emotionen ein zentrales Merkmal hinsichtlich der Erklärung psychopathologischer Syndrome darstellt (Benecke 2014). In der modernen Psychoanalyse wurde diesbezüglich das Konzept der *mentalisierten Affektivität* eingeführt (▶ Kap. 2.3.3). Psychoanalytische Auffassungen betonen besonders den unbewussten Anteil der Fähigkeit zur Emotionsregulation, heben jedoch mit dem Konzept der mentalisierten Affektivität ebenfalls einen Aspekt hervor, der teilweise der bewussten Kontrolle unterliegt. Hiermit ist gemeint, dass die Person ihre Emotionen durch bewusste Kontrolle so beeinflussen kann, dass sie reguliert werden, jedoch – und dies ist der entscheidende Gedanke – ohne im emotionalen Erleben die entsprechende Emotion verlassen oder gar unterdrücken zu müssen.

Taubner (2015) spricht deshalb von »Online-Mentalisierung«. Während eine Emotion ins Erleben dringt, kann sozusagen »online« ein innerer Raum geschaffen werden, der ein Zulassen des Fühlens dieser Emotion ermöglicht, jedoch ohne darauf angewiesen zu sein, diesem inneren Drang nachzugeben und direkt reagieren zu müssen, also in den Worten der klassischen Psychoanalyse: einen Abfuhrprozess einzuleiten. Stattdessen kann im »heißen Zustand« des emotionalen Erlebens mentalisiert werden, warum diese Emotion auftaucht, wie sie mit eigenen früheren Erfahrungen zusammenhängt und besonders: inwiefern die soziale Situation, in der man sich befindet, einen Ausdruck der Emotion ermöglicht. Diese Fähigkeit, einen inneren Raum zur Emotionsregulation bereitzustellen, zeichnet den Geist des Menschen im Verhältnis zu Tieren aus, weil sie eine »Entkopplung instinktiver Reizreaktionskontingenzen« (Scherer 1996) ermöglicht, und einen *mentalen Puffer* bereitstellt, der eine Latenzzeit zur Reaktionsauswahl schafft. Diese Fähigkeit zur Bildung eines mentalen Puffers schafft erst die Möglichkeit, »die Bedeutungen der eigenen Affektzustände zu ergründen« (Fonagy et al. 2004, S. 104). Sie stellt somit die Voraussetzung zur Selbstreflexion dar und kann in der Tradition der psychoanalytischen Ich-Psychologie als eine der wichtigsten strukturellen Fähigkeiten bezeichnet werden (▶ Kap. 2.3.4).

Diese Fähigkeit bietet der Person die Möglichkeit, die drängenden Impulse, Wünsche, Vorstellungen und Affekte aus dem Vergangenheits- und Gegenwartsunbewussten zu reflektieren, bevor sie in Verhalten umgesetzt werden. Die prozeduralen Repräsentanzen der frühen Regulierungsprozesse können so »abgefedert« werden und müssen nicht direkt in Verhalten münden. Vielmehr können bei einer gut ausgebildeten

3.4 Ebene des Bewusstseins

Fähigkeit zur mentalisierten Affektivität die Handlungen bewusst an die soziale Situation angepasst werden, in der sich die Person befindet.

Gerade bei schweren Persönlichkeitsstörungen ist diese Fähigkeit jedoch nicht verfügbar, weil pathogene Interaktionserfahrungen nicht nur klinische Symptome nach sich ziehen, sondern ebenso die Entwicklung dieser Fähigkeit zur bewussten, mentalisierenden Regulation eigener Emotionen verhindern. Denn die Entwicklung dieser Fähigkeit, einen mentalen Puffer zu schaffen, ist – wie in Kapitel 2.3.3 beschrieben – maßgeblich von einer gelingenden Emotionsregulation durch die primären Bezugspersonen in der frühen Kindheit abhängig. Dies ist auf doppelte Weise fatal: Einerseits haben solche Patienten mehr misslingende Erfahrungen prozedural-dynamischer Regulierungsprozesse im Vergangenheitsunbewussten angesammelt, die das Verhalten auf dysfunktionale Art und Weise beeinflussen. Andererseits fehlt ihnen aufgrund dieser maladaptiven oder sogar traumatischen Erfahrungen die Fähigkeit, ebenjene Wirkung »mental zu puffern«. Die negativen Erfahrungen stellen somit nicht nur einen Risikofaktor schwerer psychischer Störungen an sich dar, sondern zerstören zusätzlich den wirksamsten Resilienzfaktor gegen die pathologische Wirkung dieser Erfahrungen. In den sozialen Beziehungen führt dies zur Etablierung problematischer Verhaltenskreisläufe, die die pathologischen, psychodynamisch wirkenden intrapsychischen Muster zusätzlich aufrechterhalten und verstärken (▶ Kap. 3.5).

3.4.2 Handlungen vs. Verhalten

Die psychischen Prozesse im Unbewussten und Bewusstsein münden auf der *habituellen Ebene* in Handlungen und Verhalten. Diesbezüglich greifen wir in unserem Modell die in Kapitel 1.1.1 beschriebene Unterscheidung auf, die sich in den Motivationstheorien der Psychologie etabliert hat. So wird von *Handlungen* gesprochen, wenn die unbewussten Motivkonflikte mentalisierbar sind und mit kognitiven Schemata verbunden werden können. Auf der Ebene der *Repräsentanzen* hat dies zur Folge, dass die Selbst-Objekt-Affekt-Einheiten des Vergangenheitsunbewussten mit kognitiven Funktionen verbunden werden können, sodass im Gegenwartsunbewussten Selbst-Objekt-*Vorstellungen* bestehen, die (modifiziert durch die zweite Zensur) im Bewusstsein als

3 Psychodynamisches Integrationsmodell der Motivation und Emotion

Selbst- und Objekt-*Bilder* und konkrete Wünsche/Ziele reflektierbar sind. Die Person ist insgesamt in der Lage, die Wirkung emotionaler (Beziehungs-)Repräsentanzen »mental zu puffern«, sodass die drängenden Impulse aus dem Unbewussten nicht direkt in Verhalten umgesetzt werden müssen, sondern stattdessen Handlungen geplant und zielgerichtet ausgeführt werden können (▶ Kap. 1.1.1 »volitionale Handlungsregulation« sowie (▶ Kap. 1.1.2 »Motiv-Zeitreise«).

Demgegenüber lässt es sich als *Verhalten* bezeichnen, wenn die Repräsentanzen der prozedural-dynamischen Regulierungsprozesse im Vergangenheitsunbewussten ihren drängenden Charakter nicht verlieren, da sie aufgrund mangelnder markierter Spiegelung nicht mental repräsentiert werden können. Dies hat zur Folge, dass im Gegenwartsunbewussten nur unzureichend vom Affekt unabhängige Selbst-Objekt-Vorstellungen gebildet werden können, sondern stattdessen eine permanente *Action-Readiness* auszumachen ist. Die Schranke der *zweiten Zensur* nimmt hier einen wesentlich geringeren Stellenwert ein, wenn es um die Beschreibung der psychodynamischen Umwandlungen auf dem Weg zum bewussten Erleben geht. Daraus folgt, dass die drängenden Impulse am Bewusstsein vorbei und ohne jegliche exekutive Kontrolle auf die habituelle Ebene einwirken, sodass das eigene Verhalten in der Interaktion mit Anderen nicht reflektiert werden kann, sondern stattdessen stark von den frühen, prozedural gespeicherten Beziehungsrepräsentanzen beeinflusst wird. Wir bezeichnen diese Wirkung aus dem Unbewussten heraus als *triebhaftes Drängen* und diskutieren in Kapitel 4 am Beispiel der markierten Affektspiegelung ausführlich, inwiefern durch diese Konzeptualisierung ein neues Verständnis vom der Psychoanalyse eigenen Konzept des *Triebes* möglich wird.

Im psychodynamischen Sinne lassen sich die Abwehrmechanismen zwar im Sinne der Emotionsregulation beschreiben, jedoch lässt sich für diesen Pfad in unserem Modell festhalten, dass keine adaptive Emotionsregulation gelingen kann. Die exekutive Kontrolle hat keinen steuernden Zugriff auf das »triebhafte« Drängen, weshalb keine expliziten Strategien der Emotionsregulation angewendet werden können; die impliziten Strategien können die affektiven Impulse lediglich unzureichend regulieren. Es ist davon auszugehen, dass dieser Pfad zusätzlich besonders stark mit der Ausbildung psychosomatischer Symptome verknüpft ist, da das unbewusste triebhafte Drängen und die unbewussten Konflikte nicht mentalisiert werden, somit nicht in das Bewusstsein gelangen können und stattdessen einen Ausdruck in einer somatischen Symptomatik finden. Diesbezüglich lässt sich die psychoanalytische Theorie inzwischen durch eine Vielzahl von Studienergebnissen empirisch fundieren (▶ Kap. 2.4).

3.5 Intersubjektive Teufelskreise

Der Psychoanalyse wurde lange Zeit der (durchaus berechtigte) Vorwurf gemacht, den interpersonellen Anteilen an psychischen Phänomenen im Allgemeinen, aber insbesondere an klinischen Symptomen im Speziellen zu unterschätzen. Ausgehend von Ferenczis (1932) Aufsehen erregendem Vortrag »Sprachverwirrung zwischen den Erwachsenen und dem Kind« sehen viele der Kritiker den Beginn dieser Schwerpunktsetzung auf die intrapsychischen Prozesse in Freuds Abkehr von der Verführungstheorie begründet (vgl. Cremerius, 1983). Hatte Freud die Bedeutung anderer Personen für die Entwicklung der Psyche zunächst noch berücksichtigt, indem er klinische Syndrome durch tatsächliche Übergriffe der Eltern zu erklären versuchte, geriet dieser interpersonelle Aspekt in seinen folgenden Theorien ins Hintertreffen. Man kann den Kritikern gegenüber einwenden, dass Freud erst diese Hinwendung zur intrapsychischen Betrachtungsweise eine Begründung der Psychoanalyse als eigenständige Wissenschaft von der Psyche und dem Unbewussten ermöglichte, doch rückblickend bescherte er der »klassischen« Psychoanalyse damit einen *Bias* in ihren Theorien.

Demgegenüber stehen die Theorien der modernen Psychoanalyse im Paradigma der *Intersubjektivität* (Altmeyer & Thomä 2006; Ermann 2014). In Abbildung 4.1 ist diese Perspektive durch die Rückkopplungspfeile der Beziehungspersonen angedeutet. Wir sprechen für diese Beziehungspersonen im Folgenden – etwas technisch – von »den Anderen«. Jedes Erleben oder Verhalten kann als kommunikativer Akt in Bezug auf eine soziale Situation mit Anderen verstanden werden; unabhängig davon, ob diese Anderen in der Phantasie der Person oder in der äußeren Realität auftreten. Das tatsächliche Verhalten löst ein Verhalten der Beziehungspersonen aus, welches Rückmeldungen auf den

3 Psychodynamisches Integrationsmodell der Motivation und Emotion

verschiedenen Ebenen/Schichten nach sich zieht. Dabei ist zu beachten, dass dieses Verhalten des Anderen ebenfalls von seinem inneren Erleben und damit den psychodynamischen Konflikten geprägt ist. Die Reaktion ist somit immer auch vor diesem psychodynamischen Hintergrund des Anderen zu sehen. Dieser Gedanke drückt sich in der psychoanalytisch geprägten Behandlungstechnik darin aus, dass inzwischen die Reaktionen des Therapeuten nicht allein als Gegenübertragung in Bezug auf die pathologischen, abgewehrten Anteile des Patienten gesehen werden, sondern die Beeinflussung der Gegenübertragungsreaktion des Therapeuten durch seine eigenen psychodynamischen Konflikte anerkannt wird. In unserem Modell wird dieser Aspekt der innerpsychischen Verarbeitung des Kommunikationspartners aus Vereinfachungsgründen vernachlässigt.

Stattdessen stehen hier die sich ergebenden Reaktionen des Anderen, die auf das gezeigte Verhalten folgen, in ihrer Rückwirkung im Zentrum. So gibt das Verhalten der Anderen Rückmeldungen hinsichtlich der verschiedenen von uns beschriebenen Ebenen. Diese Rückmeldungen wiederum sind abhängig von der Interpretation der Person, die die Reaktionen der Anderen in Abhängigkeit von eigenen Konflikten, Repräsentanzen und Schemata aus dem Vergangenheits- und Gegenwartsunbewussten interpretiert – das Verhalten der Anderen durchläuft gewissermaßen individuelle Filter und führt dann zu Aktivierungen innerhalb der Schichten. Dadurch entstehen Teufelskreise, durch die die Repräsentanzen und Schemata noch verstärkt werden, weil das Verhalten der Anderen im Wesentlichen gemäß der *Befürchtungen* interpretiert wird. Wie wir in den obigen Kapiteln ausführlich erläutert haben, wurde in der jüngeren Vergangenheit der Psychoanalyse das Verständnis der Abwehrmechanismen hinsichtlich verschiedener Emotionen erweitert, sodass konflikthafte Themen inhaltlich nicht nur mit der Angst einhergehen müssen, sondern auch andere Affekte wie Scham oder Wut im Zentrum haben können. Jedoch wird auch in der aktuellen psychoanalytischen Theorie davon ausgegangen, dass eine Aktivierung der Selbst-Objekt-Affekt-Repräsentanzen und Motivkonflikte durch die Angst vor der Auslösung eines konflikthaften, affektiv aufgeladenen psychischen Themas stattfindet. In diesem Sinne stellen die Reaktionen der Anderen oftmals eine *Bedrohung* dar, da sie als Gefahr hinsichtlich der Aktivierung der konflikthaften Themen wahrgenommen werden können.

3.5 Intersubjektive Teufelskreise

Beispiel

So kann sich beispielsweise durch wiederkehrende Erfahrungen der Abwertung und verminderter Selbstwirksamkeit in den Beziehungen der frühen Kindheit im Vergangenheitsunbewussten ein tiefes Gefühl der Hilflosigkeit entwickeln. Weil diese Hilflosigkeit in der Kindheit als schmerzhaft und nicht veränderbar erlebt wird, muss sie abgewehrt werden. Es könnte hinzukommen, dass das stark abwertende Erziehungsverhalten der Eltern durch eigene, unverarbeitete Themen des Nicht-schwach-sein-Dürfens ausgelöst wird, weshalb die Hilflosigkeit des eigenen Kindes nicht gespiegelt bzw. »contained« werden kann. Diese im Kind entstandene Hilflosigkeit führt später zunehmend in die Verhaltenstendenz einer starken Kontrollneigung, die nach Umwandlung durch die zweite Zensur das bewusste Verhalten beeinflusst. Das Erleben der Hilflosigkeit ist beschämend, weshalb ein Abwehrmechanismus eingeleitet werden muss. Dieser Prozess ist mit dem Abwehrmechanismus der *Reaktionsbildung* vergleichbar, weil ein unerträgliches Gefühl mit einer gegenteiligen Reaktion kompensiert wird. Im Gegenwartsunbewussten mündet die Kontrollneigung in ein forderndes Schema nach dem Motto: »Die Anderen haben mir zu 100 % zu folgen«. In den Begriffen der OPD könnte man auch von einem Grundkonflikt »Kontrolle vs. Unterwerfung« sprechen. Im aktiven Verarbeitungsmodus resultiert daraus im Bewusstsein ein Wunsch nach »Lenkung/Gestaltung«.

Die intrapsychischen Verarbeitungsmechanismen haben zur Folge, dass bereits kleinste Tendenzen im Verhalten der Anderen, die (vermeintlich) gegen diese Forderung stehen, als starke Abweichungen wahrgenommen werden. Bereits ein lediglich eigenständiges, selbstbewusstes Verhalten des Anderen wird somit als »widerspenstig« bis »aufmüpfig« erlebt. Durch diese (Fehl-)Wahrnehmung wird das eigene Thema der Hilflosigkeit im Vergangenheitsunbewussten erneut »getriggert«, und das Verhalten der Anderen stellt eine (scheinbare) Gefahr dar, sich wieder als hilflos zu erleben. Besonders wenn das Thema der Hilflosigkeit aufgrund prozedural-dynamischer Regulierungsprozesse im Vergangenheitsunbewussten entstanden ist, muss es durch unbewusste Abwehrmechanismen vom Erleben ferngehalten werden und kann nur schwer bewusst zugänglich gemacht werden.

3 Psychodynamisches Integrationsmodell der Motivation und Emotion

> Weil bereits ein selbstbewusstes Verhalten des Anderen als »widerspenstig« wahrgenommen wird, verstärkt sich in der Interaktion die Kontrollneigung, die sich in der Psyche als Lösungsversuch etabliert hat, um Gefühle der Hilflosigkeit zu verhindern. Deshalb werden dem Anderen zusätzliche Vorgaben gemacht, die dieser als besonders kontrollierend erlebt, weshalb sein Verhalten sich tatsächlich in die Richtung »Widerspenstigkeit« entwickelt. Insgesamt verstärkt sich ein Teufelskreis, der das intrapsychische Muster aufrechterhält.

Literatur zur vertiefenden Lektüre

Siehe vorherige Kapitel

Fragen zum weiteren Nachdenken

- Welche Parallelen bestehen zwischen den Motivlisten der Affektiven Neurowissenschaften, der ethologisch geprägten Psychologie und der verschiedenen therapeutischen »Schulen«?
- Inwiefern ist eine fehlende Emotionsregulation mit einer körperlicheren Repräsentanz verbunden, während eine gelingende Mentalisierung ein »kognitives Einfangen« triebhafter Impulse ermöglicht?
- Welche Rolle spielen psychodynamische Abwehrmechanismen bei der Erklärung impliziter Emotionsregulation, die in der psychologischen Forschung zunehmend fokussiert wird?
- Worin unterscheiden sich die psychodynamischen Erklärungen zur Aufrechterhaltung psychischer Muster in intersubjektiven Beziehungen von den in der Verhaltenstherapie gegebenen Erklärungen zur Aufrechterhaltung?
- Welche Gefahren bestehen grundsätzlich beim Übertragen von Konzepten aus einer Wissenschaft in eine andere?

4 Ein Triebverständnis für die moderne Psychoanalyse?

Die psychoanalytische Ich-Psychologie Hartmanns direkt im Anschluss an Freuds Tod hatte eine Auseinandersetzung mit biologischen und psychologischen Theorien zur Folge. In dieser Tradition stehend gelang der Psychoanalyse durch einen Dialog mit ihren Nachbarwissenschaften eine Einbeziehung von Instinkt- und Affektsystemen, die wir in unserem Integrationsmodell im *phylogenetischen Unbewussten* zusammengefasst haben. Jedoch geriet in der Folge innerhalb der Psychoanalyse, auch aufgrund dieser Offenheit für Theorien aus den Nachbarwissenschaften, zunehmend das ihr eigene Konzept des Triebes in den Hintergrund, sodass der Trieb aus der Theoriebildung zunehmend ausgeschlossen bzw. nicht mehr berücksichtigt worden ist. Allerdings gehen der Psychoanalyse gänzlich ohne Triebkonzept einige auch klinisch relevante Aspekte verloren, sodass wir der Ansicht sind, dass es sich lohnt, über alternative Triebkonzeptionen nachzudenken.

Der Neuropsychoanalytiker Allan Schore stellt auf der Grundlage der Erkenntnisse, die wir für unser Verständnis vom Trieb ebenfalls zur Basis nehmen, die Forderung auf: »Psychobiologische und neurobiologische Studien weisen deutlich darauf hin, dass das Triebkonzept, ein Phänomen im Grenzbereich zwischen Psyche und Soma, wieder in das zentrale Konzept der psychoanalytischen Theorie eingeführt werden sollte« (Schore 2007, S. 44). Wir wollen zum Abschluss unseres Buchs aufzuzeigen versuchen, wie eine solche Reintegration des Triebkonzepts nach einer Anpassung an die Erkenntnisse der modernen Psychoanalyse aussehen könnte.

Die zentrale Idee, die Freud zur Einführung seines Triebkonzepts bewegte, bestand darin, die Verbindung zwischen Psyche und Soma beschreiben zu wollen. Der Trieb ist charakterisiert durch eine aus dem Körper in die Psyche »drängende Kraft« (vgl. Laplanche & Pontalis 1992, S. 525–529), wie Freud an vielzitierter Stelle in *Trieb und*

4 Ein Triebverständnis für die moderne Psychoanalyse?

Triebschicksale schreibt: »So erscheint uns der Trieb als ein Grenzbegriff zwischen Seelischem und Somatischem, als psychischer Repräsentant der aus dem Körperinneren stammenden in die Seele gelangenden Reize, als ein Maß der Arbeitsanforderung, die dem Seelischen infolge seines Zusammenhanges mit dem Körperlichen auferlegt ist« (Freud 1915b, S. 214).

Genau jene Herleitung des Psychischen aus »dem Körperlichen« gewinnt aktuell unter dem Stichwort *Embodiment* in verschiedenen wissenschaftlichen Disziplinen an Popularität. Ob Lakoff und Johnson (1980) aus der Linguistik mit ihren *embodied metaphors*, Damasio (1996) aus der Affektiven Neurowissenschaft mit seiner Theorie der *Somatischen Marker*, Gallese und Sinigaglia (2011) aus der Kognitiven Neurowissenschaft mit ihrer *Verkörperlichten Simulation*, Fuchs (2013) aus der phänomenologischen Psychologie mit seinem Verständnis einer *Leiblichen Subjektivität* oder Rolf Pfeifer aus der Embodied Cognitive Science – all diese Autoren heben die Bedeutung körperlicher Zustände für psychische Prozesse hervor. Sie werden in der aktuellen Psychoanalyse genau aufgrund dieses Aspektes breit diskutiert (bspw. in Fotopoulou et al. 2012; Leuzinger-Bohleber et al. 2013; Solms & Turnbull 2004). Angesichts dieser Entwicklung wäre es für die Psychoanalyse wünschenswert, das ihr eigene Konzept des Triebes aktuellen Erkenntnissen der modernen Psychoanalyse anzupassen und den interdisziplinären Dialog, der bezüglich dieses Themas bereits ein Poly-log ist, mit den aktuellen Vorstellungen zu diesem Konzept zu bereichern.

4.1 Triebtheorien von Laplanche und Kernberg

Ansätze zu einer solchen Neukonzeptualisierung lassen sich in der aktuellen Psychoanalyse bereits finden: In der Mentalisierungstheorie sind bereits zaghafte Versuche gestartet worden, die Ideen Laplanches zur Entstehung des Triebes und der Psychosexualität aufzugreifen und mit den Theorien zur frühkindlichen Affektspiegelung zu verbinden (Fonagy 2008; Target 2013). Wir greifen diesen Faden auf und stellen in einem

4.1 Triebtheorien von Laplanche und Kernberg

Ausblick dar, inwiefern auf diesem Weg eine Neukonzeptualisierung des psychoanalytischen Triebkonzepts, welches im Paradigma der Intersubjektivität verloren zu gehen drohte, möglich wird. Dabei möchten wir betonen, dass wir nur einen weiteren möglichen Pfad ausleuchten, auf dem die Psychoanalyse das ihr eigene Trieb-Konzept weiterentwickeln kann, indem sie es an die interdisziplinär gewonnenen Erkenntnisse der modernen Psychoanalyse anpasst. Die Mentalisierungstheorie stellt sicherlich eine der anerkanntesten und am weitesten verbreiteten Theorien einer an einem interdisziplinären Dialog interessierten Psychoanalyse dar, weshalb sie uns als besonders geeignet erscheint, als theoretische Grundlage für eine moderne Neuvermessung des Triebes zu dienen.

Die psychoanalytischen Theoretiker, welche einer Verbindung des Triebkonzeptes mit dem Paradigma der Intersubjektivität am nächsten gekommen sind, sind sicher Laplanche und Kernberg. In unserem Modell folgen wir zwar der grundsätzlichen Idee der beiden, die Entstehung der Triebe in der Psychodynamik der ersten Beziehungen zu suchen. Doch halten wir die weitergehenden Erklärungen der Triebentstehung von Laplanche und Kernberg für wenig überzeugend.

1. Als Schüler Lacans ist Jean Laplanche einer der wichtigsten Vertreter der französischen Psychoanalyse. In seiner triebtheoretischen Konzeptualisierung geht Laplanche »retour à Freud« und bezieht sich auf die von Freud aufgegebene »Verführungstheorie« (▶ Kap. 1.3.1), die er zu seiner »allgemeinen Verführungstheorie« weiterentwickelt (vgl. Laplanche et al. 2011). Seiner Theorie zufolge sei der Trieb nicht angeboren, sondern entstehe in den frühen Beziehungserfahrungen mit den primären Bezugspersonen. Die Interaktionshandlungen der Eltern mit ihren Kindern seien nicht alleine durch Fürsorge geprägt, sondern zusätzlich »durchtränkt« von libidinös-lustvollen Impulsen[44]. Weil dieser Aspekt

---

44 Obwohl wir nicht leugnen wollen, dass innerhalb der Psychoanalyse durchaus über viele Jahrzehnte ein blinder Fleck gegenüber sexuellem Missbrauch an Kindern bestand (vgl. Krutzenbichler 1997a), ist diese grundsätzlich mehr als berechtigte Kritik an der Psychoanalyse bei Laplanche falsch aufgehoben. Dieser verurteilt sexuellen Missbrauch und grenzt ihn von seiner Theorie einer »Urverführung« deutlich ab, die nicht eine sexuelle Handlung meint, sondern das Begehren der Erwachsenen und seine Wirkung auf die Psyche des Kindes (vgl. Dannecker 1996).

den Eltern nicht bewusst sei, bezeichnet Laplanche diese Mitteilungen der Eltern an das Kind als »rätselhafte Botschaften«. Außerdem bestehe eine Asymmetrie hinsichtlich der psychischen Fähigkeiten des Kindes und der Erwachsenen, weshalb das Kind diese »rätselhaften Botschaften« des Erwachsenen strukturell bedingt noch nicht angemessen verarbeiten könne. Sie müssten deshalb in das Unbewusste verdrängt werden und bildeten dort die Triebe aus. Die Entstehung der Triebe wird also als Reaktion auf das Gegenüber und damit *intersubjektiv* konzeptualisiert (vgl. Hock 2012).

Auch wenn die von uns im Folgenden ausgeführten Überlegungen ebenfalls die intersubjektive Fundierung des Triebhaften berücksichtigen, grenzen wir uns deutlich von der Laplanches Theorie ab: Laplanche überschätzt bei seiner Herleitung der Triebe aus der »Szene der Urverführung« aus unserer Sicht den lustvoll-libidinösen Ausschnitt der frühen Interaktion, den er in seiner Theorie besonders unter die Lupe nimmt. Ohne Zweifel spielt erotisches Begehren in der fürsorglichen Beziehung der primären Bezugspersonen eine gewisse Rolle. Dieser Aspekt wird nicht zuletzt durch die Theorien der Affektiven Neurowissenschaften untermauert, wenn dort postuliert wird, das Instinktsystem CARE für fürsorgliches Verhalten der Eltern gegenüber ihren Nachkommen sei, phylogenetisch betrachtet, in der evolutionären Entwicklung aus dem LUST-System für sexuelles Begehren hervorgegangen (Panksepp & Biven 2012, S. 288 ff.). Auch der Vorwurf Müller-Pozzis (2008), der sich stark an Laplanche orientiert, an die anderen psychoanalytischen Strömungen, »der Zärtlichkeit fehlt die libidinöse Komponente keineswegs, wie es die Bindungs- und Objektbeziehungstheoretiker gerne annehmen« (S. 112), ist durchaus zutreffend. Diese Vernachlässigung sexuell-lustvoller Komponenten in den von Müller-Pozzi angesprochenen Strömungen, gestehen sogar psychoanalytische Theoretiker ein, die sich in ihrer Konzeptualisierung der Mentalisierungstheorie explizit und ausführlich auf die Erkenntnisse der Bindungs- und Objektbeziehungstheorie beziehen und diese dementsprechend für wertvoll halten (Fonagy 2008, S. 16 f.; Target 2013, S. 126 f.). Um diesen Mangel auszugleichen, beziehen sie deshalb auch die Gedanken von Laplanche in ihre Konzeptualisierung mit ein. Auch ein knappes Jahrhundert nach Freud wird die infantile Sexualität und damit einhergehend die sexuelle Komponente in der fürsorglichen Beziehung der Eltern gesamtgesellschaftlich unterschätzt; man kann fast sagen: immer noch tabuisiert.

Doch Laplanche und (darauf aufbauend) Müller-Pozzi schießen in ihren Theorien über das Ziel hinaus. Die frühen Interaktionen wurden in der empirischen Säuglingsforschung ausführlich untersucht, und es lässt sich mit den dort erhobenen Beobachtungen nicht begründen, dass »jede zweckgerichtete und zweckmäßige, in die primäre Lebensordnung eingebettete elterliche Handlung und jede noch so zufällige Geste […] immer auch erregend und verführend, erotisch durchsetzt« sei (Müller-Pozzi 2008, S. 48). Somit erachten wir auch die Bedeutung, die Müller-Pozzi der Szene der Urverführung für die Entwicklung der Triebe und des Unbewussten zuschreibt, für nicht haltbar. Das sexuelle Begehren der Mutter, das als rätselhafte Botschaft in die Psyche des Kindes »eindringt«, ist nicht der entscheidende Weg zur Subjektwerdung, wie Müller-Pozzi (auf Laplanche aufbauend) behauptet (vgl. Müller-Pozzi 2008, S. 46–48).

Kommt es zu einer solch umfassenden »erotischen Durchtränkung«, handelt es sich nicht (wie er annimmt) um eine notwendige (!) Voraussetzung, damit die erste Beziehung zu einer gesunden Entwicklung beitragen kann. Vielmehr ist eine solche Interaktionsform als höchst pathologisch zu bezeichnen, weil sich in ihr Elemente widerspiegeln, die Dornes (1993) als »Phantasieaufladung« bezeichnet: »Der Druck der Phantasien überformt die Wahrnehmung und macht die Mutter unfähig, die Signale ihres Kindes differenziert zu lesen und zu beantworten. Der biologisch auf Angepasstheit präprogrammierte Dialog entgleist aufgrund seiner symbolischen Überformung.« (S. 202)

2. Auch die Herleitung der Triebe in der Theorie Kernbergs, die in Kapitel 1.3.2 vorgestellt worden ist, überzeugt nicht. War Kernberg in seiner psychoanalytischen Ausbildung zwar maßgeblich geprägt durch die erste Welle psychoanalytischer Säuglingsforscher um Spitz und Mahler (vgl. Ermann 2012a, S. 46), so sprechen die Ergebnisse der zweiten Welle psychoanalytischer Säuglingsforschung um Emde, Lichtenberg und Stern, auf die Kernberg (2014) ausführlich Bezug nimmt, gegen seine Triebtheorie. Es gibt keinen empirischen Hinweis darauf, dass sich das affektive Erleben in der frühen Kindheit in zwei Strängen bündeln würde, die anschließend zu eigenen Triebkräften werden. Diese Entstehung zweier Triebe aus verschiedenen angebo-

renen Affektsystemen in der frühen Kindheit ist empirisch nicht haltbar und ergibt auch wenig Sinn, schon gar nicht als Modell für die normale, gesunde Entwicklung.

Die Entwicklung geht – folgt man den Beobachtungen der Säuglingsforschung und Entwicklungspsychologie – sogar eher in die Richtung einer im Laufe der ersten Jahre zunehmenden Ausdifferenzierung des emotionalen Erlebens (vgl. Holodynski 2006). Kernberg stellt die Arbeiten der funktionalistischen Richtung der psychologischen Emotionsforschung und der Affektiven Neurowissenschaften vor, die ihn zu der Annahme verleiten, dass es mehrere, angeborene affektive Systeme gebe, hält jedoch für seine Triebtheorie dennoch an Freuds Dualismus fest, indem er von einer Bündelung zu zwei Strängen ausgeht. Obwohl er explizit »insbesondere Panksepp (1998)« (Kernberg 2014, S. 138) hinsichtlich der Formulierung einer aktuellen Affekttheorie hervorhebt, greift Kernberg die von Panksepp geäußerte Kritik an der Annahme Freuds, es gebe zwei Hauptmotivatoren für die menschliche Psyche, nicht auf (▶ Kap. 1.2).

Kernbergs Theorie ermöglichte ihm ein Verständnis von frühen Störungen, besonders der Narzisstischen und der Borderline-Persönlichkeitsstörung, das das psychoanalytische Therapieverständnis ohne jeden Zweifel enorm bereichert hat. Seine Triebtheorie hilft dabei, die für diese Störungen typischen Abwehrmechanismen, besonders den der Spaltung, besser zu verstehen und zu behandeln. Auch zeigt Kernberg auf, wie das Konzept des Todestriebes nach wie vor bei der Beschreibung klinischer Phänomene wie beispielsweise der Suizidalität in schweren Depressionen behilflich sein kann (Kernberg 2011). Seine Triebtheorie lässt sich also unter einem klinischen Gesichtspunkt als durchaus fruchtbar bezeichnen – für bestimmte Patientengruppen. Zur allgemeinen Erklärung der emotionalen Entwicklung in der frühen Kindheit und der Entstehung der Triebe in der Psyche des Kleinkindes vermag sie jedoch nicht zu überzeugen. Obwohl Kernberg innerhalb der Psychoanalyse zweifelsohne einer der wichtigsten Streiter für mehr empirische Fundierung ist, spricht die Empirie der Säuglingsforschung gegen eine Bündelung angeborener Affekte in zwei gegensätzliche Triebe in der frühen Kindheit.

4.2 »Trieb« aus Sicht der Mentalisierungstheorie

Wir folgen in unserem Modell zwar der Grundidee Kernbergs und Laplanches, die Entstehung des Triebes in den Beziehungen der frühen Kindheit zu sehen; jedoch mit einer anderen Erklärung. Diesbezüglich rekurrieren wir auf die Mentalisierungstheorie und *betrachten die Entstehung der Triebe vor dem Hintergrund der markierten Spiegelung der Impulse und Affekte des Kindes durch die primäre Bezugsperson.*
Die frühen Interaktionen sind besonders durch den »Affekt-Transfer« (Schore 2007) geprägt. Hinsichtlich dieses affektiven Austauschs ist aus Sicht der Mentalisierungstheorie zu unterscheiden, ob der emotionale Ausdruck des Kindes von der primären Bezugsperson kongruent gespiegelt wird oder nicht. Wird er kongruent gespiegelt und mit einer Markierung versehen, wird der vom Kind ausgedrückte Affekt reguliert und kann somit zunehmend mental repräsentiert und in sein Selbst übernommen werden (Fonagy et al., 2004; Taubner, 2015).

Anders ist der Fall bei einer nicht gelingenden Affektregulation durch die Bezugsperson, beispielsweise weil die kongruente Spiegelung und/oder ihre Markierung misslingt. Geschieht dies nur selten, bringt ein solches Ereignis noch keine nachhaltige Wirkung für die psychische Entwicklung mit sich. Erfolgt diese markierte Affektspiegelung jedoch häufiger nicht auf adäquate Weise, so kann dies im Sinne der Mentalisierungtheorie die psychische Entwicklung beeinflussen. Besonders problematisch ist der Fall, in dem die markierte Affektspiegelung bei einem *bestimmten* affektiven Thema permanent misslingt – beispielsweise aufgrund eigener, unverarbeiteter Erinnerungen oder Themen der primären Bezugsperson. Dann können Erfahrungen, die mit diesem Affekt verbunden sind, nicht reguliert und nicht in das Selbst übernommen werden und bekommen so eine unbewusst wirkende Kraft. Ein »falsches Selbst« entsteht, wie die Mentalisierungstheorie in Anlehnung an Winnicott erklärt.

Das Besondere an der Repräsentation dieser frühen Beziehungserfahrungen besteht darin, dass sie im prozeduralen Gedächtnis gespeichert werden und damit später – im Gegensatz zu verdrängten Inhalten des »dynamischen Unbewussten« – nicht bewusst gemacht werden können (Rüegg 2010). Wir vermuten, dass die nicht markiert gespiegelten Affektäußerungen und später die Sequenzen in den Als-Ob-Spielen, in denen eine erfolgreiche Emotionsregulation unterbleibt, in einem besonderen Maße auf diese Art und Weise gespeichert werden: rein prozedural, unreguliert und damit nicht mental repräsentierbar, nicht dem Selbst zugehörig, »fremd«. Besonders diese prozeduralen Repräsentanzen aus den Interaktionssequenzen mit den Bezugspersonen, die von misslingender Emotionsregulation geprägt sind, besitzen als Teil des nicht-verdrängten Unbewussten eine stark drängende Kraft für die Psyche, weil ihre Wirkung auch später nicht durch eine Umwandlung in deklarative Bewusstseinsanteile abgeschwächt werden kann. Eine Symbolisierung und damit Mentalisierung dieser Erfahrungen bleibt aus, die Repräsentanz bleibt »ein vorsprachliches Zeichen im Prozessgedächtnis« (Ermann 2008a, S. 384). Diese drängenden Impulse aus dem prozeduralen Gedächtnis können lediglich nachträglich mit Bildern und Phantasien verbunden werden, die den prozeduralen affektiven Repräsentanzen eine kognitive Gestalt geben (▶ Kap. 3 »sekundäre Bebilderung«; vgl. auch Benecke 2014, S. 65 f).

Wie in Kapitel 1.2 angedeutet, sind aus neurowissenschaftlicher Perspektive »subkortikale materielle Verankerungen«, die Rüegg (2010, S. 142) hinsichtlich der implizit-prozeduralen Speicherung »frühkindlicher, seelischer Verletzungen« hervorhebt, stark mit körperlichen Prozessen verbunden. Damasio (1996) spricht deshalb von »somatischen Markern«, die aus seiner Sicht die Grundlage von Emotionen darstellen. Rüegg greift diesen Gedanken auf und nennt das prozedurale Gedächtnis auch »Emotionales Gedächtnis«.

Auch der Neuropsychoanalytiker Allan Schore hebt in seinen Veröffentlichungen immer wieder den Aspekt hervor, dass dieses »emotionale Gedächtnis« (Rüegg 2010), »prozedurale Gedächtnis« (Kandel 2008) oder auch »Prozessgedächtnis« (Ermann 2008a) stark mit körperlichen Prozessen verbunden ist. Da die deklarativen Gedächtnissysteme in der frühen Kindheit noch nicht ausgebildet sind, ist das Wissen im prozeduralen Gedächtnis im Verhältnis zu dem Wissen anderer Gedächtnissysteme in dieser Hinsicht hervorzuheben: »note that implicit relational knowledge is not purely psychological but essentially psychobiological, mind and body« (Schore 2011, S. 79). In der Psychoanalyse hat bereits Winnicott auf die hervorgehobene Bedeutung des Körpers für die frühen Beziehungserfahrungen hingewiesen (vgl. Schore 2005). Ermann (2008a) führt diesen Aspekt für die moderne Psychoanalyse aus: »Vor dem 18. Lebensmonat […] »erinnern« wir die Basis unserer Erfahrungen vor

4.2 »Trieb« aus Sicht der Mentalisierungstheorie

allem *körperlich* als eine affektive, emotionale oder sensomotorische Erregung. Daraus resultieren archaische Zustände der Gelassenheit und der Entspannung oder der Erregungs- und Unruhezustände« (S. 382; unsere Hervorhebung). Schore gelangt aufgrund der Berücksichtigung der neurowissenschaftlichen Erkenntnisse zu diesen prozedural-körperlichen Prozessen im Zeichen der Emotionsregulation zu der Forderung an die Psychoanalyse, mit der wir dieses Unterkapitel eingeleitet haben: Das Triebkonzept zu transformieren und anschließend in die Theoriebildung zu reintegrieren.

Ereignet sich eine misslingende markierte Affektspiegelung in Bezug auf ein bestimmtes motivatonal-affektives Thema über eine längere Zeit, ist zu vermuten, dass die prozedural gespeicherten Repräsentanzen der frühesten Erfahrungen, die von diesem Affekt »durchtränkt« sind, nicht mit deklarativen, besonders episodischen, Gedächtnisformen verbunden werden können. Die normale Entwicklung beschreibt Schüßler (2002): »Prozedural-affektive Selbstkonzepte werden im Laufe der Entwicklung kognitiv überlagert und bilden dann ein kognitiv-prozedural-affektives Schema des Selbst und der Beziehung zu den Objekten« (S. 210). Fonagy (2008) stellt Forschungen vor, die einen empirischen Hinweis zu dieser durch gelungene Affektspiegelung gesunden Entwicklung liefern: »Our laboratory studies show that high quality caregiver mirroring in infancy (accurate and marked display by the attachment figure) is associated with superior symbolic functioning in middle childhood« (S. 21).

Demgegenüber fehlt eine solche kognitive Überlagerung bei Beziehungserfahrungen, in denen eine markiert-gespiegelte Emotionsregulation unterbleibt. Die Repräsentanzen dieser Erfahrungen bleiben vermutlich im prozeduralen Gedächtnis isoliert und können dadurch nicht in dem Maße Teil des autobiographischen Selbst werden wie Erfahrungen kongruenter markierter Spiegelung. Besonders diese nicht gespiegelten Interaktionserfahrungen schlagen sich somit in körperlichen *Impulsen* nieder, die aus dem Körper heraus ihre Wirkung auf die Psyche entfalten. In diesem Sinne lassen sie sich als »triebhaft« konzeptualisieren.

In diese Richtung, in der Triebtheorie mit Mentalisierungstheorie vereint werden könnten, ist in der Psychoanalyse bislang wenig gedacht worden. Innerhalb der Mentalisierungstheorie ist im Sinne der Entwicklung zur Betonung der Affekte in der modernen Psychoanalyse eine Weiterentwicklung der psychoanalytischen Triebtheorie – unseres Wissens – eher sporadisch aufgegriffen und nur in Ansätzen angedacht worden (vgl. Taubner 2012; Fonagy 2008). Aus unserer Sicht wären weitere Ausarbeitungen in diese Richtung jedoch nötig, weil frühe Beziehungserfahrungen im prozeduralen Gedächtnis gespeichert werden und damit affektives Erleben in der frühen Kindheit, das (beispielsweise aufgrund nicht-markierter oder nicht-kongruenter Spiegelung) nicht reguliert wird, in der weiteren Entwicklung eine Wirkung aus dem Körper heraus darstellt. Eine solche »drängende Kraft«, die diffus und unreguliert aus dem Körper in die Psyche dringt, war für Freud der zentrale Gedanke zur Einführung des Triebbegriffs in die Psychoanalyse.

Die moderne Psychoanalyse hat durch den Dialog mit den Neurowissenschaften und der Entwicklungspsychologie inzwischen zusätzliche Erkenntnisse bezüglich der Frage gewonnen, wie solche unbewusst und unreguliert drängenden inneren Impulse durch Beziehungserfahrungen in der frühen Kindheit, die von fehlender Emotionsregulation oder gar traumatischer Wirkung geprägt sind, entstehen können. Die Psychoanalyse sollte deshalb bezüglich ihres Verständnisses vom Trieb an dieser zentralen Idee Freuds, dass Triebe aus dem Körper in die Psyche drängende Kräfte sind, festhalten, muss sich jedoch hinsichtlich eines anderen Aspektes von ihm verabschieden. So kann Freuds dualistische Auffassung mit ausschließlich zwei Hauptmotivationskräften in der Psyche knapp ein Jahrhundert später u. E. nicht aufrechterhalten werden. Auf dem Stand der heutigen Forschung muss man eher davon ausgehen, dass das »psychische Apparat« von mehr als nur zwei basalen Motivationskräften angetrieben wird. So elegant die dualistische Triebtheorie immer war – die zwei übergeordneten »master motives« (Westen 1997) bzw. »master drives« scheint es nicht zu geben. Die phylogenetisch stark vorgeprägten Instinkt- und Affektsysteme haben wir bereits vorgestellt, doch auch hinsichtlich der psychoanalytischen Triebe in unserem Verständnis wäre es nicht angemessen, von einer Dualität auszugehen.

Unser Vorschlag bezieht sich stattdessen darauf, dass diejenigen motivational-affektiven Reaktionen (beispielsweise basierend auf den phylogenetisch und neurobiologisch verankerten affektiven Instinktsystemen gemäß Panksepp oder Primäraffekten gemäß Izard und Ekman), die aufgrund misslingender Affektspiegelung weder angemessen reguliert noch mental repräsentiert werden können, körperlich-prozedural gespeichert bleiben und damit an der in der Mentalisierungstheorie beschriebenen Affektregulation (▶ Kap. 2.3) vorbei auf die Psyche und das Soma wirken.

Aufgrund der fehlenden (mentalisierenden) Pufferung werden sie also zu einer *triebhaften Kraft* im Unbewussten, die ungehemmt (da nicht mental eingefangen) drängt. Oder in den Worten des späten Freud: Die primärprozesshafte psychische Energie drängt aus dem Körper in die Psyche, ohne vom sekundärprozesshaften Realitätsprinzip gebunden zu werden.

4.3 Beispiele für »Triebe« im neuformulierten Sinne

Auch wenn wir daher nicht von einem Trieb-Dualismus ausgehen, lässt sich eines einschränkend festhalten: Bei diesen Prozessen dürften sexuell-lustvolle und aggressive Impulse nach wie vor durchaus eine hervorgehobene Rolle spielen, weil gerade diese beiden affektiven Bereiche von primären Bezugspersonen häufiger nicht angemessen markiert gespiegelt werden können. Von zwei Psychoanalytikern, die die Mentalisierungstheorie mit begründet haben, wurde dieser Aspekt der problematischen Spiegelung lustvoller und aggressiver Impulse bereits beleuchtet (Fonagy 2008; Target 2013). Wir versuchen im Folgenden, diesen Faden aus der Mentalisierungstheorie aufzugreifen und mit dem roten Faden der Triebtheorie, der der Psychoanalyse zunehmend verloren zu gehen droht, zu verflechten.

Lustvolle Ausdrücke, die eine sexuelle Phantasie bei der Bezugsperson auslösen, können von dieser schlechter gespiegelt werden, weil ein kulturell tief verankertes Inzesttabu besteht (Freud 1912/13). Norbert Bischof, dessen »Zürcher Modell sozialer Motivation« wir in Kapitel 1.1.2 vorgestellt haben, zeigt sogar auf, dass dieses Inzesttabu nicht nur kulturell geformt ist, sondern auch im Tierreich ein weit verbreitetes Phänomen darstellt (Bischof 1985, 2009)[45]. Das von Freud und Bischof

---

45 *Das Rätsel Ödipus* (Bischof 1985; auch heute noch absolut lesenswert) gibt es inzwischen frei verfügbar als PDF auf der Homepage von Norbert Bischof (www.bischof.com). Bischof setzt sich hier mit dem Ödipuskomplex, als eine der zentralen Thesen der klassischen Psychoanalyse, sehr kritisch auseinander. Ob er hinsichtlich seiner These eines bereits im Tierreich weit verbreiteten Inzesttabus Recht hat, bedürfte einer ausführlicheren Diskussion.

beschriebene Inzesttabu, ob nun kulturell oder phylogenetisch geformt, verhindert, dass die Bezugsperson körperlich-lustvolle Ausdrücke ihres Kindes angemessen »containen« und spiegeln kann, weil sie eine Abwehr in ihr auslösen. Studien zeigen, dass Mütter sexuelle Impulse ihrer Kinder – im Gegensatz zu Ausdrücken anderer Affekte – besonders häufig ignorieren und statt sie zu spiegeln mit Wegschauen beantworten (Fonagy 2008, S. 21 f.). Diese Abwehr wird umso stärker sein, je stärker das sexuelle Begehren auf Seiten der Bezugsperson ist und je weniger dieses psychisch »sein darf« und somit nicht mentalisiert werden kann. Eine sich anbahnende körperlich-lustvolle und damit im weitesten Sinne »sexuelle« Interaktion zwischen Kind und Bezugsperson muss dann jäh unterbrochen oder in eine andere Richtung gelenkt werden; mit der Folge, dass »das Lustvolle« im Kind gewissermaßen psychisch ins Leere läuft und die Bildung einer mentalen Repräsentanz dieser Aspekte misslingt. Dadurch verbleibt es im Körperlichen und wird prozedural als diffus erregender Impuls, der keine intersubjektiv erfahrbare Regulierung findet, gespeichert. Fonagy (2008) fasst diesen Gedankengang zusammen: »Emotion regulation arises out of the mirroring of affect by a primary caregiver. Sexual feelings are unique by being systematically ignored and left un-mirrored by caregivers. Sexual feelings therefore fundamentally remain dysregulated in all of us« (Fonagy 2008, S. 11). Target (2013) zeigt auf, dass für sexuelle Impulse aufgrund einer häufig fehlgeschlagenen Spiegelung in besonderem Maße gilt, dass »die Bildung einer sekundären (symbolischen) Repräsentation von Affektzuständen« (S. 129) misslingt. »Wir nehmen an, dass der ›exzessive‹ und drängende Charakter der Psychosexualität seine Wurzeln in diesen Erfahrungen hat, die sich zu früh ereignen, um erinnert zu werden« (S. 132). In ebenjenem von Target angesprochenem »drängenden Charakter« sehen wir den Hauptgrund, die Repräsentation der Erfahrungen dieser Art als »triebhaft« zu bezeichnen.

Andersherum gibt es auch den Fall, dass die sexuell-lustvollen Impulse der Eltern gegenüber dem Kind nicht zu einer Abwehr beim Elternteil und damit zu einer Ableitung lustvoller Impulse des Kindes führen, sondern stattdessen zu einem ungehemmten Ausleben der Sexualität der Eltern. Auf diesem Weg ließe sich auch erklären, warum in vielen Fällen von frühem sexuellen Missbrauch keine »Verdrängung« des Sexuellen zu beobachten ist: Das Sexuelle ist hier häufig psychisch allzu präsent, allerdings (episodisch und/oder prozedural) mit massiver Verletzung der

4.3 Beispiele für »Triebe« im neuformulierten Sinne

psychischen und körperlichen Integrität verbunden. Mehr noch: wurden die lustvollen (und andere sich zuwendende) Äußerungen des Kindes von der Bezugsperson mit manifest-sexuellem Verhalten »beantwortet«, so kann jegliches Wünschen prozedural und mental mit »etwas Sexuellem« verbunden werden, was die häufig zu beobachtende Neigung zur so genannten »Sexualisierung« erklären würde. Eine voll mentalisierungsfähige Bezugsperson hingegen könnte sich auf körperlich-lustvolle Interaktionen mit dem Kind einlassen, könnte auch ihr eigenes lustvolles Erleben dabei bewusst repräsentieren, wäre sich über die Einhaltung der Generationsgrenzen dabei aber sicher, sodass diese Interaktionen für beide Seiten ein körperlich und psychisch lustvolles sinnliches Erleben darstellen, die es dem Kind erlauben, diese »libidinöse« Seite mentalisiert ins Selbst zu integrieren. Weder wird »das Sexuelle« ins (nicht-verdrängte) Unbewusste verbannt noch besteht eine Neigung zur Sexualisierung. Gleichwohl kann davon ausgegangen werden, dass auch bei einem sehr mentalisierten und somit mentalisierungsfördernden Umgang mit den kindlichen Impulsen immer ein »Rest« verbleibt (vgl. Fonagy 2008), der nicht mentalisiert wird und daher im nicht-verdrängten Unbewussten als nur prozedural repräsentiertes triebhaftes Drängen im Körperlichen verbleibt.

Werden die sexuell-lustvollen Impulse des Kindes anfangs markiert gespiegelt und erst in späteren Jahren von den Eltern »unterbunden« und tabuisiert, sind diese im Kind zwar prinzipiell mentalisierbar, werden aber nun vom Kind abgewehrt und ins dynamische Unbewusste verbannt. Es liegt diesbezüglich die Vermutung nahe, dass sich diese abgewehrten Impulse im Unbewussten mit den schon früher nicht mentalisierten und somit nur prozedural repräsentierten »Impulsresten« (siehe oben) verbinden und daher also ebenfalls einen »triebhaft« drängenden Charakter im Unbewussten bekommen. Aufgrund der prinzipiell mentalen Repräsentierbarkeit sind diese unbewussten Impulse aber eher geeignet, in neurotisch kompromisshaften (symbolischen) Lösungen ihren Ausdruck zu finden, wie es der bekannten Neurosenlehre entspricht.

Klinische Phänomene der Aggression wie Suizidalität bei Depressionen oder Sadismus und Masochismus oder auch unregulierte Wut bzw. schwer destruktives Verhalten wurden psychoanalytisch traditionell mit dem Wirken des Todes- bzw. Aggressionstriebes erklärt: »Diese Phänomene sind unverkennbare Hinweise auf das Vorhandensein einer Macht im Seelenleben, die wir nach ihren Zielen Aggressions- oder Destruktionstrieb heißen und vom dem ursprünglichen Todestrieb der belebten Materie ableiten« (Freud 1937, S. 88). Auch heute wird auf dieses Erklärungsmodell zurückgegriffen (z. B. Kernberg 2011). Aus unserer Sicht handelt es sich jedoch auch dabei um Symptome, die besser als Ausdruck pathogener frühkindlicher Beziehungserfahrungen verstanden werden können. Auch hierbei spielen fehlerhafte oder misslungene Affektspiegelungen (teilweise in Verbindung mit traumatisierenden Erfahrungen) eine entscheidende Rolle. Spiegelung der Äußerung von (klein-)kindlichen Aggressionen ist häufig problematisch, weil Eltern besonders in der frühen Entwicklung zu Idealisierungen des eigenen Kindes neigen, in der Vorstellungen von Aggressionen des »herzallerliebsten Schatzes« nur schwer möglich sind. Zudem haben aggressive Affektäußerungen generell einen starken »Ansteckungscharakter« bzw. die Tendenz, beim Gegenüber ebenfalls Aggressionen auszulösen. Es bestehen (analog zur Sexualität) unterschiedliche Wege, um eine »triebhafte« Aggression zu implementieren: 1) die aggressiven Äußerungen des Kindes werden von der Bezugsperson »ignoriert«, also weder markiert noch gespiegelt noch komplementär beantwortet – dies führt zu einer repräsentationalen Leerstelle und einem Wirken von diffus negativer Erregung im nicht-verdrängten Unbewussten; 2) (etwas spätere) aggressive Äußerungen werden unterbunden/sanktioniert – sie müssen entsprechend abgewehrt und (weniger diffus) ins Unbewusste verbannt werden; 3) aggressive Äußerungen des Kindes werden mit aggressiven Handlungen der Bezugsperson »beantwortet« – dadurch kann ebenfalls keine mentale Repräsentation der eigenen aggressiven Affekte inklusive deren Regulierbarkeit entstehen. Repräsentiert werden kann dann nur das Selbst als »Ursache« der (u. U. als vernichtend erlebten) Aggression des wichtigen Anderen.

Eine solche Sichtweise ermöglicht außerdem, zu verstehen, dass auch andere affektive Äußerungen in der frühen Kindheit in unserem Sinne triebhaft aufgeladen werden können und damit ein drängender Impuls aus dem prozeduralen Gedächtnis heraus entstehen kann, der sich nicht einem der dualen Triebe zuordnen lässt. Dies hängt primär von zwei Aspekten ab: 1) davon, welche motivational-affektiven Systeme bei einem individuellen Kind besonders vorherrschen (u. U. aufgrund von genetischen Dispositionen, dem Temperament und/oder von den individuellen Erfahrungen); und 2) davon, welche unverarbeiteten Themen in den

4.3 Beispiele für »Triebe« im neuformulierten Sinne

primären Bezugspersonen vorherrschen, da diese eine angemessene Reaktion auf die affektive Äußerung und eine markierte Affektspiegelung verhindern können. So wäre es aus dieser Perspektive durchaus naheliegend – mag es sich zunächst auch merkwürdig anhören –, von zum Beispiel der Entstehung einer »triebhaften« Traurigkeit zu sprechen. Eine solche kann enstehen, wenn die Eltern aufgrund der dynamischen Verdrängung eigener Trauer die Traurigkeit oder das aktivierte PANIC/GRIEF-System des Kindes nicht angemessen regulieren geschweige denn markiert spiegeln können, wodurch diese in der Psyche des Kindes eine stark treibende, weil unreguliert prozedural gespeicherte und damit nicht deklarativ eingefangene Kraft im nicht-verdrängten Unbewussten erhält.

Damit bildet sich das triebhafte Drängen in unserem Verständnis ebenfalls – wie in Freuds Triebtheorie – in *Anlehnung* an angeborene vitale Funktionen. Während Freud die Bedeutung der (Lust-)Befriedigung körperlicher Grundfunktionen aus heutiger Sicht überschätzt hat, konzeptualisieren wir den Trieb in *Anlehnung an das Grundmotiv zur Affektregulation*, das von der modernen Psychoanalyse herausgearbeitet worden ist (▶ Kap. 1.3.2). Unsere Überlegungen ließen sich mit anderen Affekten ebenfalls anstellen und es wäre für die Psychoanalyse des 21. Jahrhunderts aus unserer Sicht interessant, die Triebtheorie als das *Eigene* der Psychoanalyse, welche durch sie einen Übergang zwischen Seelischem und Körperlichem erklären konnte, mit den Emotionsregulationstheorien zu verbinden, die die moderne Psychoanalyse auszeichnen. Wir haben eine mögliche Verbindung hier am Beispiel der Mentalisierungstheorie aufgezeigt, betrachten sie jedoch explizit als vorläufige Ideenskizze, mit der wir hoffen, einen Debattenanstoß zu liefern, wie die Psychoanalyse das ihr eigene Konzept des Triebes in ihre aktuellen Entwicklungen integrieren kann, um damit den sich im Schlagwort »Embodiment« abzeichnenden interdisziplinären Dialog zu bereichern.

Literatur

Ablon, J.S., Jones, E.E. (1998): How expert clinicians prototypes of an ideal treatment correlate with outcome in psychodynamic and cognitive-behavioral therapy. Psychother Res 8, 71–83.
Ablon, J.S., Jones, E.E. (1999): Psychotherapy process in the NIMH Collaborative Research Program. J Consult Clin Psychol 67, 64–75.
Ablon, J.S., Jones, E.E. (2005): On analytic process. J Am Psychoanal Ass 53, 541–568.
Ablon, J.S., Levy, R.A., Katzenstein, T. (2006): Beyond brand names of psychotherapy: Identifying empirically supported change processes. Psychotherapy: Theory, Research, Practice, Training 43, 216–231.
Achtziger, A., Gollwitzer, P.M. (2010): Motivation und Volition im Handlungsverlauf. In: Heckhausen, J., Heckhausen, H. (Hg.): Motivation und Handeln. 4. Auflage, S. 309–336. Berlin: Spinger.
Albani, C., Ablon, S.J., Levy, R., Mertens, W., Kächele, H. (Hg.) (2008): Der »Psychotherapie Prozess Q-Sort« von Enrico E. Jones. Deutsche Version und Anwendungen. Ulm: Ulmer Textbank.
Albani, C., Blaser, G., Jacobs, U., Jones, E., Geyer, M., Kächele, H. (2000a): Die Methode des »Psychotherapie-Prozeß Q-Sort«. Zeitschrift für Klinische Psychologie, Psychiatrie und Psychotherapie 48, 151–171.
Aldao, A., Nolen-Hoeksema, S. (2010): Specificity of cognitive emotion regulation strategies: a transdiagnostic examination. Behav Res Ther 48, 974–983.
Aldao, A., Nolen-Hoeksema, S. (2012): When are adaptive strategies most predictive of psychopathology? J Abnorm Psychol 121, 276–281.
Aldao, A., Nolen-Hoeksema, S., Schweizer, S. (2010): Emotion-regulation strategies across psychopathology: A meta-analytic review. Clinical Psychology Review 30, 217–237.
Allen, J.G., Fonagy, P., Bateman, A. (2008): Mentalizing in clinical practice. Washington, DC: American Psychiatric Pub.
Altmeyer, M.; Thomä, H. (Hg.) (2006): Die vernetzte Seele. Die intersubjektive Wende in der Psychoanalyse. Stuttgart: Klett-Cotta.
Andersson, G. (1988): Kritik und Wissenschaftsgeschichte: Kuhns, Lakatos‹ und Feyerabends Kritik des kritischen Rationalismus. Tübingen: Mohr Siebeck.
Arbeitskreis OPD (1996): Operationalisierte Psychodynamische Diagnostik. Grundlagen und Manual. Bern: Huber.

Arbeitskreis OPD (2006): Operationalisierte Psychodynamische Diagnostik OPD-2. Das Manual für Diagnostik und Therapieplanung. Bern: Huber.
Arnold, M.B. (1960): Emotion and personality. New York: Columbia Univ. Press.
Averill, J.R. (2001): Emotions as episodic dispositions, cognitive schemas, and transitory social roles: Steps toward an integrated theory of emotion. In: Ozer, D., Healy, J.M., Stewart, A.J. (Hg.): Perspectives on personality, S. 139–176. London: Kingsley.
Balint, M. (Hg.) (1966): Die Urformen der Liebe und die Technik der Psychoanalyse. Stuttgart: Klett.
Bandura, A. (1977): Self-efficacy: toward a unifying theory of behavioral change. Psychol Rev 84, 191–215.
Bänninger-Huber, E. (1996): Mimik – Übertragung – Interaktion. Die Untersuchung affektiver Prozesse in der Psychotherapie. Göttingen: Huber.
Barnow, S. (2012): Emotionsregulation und Psychopathologie. Ein Überblick. Psychologische Rundschau 63, 111–124.
Basch, F. (1976): The concept of affect: a re-examination. Journal American Psychoanalytic Association 24, 759–777.
Bauman, Z. (2000): Liquid modernity. Cambridge: Polity Press
Beck, T., Breuss, M., Kumming, M., Schüßler, G. (2013): The first step is the hardest – emotion recognition in patients with somatoform disorders. Z Psychosom Med Psychother 59, 385–390.
Bender, D.S., Morey, L.C., Skodol, A.E. (2011): Toward a model for assessing level of personality functioning in DSM-5, Part I: A review of theory and methods. Journal of Personality Assessment 93, 332–346.
Benecke, C. (2002): Mimischer Affektausdruck und Sprachinhalt. Interaktive und objektbezogene Affekte im psychotherapeutischen Prozess. Bern: Peter Lang.
Benecke, C. (2006): Affekt, Repräsentanz, Interaktion und Symptombelastung bei Panikstörungen. Marburg: Tectum.
Benecke, C. (2014): Klinische Psychologie und Psychotherapie. Ein integratives Lehrbuch. Stuttgart: Kohlhammer.
Benecke, C. (2015): Emotionen und Emotionsregulation. In: Rief, W., Henningsen, P. (Hg.): Psychosomatik und Verhaltensmedizin, S. 151–162. Stuttgart: Schattauer.
Benecke, C. (2016): Psychodynamische Therapien und Verhaltenstherapie im Vergleich: Zentrale Konzepte und Wirkprinzipien. Göttingen: Vandenhoeck & Ruprecht.
Benecke, C., Bock, A., Dammann, G. (2011a): Affekt und Interaktion bei Borderline-Störungen. In: Dulz, B., Herpertz, S.C., Kernberg, O.F., Sachsse, U. (Hg.): Handbuch der Borderline-Störungen. 2. Auflage, S. 262–274. Stuttgart: Schattauer.
Benecke, C., Bock, A., Peham, D., Koschier, A., Biebl, W. (2008): Emotionserkennung und psychische Störung. Psychologie in Österreich 5, 466–472.
Benecke, C., Bock, A., Wieser, E., Tschiesner, R., Lochmann, M., Küspert, F., Schorn, R., Viertler, B., Steinmayr-Gensluckner, M. (2011b): Reliabilität und Validität der OPD-KJ-Achsen Struktur und Konflikt. Praxis der Kinderpsychologie und Kinderpsychiatrie 60, 60–73.

Literatur

Benecke, C., Dammann, G. (2003): Unbewußte Emotionen. In: Stephan, A., Walter, H. (Hg.): Natur und Theorie der Emotionen., S. 139–163. Paderborn: Mentis.

Benecke, C., Dammann, G. (2004): Nonverbales Verhalten von Patientinnen mit Borderline-Persönlichkeitsstörung. In: Hermer, M., Klinzing, H.G. (Hg.): Nonverbale Prozesse in der Psychotherapie., S. 261–272. Tübingen: DGVT.

Benecke, C., Eschstruth, R. (2015): Verfahrensvielfalt und Praxisbezug im derzeitigen Psychologiestudium. Eine Online-Umfrage unter Studierenden. Psychotherapeuten-Journal 14, 23–29.

Benecke, C., Koschier, A., Peham, D., Bock, A., Dahlbender, R., Biebl, W., Doering, S. (2009): Erste Ergebnisse zu Reliabilität und Validität der OPD-2 Strukturachse. Z Psychosom Med Psychother 55, 84–96.

Benecke, C., Peham, D. (2007): Scham und Schuld bei Persönlichkeitsstörungen. Persönlichkeitsstörungen: Theorie und Therapie 11, 21–30.

Berberich, G., Zaudig, M. (2015): Das alternative Modell für Persönlichkeitsstörungen in DSM-5. Forensische Psychiatrie, Psychologie, Kriminologie 9, 155–163.

Berenbaum, H., Oltmans, T. (1992): Emotional experience and expression in schizophrenia and depression. J Abnorm Psychol 101, 37–44.

Berg, K.C., Crosby, R.D., Cao, L., Peterson, C.B., Engel, S.G., Mitchell, J.E., Wonderlich, S.A. (2013): Facets of negative affect prior to and following binge-only, purge-only, and binge/purge events in women with bulimia nervosa. J Abnorm Psychol 122, 111–118.

Berking, M., grosse Holtforth, M., Jacobi, C. (2003): Reduction of incongruence in inpatient psychotherapy. Clinical Psychology & Psychotherapy 10, 86–92.

Berking, M., Neacsiu, A., Comtois, K.A., Linehan, M.M. (2009): The impact of experiential avoidance on the reduction of depression in treatment for borderline personality disorder. Behav Res Ther 47, 663–670.

Berking, M., Wuppermann, P. (2012): Emotion regulation and mental health: Recent findings, current challenges, and future directions. Current Opinion in Psychiatry 25, 128–134.

Berle, D., Phillips, E.S. (2006): Disgust and obsessive-compulsive disorder: an update. Psych Clin North Am 69, 228–238.

Bernardy, K., Kirsch, A. (2005): Fibromyalgie und mimischer Ausdruck. Der Schmerz 19, 117–184.

Bernardy, K., Kirsch, A., Benecke, C. (2004): Mimisch-affektives Verhalten von Fibromyalgie- Patientinnen im Tiefenpsycholgischen Interview: Erste Ergebnisse. In: Sandweg, R. (Hg.): Chronischer Schmerz und Zivilisation, S. 33–48. Göttingen: Vandenhoeck & Ruprecht.

Berridge, K.C., Winkielmann, P. (2003): What is an unconscious emotions? Cognition and Emotion 17, 181–211.

Beutel, M. (2002): Neurowissenschaften und Psychotherapie. Neuere Entwicklungen, Methoden und Ergebnisse. Psychotherapeut 47, 1–10.

Bischof, N. (1985): Das Rätsel Ödipus. Die biologischen Wurzeln des Urkonfliktes von Intimität und Autonomie. München: Piper.

Literatur

Bischof, N. (2009): Psychologie. Ein Grundkurs für Anspruchsvolle. 2., durchgesehene Aufl. Stuttgart: Kohlhammer.
Bischof-Köhler, D. (2011): Soziale Entwicklung in Kindheit und Jugend. Bindung, Empathie, Theorie of Mind. Stuttgart: Kohlhammer.
Bittner, G. (2010): Eisbär und Walfisch. Historisch-systematische Anmerkungen zum Verhältnis von Psychoanalyse und Pädagogik. In: Bittner, G., Dörr, M., Fröhlich, V., Göppel, R. (Hg.): Allgemeine Pädagogik und Psychoanalytische Pädagogik im Dialog, S. 23–40. Opladen: B. Budrich.
Blagys, M.D., Hilsenroth, M.J. (2000): Distinctive activities of short-term psychodynamic-interpersonal psychotherapy: A review of the comparative psychotherapy process literature. Clin Psychol Sci Prac 4, 561–571.
Blagys, M.D., Hilsenroth, M.J. (2002): Distinctive activities of cognitive-behavioral therapy: A review of the comparative psychotherapy process literature. Clin Psychol Rev 22, 671–706.
Bock, A. (2011): Funktionen mimisch-affektiven Verhaltens und psychische Störung. Die Entwicklung und Anwendung eines Ratingverfahrens zur Erfassung von Funktionen negativer Affekt-Ausdrücke. Dissertation. Innsbruck.
Bock, A., Huber, E., Peham, D., Benecke, C. (2015): Negative mimische Affekte im Kontext klinischer Interviews: Entwicklung, Reliabilität und Validität einer Methode zur Funktionsbestimmung negativer Affektmimik. Z Psychosom Med Psychother 61, 247–261.
Bock, A., Huber, E., Benecke, C. (2016): Levels of structural integration and facial expressions of negative emotions. Z Psychosom Med Psychother, 62(3): 224-238.
Bohleber, W. (2012): Was Psychoanalyse heute leistet. Identität und Intersubjektivität, Trauma und Therapie, Gewalt und Gesellschaft. Stuttgart: Klett-Cotta.
Bohleber, W. (2013): Der psychoanalytische Begriff des Unbewussten und seine Entwicklung. Das Unbewusste 67, 807–816.
Böker, H. (2006): Psychoanalyse und Psychiatrie. Geschichte, Krankheitsmodelle und Therapiepraxis. Berlin/Heidelberg: Springer.
Böker, H., Schopper, C., Straub, M., Himmighoffen, H., Endrass, J., Küchenhoff, B., Weber, S., Hell, D. (2007): Automutilistisches Verhalten bei Patientinnen mit affektiven Störungen: Untersuchung der Persönlichkeitsstruktur und Affektregulation mittels Operationalisierter Psychodynamischer Diagnostik (OPD). Psychother Psych Med 57, 319–327.
Bollas, C. (1997): Der Schatten des Objekts. Das ungedachte Bekannte – zur Psychoanalyse der frühen Entwicklung. Stuttgart: Klett-Cotta.
Bollas, C. (2011): Die unendliche Frage: zur Bedeutung des freien Assoziierens. Frankfurt a. M.: Brandes & Apsel.
Bowlby, J. (1969): Bindung. Eine Analyse der Mutter-Kind-Beziehung. München: Kindler 1975.
Bowlby, J. (1980): Mit der Ethologie heraus aus der Psychoanalyse. Ein Kreuzungsexperiment. In: Grossmann, K.E.., Grossmann, K. (Hg.): Bindung und menschliche Enwicklung, S. 38-54. Stuttgart: Klett-Cotta 2009

Literatur

Bowlby, J.. (1987): Bindung. In: Grossmann, K.E.., Grossmann, K. (Hg.): Bindung und menschliche Enwicklung, S. 22-28. Stuttgart: Klett-Cotta 2009

Brady, R.E., Adams, T.G., Lohr, J.M. (2010): Disgust in contamination-based obsessive-compulsive disorder: a review and model. Expert Rev Neurother. 10, 1295–1305.

Brenner, C. (1982): The mind in conflict. New York: International University Press.

Bruehl, S., Liu, X., Burns, J.W., Chont, M., Jamison, R.N. (2012): Associations between daily chronic pain intensity, daily anger expression, and trait anger expressiveness: an ecological momentary assessment study. Pain 153, 2352–2358.

Buchheim, A., George, C., Liebl, V., Moser, A., Benecke, C. (2007): Mimische Affektivität von Patientinnen mit einer Borderline-Mimische Affektivität von Patientinnen mit einer Borderline-Persönlichkeitsstörung während des Adult Attachment Projective. Z Psychosom Med Psychother 53, 339–354.

Buchheim, A., Kächele, H. (2009): Sexualität und Bindung. In: Dulz, B., Benecke, C., Richter-Appelt, H. (Hg.): Borderline-Störungen und Sexualität. Ätiologie, Störungsbild und Therapie., S. 69–77. Stuttgart: Schattauer.

Bühler, K. (1919): Abriß der geistigen Entwicklung des Kindes. Leipzig: Quelle & Meyer.

Bühler, K. (1922): Die geistige Entwicklung des Kindes. Jena: Fischer.

Burgoon, J.K. (1985): The relationship of verbal and nonverbal codes. Progress in communication sciences 6, 263–298.

Burney, J., Irwin, H.J. (2000): Shame and guilt in women with eating disorder symptomology. J Clin Psychol 56, 51–61.

Campos, J.J., Frankel, C.B., Camras, L. (2004): On the nature of emotion regulation. Child Development 75, 377–394.

Carryer, J.R., Greenberg, L.S. (2010): Optimal levels of emotional arousal in experiential therapy of depression. J Consult Clin Psychol 78, 190–199.

Castonguay, L.G., Goldfried, M.R., Wiser, S., Raue, P.J., Hayes, A.M. (1996): Predicting the effect of cognitive therapy for depression. A study of human and common factors. J Consult Clin Psychol 64, 497–504.

Castonguay, L.G., Pincus, A.L., Agras, W.S., Hines, C. (1998): The role of emotion in group cognitive-behavioral therapy for binge eating disorder. When things have to feel worse before they get better. Psychother Res 8, 225–238.

Chawla, N., Ostafin, B. (2007): Experiential avoidance as a functional dimensional approach in psychopathology: an empirical review. J Clin Psychol 63, 871–890.

Clarkin, J.F., Yeomans, F.E., Kernberg, O.F. (2001): Psychotherapie der Borderline-Persönlichkeit. Manual zur Transferenced-Focused-Psychotherapy (TFP). Stuttgart: Schattauer.

Clore, G.L. (1995): Why emotions are never unconscious. In: Ekman, P., Davidson, R. (Hg.): The nature of emotion: Fundamental questions, S. 285–290. New York: Oxford University Press.

Coggins, J., Fox, J.R.E. (2009): A qualitative exploration of emotional inhibition: A basic emotion and developmental perspective. Clin Psychol Psychother 16, 55–76.

Cohen Kadosh, K., Heathcote, L.C., Lau, J.Y. (2014): Age-related changes in attentional control across adolescence: how does this impact emotion regulation capacities? Frontiers in Psychology, doi: 10.3389/fpsyg.2014.00111.

Cohn, J., Campbell, S., Matias, R., Hopkins, J. (1990): Face-to-face interactions of postpartum depressed and nondepressed mother-infant pairs at 2 months. Dev Psychol 26, 15–23.

Cole, P.M., Martin, S.E., Dennis, T.A. (2004): Emotion regulation as a scientific construct: Methological challenges and directions for child development research. Child Development 75, 317–333.

Coombs, M.M., Coleman, D., Jones, E.E. (2002): Working with feelings: The importance of emotion in both cognitive-behavior and interpersonal therapy in the NIMH treatment of depression collaborative research program. Psychotherapy: Theory, Research, Practice, Training 39, 233–244.

Cosmides, L., Tooby, J. (2000): Evolutionary Psychology and the Emotions. In: Lewis, M., Haviland-Jones, J.M. (Hg.): Handbook of Emotions. 2. Auflage, S. 91–115. New York, London: Guilford.

Crane, R. (2011): Achtsamkeitsbasierte kognitive Therapie: die theoretischen und praktischen Grundzüge der Mindfulness-Based Cognitive Therapy (MBCT). Freiburg: Arbor.

Cremerius, J. (1983): »Die Sprache der Zärtlichkeit und der Leidenschaft.« Reflexionen zu Sándor Ferenczis Wiesbadener Vortrag von 1932. Psyche: Zeitschrift für Psychoanalyse und ihre Anwendungen. Psyche, 988–1015.

Damasio, A. (2011): Selbst ist der Mensch: Körper, Geist und die Entstehung des menschlichen Bewusstseins. München: Siedler.

Damasio, A.R. (1996): Descartes' Irrtum. Fühlen, Denken und das menschliche Gehirn. München: List.

Damasio, A.R. (2000): Ich fühle, also bin ich. Die Entschlüsselung des Bewusstseins. München: List.

Dammann, G., Walter, M., Benecke, C. (2011): Identität und Identitätsstörungen bei Borderline-Persönlichkeitsstörungen. In: Dulz, B., Herpertz, S.C., Kernberg, O.F., Sachsse, U. (Hg.): Handbuch der Borderline-Störungen. 2. Auflage, S. 275–285. Stuttgart: Schattauer.

Dannecker, M. (1996): Sexueller Mißbrauch und Pädosexualität. In: V. Sigusch (Hrsg.), Sexuelle Störungen und ihre Behandlung. Stuttgart: Thieme.

Dannecker, M. (2011): Die Dekonstruktion der sexuellen Normalität in den »Drei Abhandlungen zur Sexualtheorie«. In: Drews, S. (Hg.): Aufklärung über Psychoanalyse. Die Frankfurter Sigmund-Freud-Vorlesungen, S. 249–268. Frankfurt a.M.: Brandes & Apsel

Danzinger, R. (2013): Zur Geschichte des Begriffs »das Unbewusste« bis zu Sigmund Freuds Arbeit von 1915. In: M. Scheinost-Reimann, S. Schlüter, E. Skale (Hsg.), Vom Unbewussten I-II: Wien: Mandelbaum.

Literatur

Darwin, C. (1872): Ausdruck der Gemüthsbewegung bei dem Menschen und den Thieren. Stuttgart: Schweizerbart'sche Verlagshandlung (E. Koch).

Deci, E. L., Ryan, R. M. (1985): The general causality orientations scale: Self-determination in personality. Journal of research in personality, 19(2), 109–134. 19, 109–134.

Deci, E. L., Koestner, R., Ryan, R. M. (1999): A meta-analytic review of experiments examining the effects of extrinsic rewards on intrinsic motivation. Psychological Bulletin 125, 62.

Deneke, F.W. (2001): Psychische Struktur und Gehirn. Die Gestaltung subjektiver Wirklichkeiten. 2. Aufl. Stuttgart: Schattauer.

Diener, M.J., Hilsenroth, M.J., Weinberger, J. (2007): Therapist Affect Focus and Patient Outcomes in Psychodynamic Psychotherapy: A Meta-Analysis. Am J Psychiatry 164, 936–941.

Doering, S. (2009): Sexueller Missbrauch: Nur einer von vielen ätiologischen Faktoren der Boderline-Persönlichkeitsstörung? In: Dulz, B., Benecke, C., Richter-Appelt, H. (Hg.): Borderline-Störungen und Sexualität. Ätiologie, Störungsbild und Therapie., S. 96–109. Stuttgart: Schattauer.

Döll-Hentschker, S. (2008): Die Veränderung von Träumen in Psychoanalysen. Affekttheorie, Affektregulierung, Traumkodierung. Frankfurt a. M.: Brandes & Apsel.

Dorn, C., Spindler, G., Kullik, A., Petermann, F., Barnow, S. (2013): Erfassung von Emotionsregulationsstrategien – eine Übersicht. Psychologische Rundschau 64, 217–227.

Dornes, M. (1993): Der kompetente Säugling. Die präverbale Entwicklung des Menschen. Frankfurt a. M.: Fischer.

Dornes, M. (1997): Die frühe Kindheit. Entwicklungspsychologie der ersten Lebensjahre. Frankfurt a. M.: Fischer.

Dornes, M. (2006): Die Seele des Kindes. Entstehung und Entwicklung. Frankfurt a. M.: Fischer.

Dulz, B. (1999): Wut oder Angst – welcher Affekt ist bei Borderline-Störungen der zentrale? Persönlichkeitsstörungen: Theorie und Therapie 3, 30–55.

Ehring, T., Tuschen-Caffier, B., Schnülle, J., Fischer, S., Gross, J.J. (2010): Emotion regulation and vulnerability to depression: spontaneous versus instructed use of emotion suppression and reappraisal. Emotion 10, 563–572.

Eichenberg, C., Müller, K., Fischer, G. (2007): Die Motivation zur Berufswahl Psychotherapeut. Ein Vergleich zwischen Schülern, Studierenden und (angehenden) Psychotherapeuten. Zeitschrift für Psychotraumatologie, Psychotherapiewissenschaft und Psychologische Medizin 2, 83–98.

Eifert, G.H., Hefner, M. (2003): The effects of acceptance versus control contexts on avoidance of panic-related symptoms. J Behav Ther Exp Psychiatry 34, 293–312.

Eisenberg, N., Spinrad, T.L. (2004): Emotion-related regulation: Sharpening the definition. Child Development 75, 334–339.

Ekman, P. (1992): An argument for basic emotions. Cognition & Emotion 6, 169–200.

Ekman, P. (1999): Basic Emotions. In: Dalgleish, T., Power, M. (Hg.): Handbook of Cognition and Emotion, S. 46–60. New York: John Wiley & Sons.
Ekman, P., Friesen, W.V. (1971): Constants across cultures in the face and emotion. Journal of personality and social psychology. Journal of personality and social psychology 17, 124.
Ekman, P., Friesen, W.V. (1978): Facial Action Coding System (FACS): Manual. Palo Alto: Consulting Psychological Press.
Ellgring, H. (1989): Nonverbal expression of psychological studies in psychiatric patients. European Archives of Psychology and Neurological Sciences 236, 31–34.
Ellgring, H. (2005): Nonverbal expressions of psychological states in psychiatric patients. In: Ekman, P., Rosenberg, E.L. (Hg.): What the face reveals: Basic and applied studies of spontaneous expression using the Facial Action Coding System (FACS). 2nd ed., S. 484–495. Oxford, New York: Oxford University Press.
Emde, R. (1983): The prerepresentational self and its affective core. Psychoanalytic Study Child 38, 165–192.
Emde, R. (1988 a): Die endliche und die unendliche Entwicklung I. Angeborene und motivationale Faktoren aus der frühen Kindheit. Psyche 1991; 45 (9), 745-779
Emde, R. (1988 b): Die endliche und die unendliche Entwicklung II. Neuere psychoanalytische Theorie und therapeutische Überlegungen. Psyche 1991, 45 (9), 890–913.
Emmons, R.A. (1986): Personal strivings: An approach to personality and subjective well-being. Journal of personality and social psychology 51, 1058.
Engelkamp, J., Zimmer, H.D. (2006): Lehrbuch der kognitiven Psychologie. Göttingen: Hogrefe.
Epstein, S. (1990): Cognitive-experiential self theory. In: Curtis, R. (Hg.): The Relational Self: Theoretical Convergences in Psychoanalysis and Social Psychology, S. 111–137. New York: Guilford Press.
Equit, M., Kirsch, A. (2005): Mimischer und sprachlicher Affektausdruck. Ein Vergleich zwischen Fibromyalgiepatientinnen und gesunden Frauen. Psychotherapeut 3, 195–202.
Erikson, E.H. (1966): Identität und Lebenszyklus. Frankfurt a. M.: Suhrkamp.
Erikson, E.H. (1974): Dimensions of a new identity. New York: Norton.
Ermann, M. (2007): Psychosomatische Medizin und Psychotherapie. Ein Lehrbuch auf psychoanalytischer Grundlage. 5. überarbeitete Auflage. Stuttgart: Kohlhammer.
Ermann, M. (2008a): Erinnern, Gedächtnis, Psychoanalyse. Prozedurale und deklarative Modi des Erlebens. Psychotherapeut 53, 380–386.
Ermann, M. (2008b): Freud und die Psychoanalyse. Entdeckungen, Entwicklungen, Perspektiven. Stuttgart: Kohlhammer.
Ermann, M. (2011): Identität, Identitätsdiffusion, Identitätsstörung. Psychotherapeut 56, 135–141.
Ermann, M. (2012a): Psychoanalyse heute. Entwicklungen seit 1975 und aktuelle Bilanz. 2. Aufl. Stuttgart: Kohlhammer.

Literatur

Ermann, M. (2012b): Psychoanalyse in den Jahren nach Freud. Entwicklungen 1940–1975. 2. Aufl. Stuttgart: Kohlhammer.

Ermann, M. (2014): Der Andere in der Psychoanalyse: die intersubjektive Wende. Stuttgart: Kohlhammer.

Espeset, E.M., Gulliksen, K.S., Nordbø, R.H., Skårderud, F., Holte, A. (2012): The link between negative emotions and eating disorder behaviour in patients with anorexia nervosa. Eur Eat Disord Rev 20, 451–460.

Etkin, A., Büchel, C., Gross, J.J. (2015): The neural basis of emotion regulation. Natur Reviews Neuroscience 16, 693–700.

Etkin, A., Prater, K.E., Hoeft, F., Menon, V., Schatzberg, A.F. (2010): Failure of anterior cingulate activation and connectivity with the amygdala during implicit regulation of emotional processing in generalized anxiety disorder. The American Journal of Psychiatry 167, 545–554.

Fairbairn, W.R. (1952): Psychoanalytic Studies of the Personality. London: Tavistock/Routledge.

Feldner, M.T., Zvolensky, M.J., Eifert, G.H., Spira, A.P. (2003): Emotional avoidance: An experimental test of individual differences and response suppression during biological challenge. Behav Res Ther 41, 403–411.

Ferenczi, S. (1932): Ohne Sympathie keine Heilung. Frankfurt a. M.: Fischer 1999.

Fergus, T.A., Valentiner, D.P. (2010): Disease phobia and disease conviction are separate dimensions underlying hypochondriasis. J Behav Ther Exp Psychiatry 41, 438–444.

Field, T. (1984): Early interactions between infants and their depressed mothers. Infant Behavior and Development 7, 517–522.

Field, T.M., Healyx, B., Goldstein, S., Perry, S.B., Schanberg, S., Zimmermann, E. A., Kuhn, C. (1988): Infants of depressed mothers show »depressed« behavior even with nondepressed adults. Child Development 59, 1569–1579.

Fonagy, P. (2003): Bindungstheorie und Psychoanalyse. Stuttgart: Klett-Cotta.

Fonagy, P. (2008): A genuinely developmental theory of sexual enjoyment and its implications for psychoanalytic technique. Journal of the American Psychoanalytic Association 56, 11–36.

Fonagy, P., Gergely, G., Jurist, E.L., Target, M. (2004): Affektregulation, Mentalisierung und die Entwicklung des Selbst. Stuttgart: Klett-Cotta.

Fonagy, P., Target, M. (Hg.) (2006): Psychoanalyse und die Psychopathologie der Entwicklung. Stuttgart: Klett-Cotta.

Fotopoulou, A., Pfaff, D., Conway, M.A. (2012): From the couch to the lab: Trends in psychodynamic neuroscience. New York: Oxford University Press.

Fox, J.R.E., Harrison, A. (2008): The relation of anger to disgust: The potential role of coupled emotions within eating pathology. Clin Psychol Psychother 15, 86–95.

Freud, A. (1936): Das Ich und die Abwehrmechanismen. München: Kindler.

Freud, S. (1900): Die Traumdeutung. GW 2/3.

Freud, S. (1905): Drei Abhandlungen zur Sexualtheorie. GW 5, 33–145.

Freud, S. (1909a): Analyse der Phobie eines fünfjährigen Knaben. GW 7, 241–377.

Freud, S. (1909b): Bemerkungen über einen Fall von Zwangsneurose. GW 7, 379–465.
Freud, S. (1910): Die psychogene Sehstörung in psychoanalytischer Auffassung: GW 7.
Freud, S. (1912/13): Totem und Tabu: GW 9.
Freud, S. (1914a): Zur Einführung des Narzißmus. GW 10, 137–170.
Freud, S. (1914b): Zur Geschichte der psychoanalytischen Bewegung. GW 10, 43–113.
Freud, S. (1915a): Das Unbewusste. GW 10, 263–303.
Freud, S. (1915b): Triebe und Triebschicksale. GW 10, 209–232.
Freud, S. (1916–17): Vorlesungen zur Einführung in die Psychoanalyse. GW 11.
Freud, S. (1920a): Jenseits des Lustprinzips: GW 10, 1–70.
Freud, S. (1923a): Das Ich und das Es. GW 13, 237–289.
Freud, S. (1923b): Psychoanalyse und Libidotheorie: GW 13, S. 209–234.
Freud, S. (1924): Das ökonomische Problem des Masochismus: GW 13, 367–383.
Freud, S. (1926): Hemmung, Symptom und Angst. GW 14, 111–205.
Freud, S. (1927): Die Zukunft einer Illusion. GW 14, 323–380.
Freud, S. (1930): Das Unbehagen in der Kultur. GW 14, 419–506.
Freud, S. (1933): Neue Folge der Vorlesungen zur Einführung in die Psychoanalyse. GW 15.
Freud, S. (1937): Die endliche und unendliche Analyse. GW 16, 57–99.
Freud, S. (1939): Der Mann Moses und die monotheistische Religion. GW 16, 103–246.
Freud, S. (1940): Abriß der Psychoanalyse. GW 17, 63–138.
Freud, S. (1985): Sigmund Freud - Briefe an Fließ. 1887–1904. Frankfurt a. M..
Fries, A., Grawe, K. (2006): Inkonsistenz und psychische Gesundheit: eine Metaanalyse. Zeitschrift für Psychiatrie, Psychologie und Psychotherapie 54, 133–148.
Frijda, N.H. (1986): The emotions. Cambridge: Cambridge University Press.
Frijda, N.H. (1996): Die Gesetze der Emotionen. Z Psychosom Med Psychother 42, 205–221.
Fuchs, T. (2013): Das Gehirn - ein Beziehungsorgan. Eine phänomenologisch-ökologische Konzeption. 4. Aufl. Stuttgart: Kohlhammer.
Gaensbauer, T. (1982a): Regulation of emotional expression in infants from two contrasting caretaking environments. Journ. Americ. Acad. Child Psychiatry 21, 163–170.
Gaensbauer, T. (1982b): The differentiation of discrete affects. A case report. Psychoanalytic Study of the Child 37, 29–66.
Gaensbauer, T., Hiatt, S. (1984): Facial communication of emotion in early infancy. In: Fox, N., Davidson, R. (Hg.): The psychobiology of affective development, S. 207–229. Hilldale: Erlbaum.
Gallese, V., Sinigaglia, C. (2011): What is so special about embodied simulation? Trends in Cognitive Sciences 15, 512–519.

Literatur

Gehricke, J.-G., Shapiro, D. (2000): Reduced facial expression and social context in major depression: discrepancies between facial muscle activity and self-reported emotion. Psychiatry Research 95, 157–167.

Geller, J., Cockell, S.J., Hewitt, P.L., Goldner, E.M., Flett, G.L. (2000): Inhibited expression of negative emotions and interpersonal orientation in anorexia nervosa. Int J Eat Disord 28, 8–19.

George, C., Kaplan, N., Main, M. (1985): The Adult Attachment Interview. Unveröffentlichtes Manuskript. Berkeley: University of California.

George, C., West, M. (2003): The Adult Attachment Projective: Measuring Individual Differences in Attachment Security using Projective Methodology. In: Hilsenroth, M.J. (Hg.): Comprehensive Handbook of Psychological Assessment: Vol. 2. Personality Assessment, S. 431–447. New York: John Wiley & Sons.

Gödde, G. (2005): Freuds »Entdeckung« des Unbewussten und die Wandlungen in seinen Auffassungen. In: Gödde, G., Buchholz, M. (Hg.): Macht und Dynamik des Unbewussten, S. 325–360. Gießen: Psychosozial.

Goldschmidt, A.B., Wonderlich, S.A., Crosby, R.D., Engel, S.G., Lavender, J.M., Peterson, C.B., Crow, S.J., Cao, L., Mitchell, J.E. (2014): Ecological momentary assessment of stressful events and negative affect in bulimia nervosa. J Consult Clin Psychol 82, 30–39.

Grande, T., Dilg, R., Jakobsen, T., Keller, W., Krawietz, B., Langer, M., Oberbracht, C., Stehle, S., Stennes, M., Rudolf, G. (2009): Structural change as a predictor of long-term follow-up outcome. Psychother Res 19, 344–357.

Grande, T., Oberbracht, C., Rudolf, G. (1998): Einige empirische Zusammenhänge zwischen den Achsen »Beziehung«, »Konflikt« und »Struktur«. In: Schauenburg, H., Freyberger, H.J., Cierpka, M., Buchheim, P. (Hg.): OPD in der Praxis. Konzepte, Anwendungen, Ergebnisse der Operationalisierten Psychodynamischen Diagnostik, S. 121–138. Bern: Huber.

Grawe, K. (1995): Grundriss einer Allgemeinen Psychotherapie. Psychotherapeut 40, 130–145.

Grawe, K. (1998): Psychologische Therapie. Göttingen: Hogrefe.

Grawe, K. (2004): Neuropsychotherapie. Göttingen: Hogrefe.

Green, A. (1979): Psychoanalytische Theorien über den Affekt. Psyche 33, 681–732.

Greenberg, L.S. (2006): Emotionsfokussierte Therapie. Lernen, mit den eigenen Gefühlen umzugehen. Tübingen: Dgvt-Verl.

Gross, J.J. (2001): Emotion regulation in adulthood: Timing is everything. Current Directions in Psychological Science 10, 214–219.

Gross, J.J. (2015): Emotion regulation: Conceptual and empirical foundations. In: Gross, J.J. (Hg.): Handbook of emotion regulation. 2. Auflage, S. 3–22: Guilford.

grosse Holtforth, M., Grawe, K. (2002): FAMOS Fragebogen zur Analyse Motivationaler Schemata. Manual . Göttingen: Hogrefe.

grosse Holtforth, M., Grawe, K. (2003): Der Inkongruenzfragebogen (INK). Zeitschrift für Klinische Psychologie und Psychotherapie 32, 315–323.

grosse Holtforth, M., Grawe, K., Egger, O., Berking, M. (2005): Reducing the dreaded: Change of avoidance motivation in psychotherapy. Psychotherapy Research 15, 261–271.

grosse Holtforth, M., Schneider, W. (2008): Motivation und Motivationskonflikte. In: Herpertz, S., Caspar, F., Mundt, C. (Hg.): Störungsorientierte Psychotherapie, S. 191–206. München: Elsevier, Urban & Fischer.

Gruber, N., Kreuzpointer, L. (2013): Measuring the reliability of picture story exercises like the TAT. PLoS ONE 8, e79450.

Gündel, H. (2009): Einige Aspekte der Neurobiologie von Emotionsregulation einschließlich Alexithymie. In: Janssen, P.L., Joraschky, P., Tress, W. (Hg.): Leitfaden Psychosomatische Medizin und Psychotherapie. 2. Auflage, S. 91–97. Köln: Deutscher Ärzte-Verlag.

Gyurak, A., Gross, J.J., Etkin, A. (2011): Explicit and implicit emotion regulation: a dual-process framework. Cognition & Emotion 25, 400–412.

Haas, J., Eichhammer, F., Traue, H.C., Hoffmann, H., Behr, M., Crönlein, T., Pieh, C., Busch, V. (2013): Alexithymic and somatisation scores in patients with temporomandibular pain disorder correlate with deficits in facial emotion recognition. J Oral Rehabil 40, 81–90.

Harré, R.M. (1986): An outline of the social constructionist viewpoint. In: Harré, R. (Hg.): The social construction of emotions, S. 2–14. Oxford: Blackwell.

Hartmann, H. (1939): Ich-Psychologie und Anpassungsproblem. Stuttgart: Klett (1970).

Hartmann, H. (1950a): Bemerkungen zur psychoanalytischen Theorie des Ichs. In: Hartmann, H. (Hg.): Ich-Psychologie. Stuttgart: Klett (1997).

Hartmann, H. (Hg.) (1950b): Ich-Psychologie. Stuttgart: Klett (1997).

Hayes, A.M., Castonguay, L.G., Goldfried, M.R. (1996): Effectiveness of targeting the vulnerability factors of depression in cognitive therapy. J Consult Clin Psychol 64, 623–627.

Hayes, A.M., Strauss, J.L. (1998): Dynamic systems theory as a paradigm for the study of change in psychotherapy: an application to cognitive therapy for depression. J Consult Clin Psychol 66, 939–947.

Heckhausen, H., Gollwitzer, P.M., Weinert, F.E. (Hg.) (1987): Jenseits des Rubikons: Der Wille in den Humanwissenschaften. Berlin: Springer.

Heckhausen, J., Heckhausen, H. (Hg.) (2010a): Motivation und Handeln. 4. Aufl. Berlin: Spinger.

Heckhausen, J., Heckhausen, H. (2010b): Motivation und Handeln: Einführung und Überblick. In: Heckhausen, J., Heckhausen, H. (Hg.): Motivation und Handeln. 4. Auflage, S. 1–9. Berlin: Spinger.

Heidenreich, T., Michalak, J. (Hg.) (2009): Achtsamkeit und Akzeptanz in der Psychotherapie. Ein Handbuch. Tübingen: DGVT.

Heigl-Evers, A., Heigl, F.S., Ott, J. (1993): Abriß der Psychoanalyse und der analytischen Psychotherapie. In: Heigl-Evers, A., Heigl, F.S., Ott, J. (Hg.): Lehrbuch der Psychotherapie, S. 1–307. Stuttgart/Jena: Gustav Fischer.

Heigl-Evers, A., Ott, J. (2002): Die psychoanalytisch-interaktionelle Methode. 4. Aufl. Göttingen, Zürich: Vandenhoeck & Ruprecht.

Literatur

Higgins, E. (1987): Self-discrepancy: A theory relating self and affect. Psychol Rev 94, 319–340.

Hilgers, M. (2006): Scham. Gesichter eines Affekts. 3. überarbeitete Auflage. Göttingen: Vandenhoeck & Ruprecht.

Hill, C.E., Helms, J.E., Spiegel, S.B., Tichenor, V. (1988): Development of a system for categorizing client reactions to therapist interventions. Journal of Counseling Psychology 35, 27–36.

Hilsenroth, M.J., Ackerman, S.J., Blagys, M.D., Baity, M.R., Mooney, M.A. (2003): Short-term psychodynamic psychotherapy for depression: An examination of statistical, clinically significant, and technique-specific change. J Nerv Ment Dis 191, 349–357.

Hobson, A.J., McCarley, R.W. (1977): The brain as a dream state generator: an activation-synthesis hypothesis of the dream process. Am J Psychiatry 134, 1335–1348.

Hobson, J.A. (2009): REM sleep and dreaming: towards a theory of protoconsciousness. Natur Reviews Neuroscience 10, 803–813.

Hock, U. (2012): Nachruf auf Laplanche.

Hoffmann, S.O. (1979): Charakter und Neurose. Frankfurt a. M.: Suhrkamp.

Hoffmann, S.O. (1987): Forschungstendenzen im Bereich von Psychotherapie und Neurosenlehre in den letzten fünfzehn Jahren. Psychother Psychosom Med Psychol 37, 10–14.

Hofstede, G. (1980): Motivation, leadership, and organization: do American theories apply abroad? Organizational dynanmics 9, 42–63.

Holmes, J. (2006): John Bowlby und die Bindungstheorie. 2. Aufl. München: Reinhardt.

Holodynski, M. (2006): Emotionen. Entwicklung und Regulation. Berlin: Springer.

Holodynski, M., Hermann, S., Kromm, H. (2013): Entwicklungspsychologische Grundlagen der Emotionsregulation. Psychologische Rundschau 64, 196–207.

Honneth, A. (2011): Das Recht der Freiheit. Grundriß einer demokratischen Sittlichkeit. Berlin: Suhrkamp.

Hoppe, K.D. (1989): Zur gegenwärtigen Alexithymie-Forschung. Kritik einer »instrumentalisierenden« Kritik. Psyche 43, 1029–1104.

Hufnagel, H., Krause, R., Steimer-Krause, E., Wagner, G. (1993): Facial expression and introspection within different groups of mental disturbances. In: Pennebaker, J.W., Traue, H.C. (Hg.): Emotion, inhibition and health, S. 164–179. Toronto: Hogrefe.

Hunt, M.G. (1998): The only way out is through emotional processing and recovery after a depressing life event. Behav Res Ther 36, 361–384.

Illouz, E. (2006): Gefühle in Zeiten des Kapitalismus. Frankfurt a. M.: Suhrkamp.

Izard, C.E. (1990): Facial expressions and the regulation of emotions. Journal of personality and social psychology 58, 487–498.

Izard, C.E. (1994): Die Emotionen des Menschen. Eine Einführung in die Grundlagen der Emotionspsychologie. 2. Auflage. Weinheim: PVU.

James, W. (1884): What is an emotion? Mind 9, 188–205.

Jones, E.E., Pulos, S.M. (1993): Comparing the process in psychodynamic and cognitive-behavioural therapies. J Consult Clin Psychol 61, 306–316.
Jones, I.H., Pansa, M. (1979): Some nonverbal aspects of depression and schizophrenia occurring during the interview. J Nerv Ment Dis 167, 402–409.
Juen, F., Schick, A., Cierpka, M., Benecke, C. (2009): Verhaltensprobleme und das Erkennen mentaler Zustände im Vorschulalter. Praxis der Kinderpsychologie und Kinderpsychiatrie 58, 407–418.
Kandel, E.R. (Hg.) (2008): Psychiatrie, Psychoanalyse und die neue Biologie des Geistes. Frankfurt a. M.: Suhrkamp.
Katznelson, H. (2014): Reflective functioning: A review. Clinical Psychology Review 34, 107–117.
Kazdin, A.E. (2007): Mediators and mechanisms of change in psychotherapy research. Annu Rev Clin Psychol 3, 1–27.
Kehyayan, A., Best, K., Schmeing, J.B., Axmacher, N., Kessler, H. (2013): Neural activity during free association to conflict-related sentences. Front. Hum. Neurosci 7, 10–3389.
Kernberg, O.F. (1991): Sexuelle Erregung und Wut: Bausteine der Triebe. Forum der Psychoanalyse 13, 97–118.
Kernberg, O.F. (1999): Vorwort. In: J. Sandler, A. Sandler, Innere Objektbeziehungen. Entstehung und Struktur. Stuttgart: Klett-Cotta.
Kernberg, O.F. (2001): Affekt, Objekt und Übertragung. Aktuelle Entwicklungen der psychoanalytischen Theorie und Technik. Gießen: Psychosozial.
Kernberg, O.F. (2011): Hass, Wut, Gewalt und Narzissmus. Stuttgart: Kohlhammer.
Kernberg, O.F. (2014): Liebe und Aggression. Eine unzertrennliche Beziehung. Stuttgart: Schattauer.
Kessler, H., Roth, J., von Wietersheim, J., Deighton, R., Traue, H. (2007): Emotion recognition patterns in patients with panic disorder. Depress Anxiety 24, 223–226.
Kessler, H., Stasch, M., Cierpka, M. (2013): Operationalized psychodynamic diagnosis as an instrument to transfer psychodynamic constructs into neuroscience. frontiers of human neuroscience 7, 1–5.
Kessler, H., Taubner, S., Buchheim, A., Münte, T.F., Stasch, M., Kächele, H., Roth, G., Heinecke, A., Erhard, P., Cierpka, M., Wiswede, D. (2011): Individualized and clinically cerived stimuli activate limbic structures in depression: An fMRI study. PLoS ONE 6, e15712.
Kihlstrom, J. (1999): The psychological unconscious. In: Pervin, L.A., John, O.P. (Hg.): Handbook of personality: Theory and research. 2. Auflage, S. 424–442. New York: Guilford.
Kihlstrom, J.F., Mulvaney, S., Tobias, B.A., Tobis, I.P. (2000): The emotional unconscious. In: Eich, E., Kihlstrom, J.F., Bower, G.H., Forgas, J.P., Niedenthal, P.M. (Hg.): Cognition and emotion, S. 30–86. New York: Oxford University Press.
Knaup, M. (2015): Leib und Seele oder mind and brain. Zu einem Paradigmenwechsel im Menschenbild der Moderne. Freiburg: Karl Alber.

Literatur

Kohn, N., Eickhoff, S.B., Scheller, M., Laird, A.R., Fox, P.T., Habel, U. (2014): Neural network of cognitive emotion regulation—an ALE meta-analysis and MACM analysis. Neuroimage 87, 345–355.

Kohut, H. (1971): Narzißmus. Eine Theorie der psychoanalytischen Behandlung narzißtischer Persönlichkeitsstörungen. Frankfurt a. M.: Suhrkamp.

Kohut, H. (1979): Die Heilung des Selbst. Frankfurt a. M.: Suhrkamp.

König, K. (1992): Kleine psychoanalytische Charakterkunde. Göttingen: Vandenhoeck & Ruprecht.

König, K. (1996): Abwehrmechanismen. Göttingen: Vandenhoeck & Ruprecht.

Krause, R. (1983): Zur Phylo- und Ontogenese des Affektsystems. Psyche 37, 1016–1043.

Krause, R. (1990): Psychodynamik der Emotionsstörungen. In: Scherer, K.R. (Hg.): Enzyklopädie der Psychologie. Psychologie der Emotionen. C/IV/3, S. IV/3. Göttingen: Hogrefe.

Krause, R. (1993): Über das Verhältnis von Trieb und Affekt am Beispiel des perversen Aktes. Forum der Psychoanalyse 9, 187–197.

Krause, R. (1997): Allgemeine psychoanalytische Krankheitslehre. Bd. 1: Grundlagen. Stuttgart, Berlin: Kohlhammer.

Krause, R. (1998): Allgemeine psychoanalytische Krankheitslehre. Bd. 2: Modelle. Stuttgart, Berlin: Kohlhammer.

Krause, R. (2012): Allgemeine psychodynamische Behandlungs- und Krankheitslehre. Grundlagen und Modelle. 2., vollst. überarb. und erw. Aufl. Stuttgart: Kohlhammer.

Kruse, O. (2000): Psychoanalytische Ansätze. In: Otto, J.H., Euler, H.A., Mandl, H. (Hg.): Emotionspsychologie. Ein Handbuch, S. 64–74. Weinheim: Beltz.

Krutzenbichler, H.S. (1997): Sexueller Mißbrauch als Thema der Psychoanalyse von Freud bis zur Gegenwart. In: Egle/Hoffmann/Joraschky (Hrsg.): Sexueller Mißbrauch, Mißhandlung, Vernachlässigung (S. 170–179). Stuttgart: Schattauer.

Kupfer, J., Brosig, B., Brähler, E. (2001): Toronto-Alexithymie-Skala-26. Deutsche Version. Göttingen, Bern: Hogrefe.

Lakoff, G., Johnson, M. (1980): Metaphors we live by. Chicago: University of Chicago Press.

Lane, R.D., Schwartz, G.E. (1987): Levels of emotional awareness: A cognitive-developmental theory and its application to psychopathology. American Journal of Psychiatry 144, 133–143.

Lang, J.B. (2014): A dynamic Thurstonian item response theory of motive expression in the picture story exercise: Solving the internal consistency paradox of the PSE. Psychological Review 121, 481–500.

Lange, C.G. (Hg.) (1885): Ueber Gemüthsbewegungen. Leipzig: Thomas (1887).

Langhirt, V. (2012): Psychoanalytisch-pädagogische Untersuchungen zur Scham bei Kindern und Jugendlichen vor dem Hintergrund von Trennungs-, Scheidungserfahrungen. Hamburg: Kovac.

Laplanche, J., Hock, U., Gondek, H.-D. (Hg.) (2011): Neue Grundlagen für die Psychoanalyse. Die Urverführung. Dt. Erstveröff: Bibliothek der Psychoanalyse. Gießen: Psychosozial.

Laplanche, J., Pontalis, J.-B. (1992): Das Vokabular der Psychoanalyse. Frankfurt a. M.: Suhrkamp.
Lauterbach, W. (1996): The measurement of personal conflict. Psychotherapy Research 6, 213–225.
Lazarus, R.J. (1991): Emotion and adaption. New York: Oxford University Press.
Lazarus, R.S., Folkman, S. (1984): Stress, appraisal, and coping. New York: Springer.
Lebiger-Vogel, J. (2011): »Gute Psychotherapie«. Verhaltenstherapie und Psychoanalyse im soziokulturellen Kontext. Göttingen: Vandenhoeck & Ruprecht
LeDoux, J. (1998): Das Netz der Gefühle. Wie Emotionen entstehen. München: Hanser.
LeDoux, J. (2012): Rethinking the emotional brain. Neuron 73, 653–676.
LeDoux, J. (2015): Anxious. The modern mind in the age of anxiety. London: Oneworld.
Leotti, L.A., Iyengar, S.S., Ochsner, K.N. (2010): Born to choose: the origins and value of the need for control. Trends in Cognitive Sciences 14, 457–463.
Leuzinger-Bohleber, M., Böker, H., Fischman, T., Northoff, G., Solms, M. (Hg.) (2015): Psychoanalyse und Neurowissenschaften: Chancen-Grenzen-Kontroversen. Stuttgart: Kohlhammer.
Leuzinger-Bohleber, M., Emde, R.N., Pfeifer, R. (2013): Embodiment – ein innovatives Konzept für Entwicklungsforschung und Psychoanalyse. Göttingen: Vandenhoeck & Ruprecht.
Leventhal, H., Scherer, K.R. (1987): The relationship of emotion to cognition: A functional approach to a semantic controversy. Cognition and Emotion 1, 3–28.
Lewin, K. (1931): Die psychologische Situation bei Lohn und Strafe. Leipzig: Hirzel.
Lewin, K. (1951): Field theory in social science. Chicago: University of Chicago Press.
Lewis, M., Brooks-Gunn, J. (1978): Self-knowledge and emotional development. In: Lewis, M., Rosenblum, L. (Hg.): The development of affekt, S. 205–226. New York: Plenum Press.
Lichtenberg, J.D. (1991): Psychoanalyse und Säuglingsforschung. Berlin: Springer.
Lichtenberg, J.D., Lachmann, F.M., Fosshage, J.L. (2000): Das Selbst und die motivationalen Systeme. Frankfurt a. M.: Brandes & Apsel.
Lind, A.B., Delmar, C., Nielsen, K. (2014): Struggling in an emotional avoidance culture: a qualitative study of stress as a predisposing factor for somatoform disorders. J Psychosom Res 76, 94–98.
Lorenzer, A. (1970): Symbol, Sprachverwirrung und Verstehen. Psyche 12, 895–920.
Lorenzer, A. (1974): Die Wahrheit der psychoanalytischen Erkenntnis. Frankfurt a. M.: Suhrkamp.
Ludwig-Körner, C. (2012): Psychoanalytische Entwicklungstheorien. In: Cierpka, M. (Hg.): Frühe Kindheit. 0–3 Jahre. Beratung und Psychotherapie für Eltern, S. 81–102. Berlin: Springer.

Literatur

Mancia, M. (2006): Implicit memory and early unrepressed unconscious: Their role in the therapeutic process (How the neurosciences can contribute to psychoanalysis). The International Journal of Psychoanalysis 87, 83–103.

Marcia, J.E. (1993): The Ego identity status approach to Ego identity. In: Marcia, J.E., Waterman, A.S., Matteson, Archer, S.L., Orlofsky, J.L. (Hg.): Ego identity: A handbook for psychosocial research, S. 3–41. New York: Springer.

Marty, P., M´uzan, M. (1978): Das operative Denken (pensée perératoire). Psyche 32, 974–984.

McClelland, D.C. (1985): Human motivation. Glenview: Scott, Foresman & Co.

McCullough, L., Winston, A., Farber, B.A., Porter, F., Pollack, J., Laikin, M., Vingiano, W., Trujillo, M. (1991): The relationship of patient-therapist interaction to outcome in brief psychotherapy. Psychotherapy 28, 525–533.

Mentzos, S. (1984): Neurotische Konfliktverarbeitung. Frankfurt a. M.: Fischer 1991.

Mentzos, S. (2006): Depression und Manie. Psychodynamik und Therapie affektiver Störungen. 4. Aufl. Göttingen: Vandenhoeck & Ruprecht.

Mentzos, S. (2011): Lehrbuch der Psychodynamik: Die Funktion der Dysfunktionalität psychischer Störungen. 5. Aufl. Göttingen: Vandenhoeck & Ruprecht.

Merten, J. (1996): Affekte und die Regulierung nonverbalen, interaktiven Verhaltens. Bern: Peter Lang.

Merten, J. (2003): Einführung in die Emotionspsychologie. Stuttgart: Kohlhammer.

Merten, J., Brunnhuber, S. (2004): Facial expression and experience of emotions in psychodynamic interviews with patients suffering from a pain disorder. Indicators of disorders in self- and relationship regulation in the involuntary facial expression of emotions. Psychopathology 37, 266–271.

Mertens, W. (1994): Entwicklung der Psychosexualität und der Geschlechtsidentität. Band 1. Geburt bis zum 4. Lebensjahr. 2., überarbeitete Auflage. Stuttgart: Kohlhammer.

Michalak, J., Schulte, D. (2002): Zielkonflikte und Therapiemotivation. Zeitschrift für Klinische Psychologie und Psychotherapie; Forschung und Praxis 31, 213–219.

Michalak, P.D.J., grosse Holtforth, M., Berking, M. (2007): Patientenziele in der Psychotherapie. Psychotherapeut 52, 6–15.

Milner, B. (1962): Les troubles de la memoire accompagnant des lesions hippocampiques bilaterales. Physiologie de l'hippocampe, 257–272.

Milrod, B.L., Busch, F., Cooper, A., Shapiro, T. (1997): Manual of Panic-Focused Psychodynamic Psychotherapy. Washington, DC: American Psychiatric Press.

Mischel, W., Shoda, Y., Rodriguez, M.L. (1989): Delay of gratification in children. Science 244, 933–938.

Mitmansgruber, H., Beck, T., Mulser, H., Dahlbender, R.W., Schüßler, G. (2011): Die klinische Bedeutung der Abwehrmechanismen bei ambulanten und stationären Patienten. Z Psychosom Med Psychother 57, 202–209.

Moretz, M.W., McKay, D. (2008): Disgust sensitivity as a predictor of obsessive-compulsive contamination symptoms and associated cognitions. J Anxiety Disord 22, 707–715.

Moritz, S., Kempke, S., Luyten, P., Randjbar, S., Jelinek, L. (2011): Was Freud partly right on obsessive-compulsive disorder (OCD)? Investigation of latent aggression in OCD. Psychiatry Research 187, 180–184.

Moruzzi, G., Magoun, H. W. (1949): Brain stem reticular formation and activation of the EEG. Electroencephalography and clinical neurophysiology 1, 455–473.

Moscovitch, D.A., McCabe, R.E., Antony, M.M., Rocca, L., Swinson, R.P. (2008): Anger experience and expression across the anxiety disorders. Depress Anxiety 25, 107–113.

Moser, U. (1978): Affektsignal und aggressives Verhalten. Zwei verbal formulierte Modelle der Aggression. Psyche 32, 229–258.

Moser, U. (1983): Beiträge zu einer psychoanalytischen Theorie der Affekte. Teil I.

Moser, U., Zeppelin, I. von (1995): Die Entwicklung des Affektsystems. Psyche 50, 32–84.

Müller-Pozzi, H. (2008): Eine Triebtheorie für unsere Zeit. Sexualität und Konflikt in der Psychoanalyse. 1. Aufl.: Psychoanalyse. Bern: H. Huber.

Munsch, S., Meyer, A.H., Quartier, V., Wilhelm, F.H. (2012): Binge eating in binge eating disorder: a breakdown of emotion regulatory process? Psychiatry Research 195, 118–124.

Murray, H.A. (1938): Explorations in personality. New York: Oxford University Press.

Nagera, U. (1974): Psychoanalytische Grundbegriffe. Frankfurt a. M.: Fischer.

Nazarkiewicz, K. (2010): Interkulturelles Lernen als Gesprächsarbeit. Wiesbaden: Verl. für Sozialwiss.

Neisser, U. (1979): Kognition und Wirklichkeit. Prinzipien und Implikationen der kognitiven Psychologie. Stuttgart: Klett-Cotta.

Nemiah, J.C., Sifeneos, P.E. (1970): Psychosomatic illness: A problem in communication. Psychother Psychsom 18, 154–167.

Nietzschke, B. (1988): Die Bedeutung der Sexualität im Werk Sigmund Freuds: http://www.werkblatt.at/nitzschke/text/sexualitaet.htm.

Ogden, T.H. (1988): Die projektive Identifikation. Forum der Psychoanalyse 4, 1–21.

Orange, D.M., Atwood, G.E., Stolorow, R.D. (2001): Intersubjektivität in der Psychoanalyse. Kontextualismus in der psychonalytischen Praxis. Frankfurt a. M.: Brandes und Apsel.

Ortony, A., Turner, T.J. (1990): What's basic about basic emotions? Psychological Review 97, 315.

Otto, J.H., Euler, H.A., Mandl, H. (Hg.) (2000): Emotionspsychologie. Ein Handbuch. Weinheim: Beltz.

Owen, J., Hilsenroth, M.J. (2011): Interaction between alliance and technique in predicting patient outcome during psychodynamic psychotherapy // Interaction Between Alliance and Technique in Predicting Patient Outcome During Psychodynamic Psychotherapy. J Nerv Ment Dis 199, 384–389.

Panksepp, J. (1991): Affective neuroscience: A conceptual framework for the neurobiological study of emotions. .International review of studies on emotion 57, 59–99.

Literatur

Panksepp, J. (1998): Affective Neuroscience. The foundation of human and animal emotions. Oxford: Oxford University Press.

Panksepp, J. (1999): Emotions as viewed by psychoanalysis and neuroscience: An exercise in consilience. NeuroPsychoanalysis 1, 15–38.

Panksepp, J., Biven, L. (2012): The Archaeology of Mind: Neuroevolutionary Origins of Human Emotions. New York: Norton & Company.

Panksepp, J., Solms, M. (2012): What is neuropsychoanalysis? Clinically relevant studies of the minded brain. Trends in Cognitive Sciences 16, 6–8.

Pascual-Leone, A. (2009): Dynamic emotional precessing in experiential therapy: two steps forward, one step back. J Consult Clin Psychol 77, 113–126.

Pascual-Leone, A., Greenberg, L.S. (2007): Emotional processing in experiential therapy: why »the only way out is through«. J Consult Clin Psychol 75, 875–887.

Peham, D. (2005): Schuldgefühle in der Paarbeziehung: Entstehung und Regulierung in face-to-face Interaktionen. Marburg: Tectum.

Peham, D., Bock, A., Schiestl, C., Zimmermann, J., Kratzer, D., Dahlbender, R.W., Biebl, W., Benecke, C. (2015): Facial affective behaviour in mental disorder. Journal of Nonverbal Behavior, (online first).

Perry, J.C., Bond, M. (2012): Change in Defense Mechanisms During Long-Term Dynamic Psychotherapy and Five-Year Outcome. Am J Psychiatry 169, 916–925.

Pieh, C., Frisch, M., Meyer, N., Loew, T., Lahmann, C. (2009): Validierung der Achse III (Konflikt) der Operationalisierten Psychodynamischen Diagnostik (OPD). Zeitschrift für Psychosomatische Medizin und Psychotherapie 55, 263–281.

Pos, A.E., Greenberg, L.S., Goldman, R.N., Korman, L.M. (2003): Emotional processing during experiential treatment of depression. J Consult Clin Psychol 71, 1007–1016.

Quindeau, I. (2014): Sexualität. Gießen: Psychosozial-Verlag.

Radkovsky, A., McArdle, J.J., Bockting, C.L., Berking, M. (2014): Successful Emotion Regulation Skills Application Predicts Subsequent Reduction of Symptom Severity During Treatment of Major Depressive Disorder. J Consult Clin Psychol 82, 248–262.

Radomsky, A.S., Ashbaugh, A.R., Gelfand, L.A. (2007): Relationships between anger, symptoms, and cognitive factors in OCD checkers. Behav Res Ther 45, 2712–2725.

Rank, O. (1924): Das Trauma der Geburt und seine Bedeutung für die Psychoanalyse. Gießen: Psychosozial (2007).

Rank, O., Ferenczi, S. (1924): Entwicklungsziele der Psychoanalyse. Zur Wechselwirkung von Theorie und Praxis. Wien: Internationaler Psychoanalytischer Verlag.

Rasting, M., Brosig, B., Beutel, M.E. (2005): Alexithymic Characteristics and Patient-Therapist Interaction: A video Analysis of Facial Affect Display. Psychopathology 38, 105–111.

Rathgeber, M., Sommer, T., Seiffge-Krenke, I. (2014): Die Achse Konflikt der Operationalisierten Psychodynamischen Diagnostik im Kindes-und Jugendalter: Reliabilität und klinische Validität. Kinderanalyse 22, 26–47.

Renneberg, B., Heyn, K., Gebhard, R., Bachmann, S. (2005): Facial expression of emotions in borderline personality disorder and depression. J Behav Ther Exp Psychiatry 36, 183–196.

Renner, W., Platz, T. (2000): Intrapsychische Konflikte als Indikatoren seelischer Gesundheit. In: Duer, W., Pelikan, J.M. (Hg.): Gesundheit beobachten. Dokumentation und Berichterstattung als Aufgabe der Gesundheitsförderung, S. 89–98. Wien: Facultas.

Rheinberg, F. (2006): Motivation. Stuttgart: Kohlhammer.

Rheinberg, F. (2010): Intrinsische Motivation und Flow-Erleben. In: Heckhausen, J., Heckhausen, H. (Hg.): Motivation und Handeln. 4. Auflage, S. 365–388. Berlin: Spinger.

Rheinberg, F., Vollmeyer, R. (2012): Motivation: Grundriss der Psychologie. Band 6. Stuttgart: Kohlhammer.

Rice, T., Hoffmann, L. (2014): Defensive mechanisms and implicit emotion regulation. Journal of the American Psychoanalytic Association 62.

Rosa, H. (1998): Identität und kulturelle Praxis. Politische Philosophie nach Charles Taylor. Frankfurt: Campus.

Rosa, H. (2005): Beschleunigung. Die Veränderung der Zeitstrukturen in der Moderne. Frankfurt a.M.: Suhrkamp.

Rost, R. (2011): Subtypen depressiver Persönlichkeitsdiagnostik zur Validierung der Konfliktachse der OPD-2: Dissertation, Universität Heidelberg.

Roth, G. (2001): Fühlen, Denken, Handeln. Wie das Gehirn Verhalten steuert. Frankfurt a. M.: Suhrkamp.

Roth, G., Strüber, N. (2014): Wie das Gehirn die Seele macht. Stuttgart: Klett-Cotta.

Rothschild-Yakar, L., Levy-Shiff, R., Fridman-Balaban, R., Gur, E., Stein, D. (2010): Mentalization and relationships with parents as predictors of eating disordered behavior. J Nerv Ment Dis 198, 501–507.

Rothschild-Yakar, L., Waniel, A., Stein, D. (2013): Mentalizing in Self vs. Parent Representations and Working Models of Parents as Risk and Protective Factors From Distress and Eating Disorders. J Nerv Ment Dis 201, 510–518.

Rudolf, G., Grande, T., Jakobsen, T. (2004): Struktur und Konflikt: Gibt es strukturspezifische Konflikte. In: Dahlbender, R., Buchheim, P., Schüßler, G. (Hg.): OPD - Lernen an der Praxis, S. 195–205. Bern: Huber.

Rudolf, G., Henningsen, P. (2013): Psychotherapeutische Medizin und Psychosomatik. Ein einführendes Lehrbuch auf psychodynamischer Grundlage. 7. Aufl.: Georg Thieme.

Rudolf, G., Jakobsen, T., Keller, W., Krawietz, B., Langer, M., Oberbracht, C., Stehle, S., Stennes, M., Grande, T. (2012): Umstrukturierung als Ergebnisparadigma der psychodynamischen Psychotherapie – Ergebnisse aus der Praxisstudie Analytische Langzeittherapie. Z Psychosom Med Psychother 58, 55–66.

Rudolph, U. (2003): Motivationspsychologie. Weinheim: Beltz PVU.

Rüegg, J.C. (2010): Gehirn, Psyche und Körper. Neurobiologie von Psychosomatik und Psychotherapie. Stuttgart: Schattauer.

Literatur

Rüsch, N., Schiel, S., Corrigan, P.W., Leihener, F., Jacob, G.A., Olschewski, M., Lieb, K., Bohus, M. (2008): Predictors of dropout from inpatient dialectical behavior therapy among women with borderline personality disorder. J Behav Ther Exp Psychiatry 39, 497–503.

Sachse, R., Fasbender, J., Breil, J., Püschel, O. (2009): Grundlagen und Konzepte Klärungsorientierter Psychotherapie. Göttingen: Hogrefe.

Sandler, J. (1960): The background of safety. Int Rev Psychoanal 41, 352–356.

Sandler, J., Sandler, A.-M. (1985): Vergangenheitsunbewußtes, Gegenwartsunbewußtes und die Deutung der Übertragung. Psyche 39, 800–829.

Sandler, S., Sandler, A.-M. (1999): Innere Objektbeziehungen. Entstehung und Struktur. Stuttgart: Klett-Cotta.

Sänger-Alt, C., Steimer-Krause, E., Wagner, G., Krause, R. (1989): Mimisches Verhalten psychosomatischer Patienten. Z Klin Psych 18, 243–256.

Schachter, S., Singer, J.E. (1962): Cognitive, social, and physiological determinants of emotional states. Psychol Rev 69, 379–399.

Scherer, K.R. (1990): Theorien und aktuelle Probleme der Emotionspsychologie. In: Scherer, K.R. (Hg.): Enzyklopädie der Psychologie. Psychologie der Emotionen. C/IV/3, S. 1–38. Göttingen: Hogrefe.

Scherer, K.R. (1996): Emotion. In: Stroebe, W., Hewstone, M., Stephenson, G.M. (Hg.): Sozialpsychologie. Eine Einführung, S. 294–330. Berlin: Springer.

Scherer, K.R. (2000): Emotions as episodes of subsystem synchronization driven by nonlinear appraisal processes. In: Lewis, M.D., Granic, I. (Hg.): Emotion, Development, and Self-Organization, S. 70–99. New York: Cambridge University Press.

Scherer, K.R. (2001): Appraisal considered as a process of multilevel sequential checking. In: Scherer, K.R., Schorr, A., Johnstone, T. (Hg.): Appraisalprocesses in emotion. Theory, methods, research, S. 92–120. Oxford: Oxford University Press.

Scherer, K.R., Wallpott, H.G. (1990): Ausdruck von Emotionen. In: Scherer, K.R. (Hg.): Enzyklopädie der Psychologie. Psychologie der Emotionen, S. 345–422. Göttingen: Hogrefe.

Schmeing, J.-B., Kehayayan, A., Kessler, H., Do Lam, A.T.A., Fell, J., Schmidt, A.-C., Axmacher, N. (2013): Can the Neural Basis of Repression Be Studied in the MRI Scanner? New Insights from Two Free Association Paradigms. PLoS ONE 8, e62358.

Schneider, G., Mendler, T., Heuft, G., Burgmer, M. (2008a): Der Körper in der Konflikt-und Strukturdiagnostik der Operationalisierten Psychodynamischen Diagnostik-Bezug zu Körperkonzepten in der Selbstauskunft. Zeitschrift für Psychosomatische Medizin und Psychotherapie 54, 132–149.

Schneider, G., Mendler, T., Heuft, G., Burgmer, M. (2008b): Validität der Konfliktachse der Operationalisierten Psychodynamischen Diagnostik (OPD-1)-empirische Ergebnisse und Folgerungen für die OPD-2. Zeitschrift für Psychosomatische Medizin und Psychotherapie 54, 46–62.

Schneider, K., Schmalt, H.-D. (2000): Motivation. 3. Aufl. Stuttgart: Kohlhammer.

Schneider, W.X., Prinz, W. (2000): Kognitive Neurowissenschaft. In: Hanser, H., Scholtyssek, C. (Hg.): Lexikon der Neurowissenschaft. Bd. 2, S. 249–251.
Schore, A.N. (2007): Affektregulation und die Reorganisation des Selbst. Stuttgart: Klett-Cotta.
Schore, A.N. (2011): The right brain implicit self lies at the core of psychoanalysis. Psychoanalytic Dialogues 21, 75–100.
Schore, A.N., Schore, J.R. (2008): Modern attachment theory: The central role of affect regulation in development and treatment. Clinical Social Work Journal 36, 9–20.
Schultheiss, O.S., Pang, J.S. (2007): Measuring implicit motives. In: Robins, R.W., Fraley, R.C., Krueger, R. (Hg.): Handbook of Research Methods in Personality Psychology, S. 322–344. New York: Guilford.
Schultz-Venrath, U. (2013): Lehrbuch Mentalisieren. Psychotherapien wirksam gestalten. 2. Aufl. Stuttgart: Klett-Cotta.
Schüßler, G. (2002): Aktuelle Konzeption des Unbewußten – Empirische Ergebnisse der Neurobiologie, Kognitionswissenschaften, Sozialpsychologie und Emotionsforschung. Z Psychosom Med Psychother 48, 192–214.
Schwab, F. (2001): Affektchoreographien. Eine evolutionspsychologische Analyse von Grundformen mimisch-affektiver Interaktionsmuster. Berlin: dissertation.de.
Siegel, D.J. (2011): Mindsight. The new science of personal transformation. New York: Bantam Books.
Skarderud, S. (2007): Shame and pride in anorexia nervosa: A qualitative study. Eur Eat Disord Rev 15, 81–97.
Slavin-Mulford, J., Hilsenroth, M., Weinberger, J., Gold, J. (2011): Therapeutic interventions related to outcome in psychodynamic psychotherapy for anxiety disorder patients. J Nerv Ment Dis 199, 214–221.
Sloan, D. (2004): Emotion regulation in action: Emotional reactivity in experiential avoidance. Behav Res Ther 42, 1257–1270.
Smyth, J.M., Zawadzki, M.J., Santuzzi, A.M., Filipkowski, K.B. (2014): Examining the effects of perceived social support on momentary mood and symptom reports in asthma and arthritis patients. Psychol Health.
Solms, M. (2013): Freud's »Primary Process« versus Hobson's »Protoconsciousness«. Contemporary Psychoanalysis 49, 201–208.
Solms, M. (2015): Sigmund Freud heute - eine neurowissenschaftliche Perspektive auf die Psychoanalyse. In: Leuzinger-Bohleber, M., Böker, H., Fischman, T., Nordhoff, G., Solms, M. (Hg.): Psychoanalyse und Neurowissenschaften: Chancen-Grenzen-Kontroversen, S. 56–88. Stuttgart: Kohlhammer.
Solms, M., Panksepp, J. (2012): The »Id« knows more than the »Ego« admits: Neuropsychoanalytic and primal consciousness perspectives on the interface between affective and cognitive neuroscience. Brain Sciences 2, 147–175.
Solms, M., Turnbull, O. (2004): Das Gehirn und die innere Welt. Neurowissenschaft und Psychoanalyse. Düsseldorf: Walter.
Sroufe, A. (1979): Socioemotional development. In: Osofsky, J.D. (Hg.): Handbook of infant development, S. 462–516. New York: Wiley.

Literatur

Sroufe, A. (1997): Emotional development: the organization of emotional life in the early years. Cambridge: Cambridge University Press.

Steimer-Krause, E. (1996): Übertragung, Affekt und Beziehung. Theorie und Analyse nonverbaler Interaktionen schizophrener Patienten. Bern: Lang.

Steimer-Krause, E., Krause, R., Wagner, G. (1990): Prozesse der Interaktionsregulierung bei schizophren und psychosomatisch erkrankten Patienten - Studien zum mimischen Verhalten in dyadischen Interaktionen. Z Klin Psych 19, 32–49.

Stenzel, N., Rief, W. (2011): Operationalisierte Fertigkeitsdiagnostik zur Therapieplanung. Klinische Diagnostik und Evaluation 4, 111–132.

Stern, D.N. (1992): Die Lebenserfahrung des Säuglings. Stuttgart: Klett-Cotta.

Stern, D.N. (2010): Der Gegenwartsmoment: Veränderungsprozesse in Psychoanalyse, Psychotherapie und Alltag. Frankfurt a. M.: Brandes & Apsel.

Stonnington, C.M., Locke, D.E., Hsu, C.H., Ritenbaugh, C., Lane, R.D. (2013): Somatization is associated with deficits in affective Theory of Mind. J Psychosom Res 74, 479–485.

Subic-Wrana, C., Bruder, S., Walther, T., Lane, R.D., Köhle, K. (2005): Emotional Awareness Deficits in Inpatients of a Psychosomatic Ward: A Comparison of Two Different Measures of Alexithymia. Psychosomatic Medicine 67, 483–489.

Subic-Wrana, C., Walther, T., Huber, M., Köhle, K. (2001): Levels or Emotional Awareness Scale (LEAS). Die deutsche Version eines neuen Alexithymietests. Psychotherapeut 46, 176–181.

Suri, G., Sheppes, G., Gross, J.J. (2015): The role of action readiness in motivated behavior. Journal of Experimental Psychology: General 144, 1105–1113.

Tangney, J.P., Dearing, R.L. (2002): Shame and Guilt. New Haven, London: Guilford Press.

Target, M. (2013): Ist unsere Sexualität unsere eigene? Ein Entwicklungsmodell der Sexualität auf der Basis früher Affektspiegelung. Zeitschrift für Individualpsychologie 38, 125–141.

Taschwer, K., Föger, B. (2003): Konrad Lorenz. Biographie. 2. Aufl.: Zsolnay.

Taubner, S. (2015): Konzept Mentalisieren. Eine Einführung in Forschung und Praxis. Gießen: Psychosozial.

Taylor, G.J., Bagby, R.M. (2013): Psychoanalysis and empirical research: The example of alexithymia. J Am Psychoanal Ass 61, 99–133.

Thielen, M. (2011): Körperpsychotherapie bei Angst. Psychotherapie-Wissenschaft 1, 32–40.

Thomä, H., Kächele, H. (2006): Lehrbuch der psychoanalytischen Therapie. Band 1. Berlin: Springer.

Thompson, R.A., Lewis, M.D., Calkins, S.D. (2008): Reassessing emotion regulation. Child development Perspectives 2, 124–131.

Tominaga, T., Choi, H., Nagoshi, Y., Wada, Y., Fukui, K. (2014): Relationship between alexithymia and coping strategies in patients with somatoform disorder. Neuropsychiatr Dis Treat 10, 55–62.

Tomkins, S.S. (1962a): Affect, imagery, consciousness. Vol.1: The positive affects. New York: Springer.

Tomkins, S.S. (1962b): Affect, imagery, consciousness. Vol.2: The negative affects. New York: Springer.
Tomkins, S.S. (1982): Affect theory. In: Ekman, P. (Hg.): Emotion in the human face. 2nd edition, S. 353–395. New York: Cambridge University Press.
Toronchuk, J.A., Ellis, G.F. (2007): Disgust: Sensory affect or primary emotional system? Cognition & Emotion 21, 1799–1818.
Trémeau, F., Malaspina, D., Duval, F., Corrêa, H., Hager-Budny, M., Coin-Bariou, L., Macher, J.-P., Gorman, J.M. (2005): Facial expressiveness in patients with schizophrenia compared to depressed patients and nonpatient comparison subjects. Am J Psychiatry 162, 92–101.
Troisi, A., Moles, A. (1999): Gender differences in depression: an ethological study of nonverbal behavior during interviews. J Psychiatr Res 33, 243–250.
Tronick, E. (1989): Emotions and emotional communication in infants. Am Psychol, 112–119.
Troop, N.A., Murphy, F., Bramon, E., Treasure, J.L. (2000): Disgust sensitivity in eating disorders: A preliminary investigation. Int J Eat Disord 27, 446–451.
Troop, N.A., Treasure, J., Serpell, L. (2002): A further exploration of disgust in eating disorders. Eur Eat Disord Rev 10, 218–226.
Trull, T.J., Ebner-Priemer, U.W. (2013): Ambulatory Assessment. Annu Rev Clin Psychol 9, 151–176.
Tulving, E. (1985): Memory and consciousness. Canadian Psychology 26, 1–12.
Ulich, D., Mayring, P. (2003): Psychologie der Emotionen. 2., überarb. und erw. Aufl. Stuttgart: Kohlhammer.
Vandekerckhove, M., Panksepp, J. (2009): The flow of anoetic to noetic and autonoetic consciousness: A vision of unknowing (anoetic) and knowing (noetic) consciousness in the remembrance of things past and imagined futures. Consciousness and Cognition 18, 1018–1028.
Vandekerckhove, M., Panksepp, J. (2011): A neurocognitive theory of higher mental emergence: From anoetic affective experiences to noetic knowledge and autonoetic awareness. Neuroscience & Behavioral Review 35, 2017–2025.
Waller, G., Babbs, M., Milligan, R.J., Meyer, C., Ohanian, V., Leung, N. (2003): Anger and core beliefs in the eating disorders. Int J Eat Disord 34, 118–124.
Wallerstein, R. (2001): Entwicklung und moderne Transformation der (amerikanischen) Ich-Psychologie. In: *Psyche* 55 (7), S. 649–684.
Warsitz, R.P., Küchenhoff, J. (2015): Psychoanalyse als Erkenntnistheorie-psychoanalytische Erkenntnisverfahren. Stuttgart: Kohlhammer.
Watson, J.C., Bedard, D.L. (2006): Clients' emotional processing in psychotherapy: a comparison between cognitive-behavioral and process-experiential therapies. J Consult Clin Psychol 74, 152–159.
Weidenhammer, B. (1986): Überlegungen zum Alexithymiebegriff: Psychischer Konflikt und sprachliches Verhalten. Ein Beitrag zur Phänomenologie. Z Psychosom Med Psychother 32, 60–65.
Wells, A. (2011): Metakognitive Therapie bei Angststörungen und Depression. Weinheim/Basel: Beltz.

Werner, K., Gross, J.J. (2010): Emotion regulation and psychopathology. In: Kring, A., Sloan, D. (Hg.): Emotion regulation and psychopathology, S. 13–37. New York: Guilford Press.

Westen, D. (1997): Towards a clinically and empirically sound theory of motivation. Int Rev Psychoanal 78, 521–548.

Whelton, W.J. (2004): Emotional processes in psychotherapy: Evidence across therapeutic modalities. Clin Psychol Psychother 11, 58–71.

Williams, M.T., Abramowitz, J.S., Olatunji, B.O. (2012): The relationship between contamination cognitions, anxiety, and disgust in two ethnic groups. J Behav Ther Exp Psychiatry 43, 632–637.

Winnicott, D.W. (Hg.) (1951): Von der Kinderheilkunde zur Psychoanalyse. Frankfurt a. M.: Fischer.

Winnicott, D.W. (Hg.) (1965): The maturational processes and the facilitating environment. New York: International University Press.

Winnicott, D.W. (1971): Playing and reality. New York: Basic Books.

Winston, A., McCullough, L., Laikin, M. (1993): Clinical and research implications of patient-therapist interaction in brief psychotherapy. Am J Psychother 47, 527–539.

Wollburg, E., Braukhaus, C. (2010): Goal setting in psychotherapy: The relevance of approach and avoidance goals for treatment outcome. Psychotherapy Research 20, 488–494.

Wurmser, L. (1990): Die Maske der Scham. Berlin: Springer.

Young, J.E., Klosko, J.S., Weishaar, M.E. (2005): Schematherapie. Ein praxisorientiertes Handbuch. Paderborn: Junfermann.

Zachar, P. (2012): Introduction: Categories, dimensions, and the problem of progress in affective science. In: Zachar, P., Ellis, R.D. (Hg.): Categorical versus Dimensional Models of Affect: a seminar on the theories of Panksepp und Russell ., S. 1–30. Philadelphia: John Benjamins Publishing Company.

Zajonc, R.B. (1980): Feeling and thinking: Preferences need no inferences. American psychologist. American Psychologis 35, 151–175.

Zajonc, R.B. (2000): Feeling and thinking: Closing the debate over the independence of affect. In: Forgas, J.P. (Hg.): Feeling and Thinking: The Role of Affect in Social Cognition, S. 31–58: Cambridge University Press.

Zepf, S. (1997a): Gefühle, Sprache und Erleben. Psychologische Befunde – psychoanalytische Einsichten. Gießen: Psychosozial.

Zepf, S. (1997b): Lust und Narzißmus. Gießen: Psychosozial.

Zepf, S. (2000): Allgemeine psychoanalytische Neurosenlehre, Psychosomatik und Sozialpsychologie. Gießen: Psychosozial.

Zepf, S. (2013): Psychoanalyse. Aufsätze zu epistemologischen und sozialpsychologischen Fragen sowie zu den theoretischen und therapeutischen Konzepten. Gießen: Psychosozial.

Zepf, S. (2014): Ödipus und der Ödipuskomplex. Eine Revision. Gießen: Psychosozial.

Zepf, S., Zepf, F.D. (2007): Libido und psychische Energie. Freuds Konzepte nochmals betrachtet. Forum der Psychoanalyse 23, 315–329.

Zimmermann, J. (2014): Paradigmenwechsel in der Klassifikation von Persönlichkeitsstörungen. PiD-Psychotherapie im Dialog 15, e1-e10.

Zimmermann, J., Benecke, C., Bender, D.S., Skodol, A.E., Krueger, R.F., Leising, D. (2013): Persönlichkeitsdiagnostik im DSM-5. Psychotherapeut 58, 455–465.

Zimmermann, J., Ehrenthal, J.C., Cierpka, M., Schauenburg, H., Doering, S., Benecke, C. (2012): Assessing the Level of Structural Integration using Operationalized Psychodynamic Diagnosis (OPD): Implications for DSM-5. Journal of Personality Assessment 94, 522–532.

Zimmermann, J., Ehrenthal, J.C., Hörz, S., Rentrop, M., Rost, R., Schauenburg, H., Schneider, W., Waage, M., Cierpka, M. (2010): Neue Validierungsstudien zur Operationalisierten Psychodynamischen Diagnostik (OPD-2). Psychotherapeut 55, 69–73.

Zimmermann, J., Löffler-Stastka, H., Alhabbo, S., Bock, A., Klug, G., Huber, D., Benecke, C. (2015): Is it all about the higher dose? Why psychoanalytic psychotherapy is an effective treatment for major depression. Clinical Psychology & Psychotherapy 22, 469–487.

Stichwortverzeichnis

A

Abwehrmechanismus 125, 139
Achtsamkeit/Akzeptanz 142–143, 168
Action-Readiness 28, 185, 191, 196
Affektregulierung 58, 69, 143, 146, 150, 152, 207
Aggression 37, 47, 59, 65, 74, 116, 148, 161, 214
Alexithymie 162
Angsttheorie 110–111, 125
Anreiz 20, 28, 95
Autonomie 21, 28, 31, 62, 69, 87, 90, 148

B

Basisemotion 102, 154, 184, 37
Bindung 53, 55, 158, 181
– -abbruch 129
Biologie 52, 100, 112, 178
Borderline-Persönlichkeitsstörung 146, 164, 170

C

Coping 106, 140
– -Apparat 183

D

Depression 59, 85, 90, 92, 161, 164
Diskordanz 82
Drängen 16, 44, 196, 201

E

Emotionsregulation 58, 133, 150, 157, 187, 196, 208
– implizite 93, 136, 143
– instrumentelle 136
– interpersonelle 137, 140, 151, 166
– maladaptive 168, 171
– reflexive 140
– unbewusste 138–139
Empathie 156, 158, 163
empirisch 65, 91, 150, 206
Eros 17, 48–49, 116
Erwartungen-x-Wert-Modell 23

F

Furcht 39

G

Gefühl 98, 120, 123
Grundbedürfnis 79

H

Handlung 22, 63, 82, 98, 101, 106, 124, 138, 195, 203

I

Ich-Psychologie 112, 181, 194
Identifikation mit dem Aggressor 54

Stichwortverzeichnis

Identität 62, 127, 156
Inkongruenz 82
Instinkt 16, 28
– -system 52, 182
Intersubjektivität 197, 203

K

Kognitivismus 27, 99
Konflikt 66
Konsistenztheorie 94

L

Libido 47, 50, 52, 59, 65
limbisches System 92

M

markierte Affektspiegelung 202, 207
mentale Zeitreise 32
mentaler Puffer 140, 193
mentalisierte Affektivität 143, 145, 153
Mentalisierung 137, 139, 151, 155, 162, 170, 194, 202
mimisch 101–102, 104, 120, 124, 163, 165
mind-mindedness 154

N

Neuropsychoanalyse 36, 52, 145

O

Objektbeziehungstheorie 56, 60, 116
Ödipuskomplex 46, 74, 183
OPD 67, 86, 166, 199

P

Paradigmenwechsel 12, 41, 100
Phylogenese 28, 179–180

physiologisch/körperlich 103, 202, 209
projektive Identifikation 138, 149
prozedural-dynamische Regulierungsprozesse 136, 139, 186, 190, 199
prozedurales Gedächtnis 124, 208
psychische Struktur 116–117, 155
Psychosexualität 50, 56, 202, 212
Psychosomatik 88, 162

R

rätselhafte Botschaft 204–205
Reappraisal 141, 168
Regression 67
Repräsentanz 122, 125, 186
– libidinös besetzte 51
– sekundäre 152, 212
– Selbst-Objekt-Affekt- 117, 136, 160, 188, 198
– Trieb- 44
– Vorstellungs- 111

S

Schamgefühl 106, 125, 127, 161, 198
Schema 79, 189, 195, 198
Selbstwert 33, 73, 87, 90, 127
Sexualität 57, 68, 75, 88
– infantile 40, 50, 204
Sicherheit 61
Strukturmodell 112, 155
Strukturniveau 87, 90, 155, 193

T

Todestrieb 17, 48, 53–54, 59, 116, 206, 213
Trauma 44, 54, 109, 146, 164, 168, 186, 195, 210
Trieb 13, 16–17, 29, 37, 43, 52, 54, 58, 67, 110, 116

U

Unbewusstes
– deskriptives 122
– dynamisches 125
– Gegenwarts- 177, 190
– kognitives 122
– phylogenetisches 180
– Vergangenheits- 177, 185

V

Verführungstheorie 44, 54, 197, 204
Vermeidung 139
Vulnerabilität 67, 85, 162, 170–171

W

Wiederholungszwang 48, 59
Wunsch 61, 177, 189

Z

Ziel
– Therapie- 84
– Vermeidungs- 81, 85
– -zustand 18
zweite Zensur 132, 178, 192, 199

Cord Benecke
Hermann Staats

Psychoanalyse der Angststörungen

Modelle und Therapien

2016. 172 Seiten mit 3 Abb.
und 4 Tab. Kart.
€ 25,–
ISBN 978-3-17-022614-2

Psychoanalyse
im 21. Jahrhundert

Angststörungen zählen zu den häufigsten psychischen Störungen. Ein Großteil der Betroffenen leidet zudem an weiteren psychischen Störungen. Der Band stellt die aktuellen Klassifikationen der Angsterkrankungen und psychoanalytische Konzeptualisierungen vor. Für unterschiedliche Entwicklungsniveaus der psychischen Struktur beschreiben die Autoren charakteristische Umgangsweisen mit Angst und die mit ihnen verbundenen Angststörungen und Konflikte. Auf diesen Konzepten bauen Behandlungsmodelle für die verschiedenen Angststörungen auf. Strukturelle Einschränkungen, intrapsychische und interpersonelle Konflikte werden mit Fallbeispielen illustriert, Verbindungen zu nichtpsychoanalytischen Therapieansätzen betont. Die Autoren stellen psychoanalytische Behandlungskonzepte ausführlich dar und geben Hinweise zur Indikationsstellung für Kurz- und Langzeittherapien.

Leseproben und weitere Informationen unter www.kohlhammer.de

Marianne Leuzinger-Bohleber
Cord Benecke
Stephan Hau

Psychoanalytische Forschung

Methoden und Kontroversen in Zeiten wissenschaftlicher Pluralität

2015. 246 Seiten mit
17 Abb. und 3 Tab. Kart.
€ 29,99
ISBN 978-3-17-022275-5

Psychoanalyse
im 21. Jahrhundert

Als ein „Junktim zwischen Heilen und Forschen" charakterisierte Freud die Forschung in der Psychoanalyse. Das analytische Verfahren sei das einzige, bei dem dies kostbare Zusammentreffen gewahrt bleibe. Bis heute provoziert die „Junktimforschung" Kontroversen zwischen der „klinischen" Forschung, die in der analytischen Situation selbst stattfindet, und der „extraklinischen" Forschung, die im Anschluss erfolgt – innerhalb und außerhalb der psychoanalytischen Community. Drei namhafte psychoanalytische Forscher stellen anhand eigener Studien und konzeptueller Überlegungen ihre Positionen zur Diskussion.

Leseproben und weitere Informationen unter www.kohlhammer.de

W. Kohlhammer GmbH
70549 Stuttgart

Cord Benecke

Klinische Psychologie und Psychotherapie

Ein integratives Lehrbuch

2014. 725 Seiten mit
56 Abb. und 43 Tab.
Fester Einband
€ 49,90
ISBN 978-3-17-021696-9

Das Lehrbuch stellt die Komplexität der Klinischen Psychologie und Psychotherapie in ausgewogener Weise dar, indem auf die aktuellen Konzepte der unterschiedlichen theoretischen Orientierungen eingegangen wird. Als integrierender roter Faden wird die in allen modernen Modellen zentrale Dimension der Emotionsregulierung herausgearbeitet. Emotionale Prozesse bilden den Kern psychischer Störungen und sind gleichzeitig hochgradig vernetzt mit anderen psychischen Dimensionen wie kognitiven Prozessen, unbewussten Konflikten, Beziehungsmustern etc. Die Bearbeitung von emotionalen Prozessen kann als gemeinsamer Nenner moderner Psychotherapien gesehen werden, wie auch die Ergebnisse der Psychotherapie-Prozessforschung zeigen. Das Lehrbuch zeichnet sich durch eine starke Vernetzung der unterschiedlichen Themen aus. Dadurch gelingt eine ausgewogene und konsistente Darstellung des gesamten Fachgebietes.

Leseproben und weitere Informationen unter www.kohlhammer.de

W. Kohlhammer GmbH
70549 Stuttgart

Kohlhammer